교육 예술 1 〉〉〉〉 교육학의 기초가 되는

인간에 대한 보편적인 앎

루돌프 슈타이너 전집 제293권 완역본

괴테아눔 발행
루돌프 슈타이너 | 최혜경 옮김

옮긴이 | 최혜경

서울대학교 미술대학 조소과 졸업. 독일 브라운슈바이크 국립 미술대학 졸업. 독일 함부르크 발도르프 사범대학 졸업. 번역서로는 『발도르프 학교와 그 정신』(2006, 밝은누리), 『자유의 철학』(2007, 밝은누리), 『교육예술 1. 인간에 대한 보편적인 앎』(2007, 밝은누리), 『발도르프 특수 교육학 강의』(2008, 밝은누리), 『교육예술 2. 발도르프 교육 방법론적 고찰』(2009, 밝은누리), 『사고의 실용적인 형성』(2010, 밝은누리), 『사회 문제의 핵심』(2010, 밝은누리), 『교육예술 3. 세미나 논의와 교과 과정 강의』(2011, 밝은누리), 『인간과 인류의 정신적 인도』(2012, 밝은누리)가 있다.

Übersetzerin | Choi, Hey-Kyong

Überstzungen: 『Die Waldorfschule und ihr Geist』(2006, Balgunnuri), 『Die Philosophie der Freiheit』(2007, Balgunnuri), 『Allgemeine Menschenkunde』(2007, Balgunnuri), 『Heilpädagogischer Kurs』(2008, Balgunnuri), 『Erziehungskunst II. Methodisch-Didaktisches』(2009, Balgunnuri), 『Die praktische Ausbildung des Denkens』(2010, Balgunnuri), 『Die kernpunkte der sozialen Frage』(2010, Balgunnuri), 『Erziehungskunst III. Seminarbesprechungen und Lehrplanvorträge』(2011, Balgunnuri), 『Die geistige Führung des Menschen und der Menschheit, Geisteswissenschaftliche Ergebnisse über die Menschheits-Entwickelung』(2012, Balgunnuri)

교육학의 기초가 되는
인간에 대한 보편적인 앎

1판 1쇄 발행일 | 2007년 12월 30일
1판 2쇄 발행일 | 2012년 3월 30일
지은이 | 루돌프 슈타이너
옮긴이 | 최혜경
펴낸이 | 이미자
펴낸곳 | 도서출판 밝은누리
주소 | 서울시 금천구 가산동 550-1 롯데 IT 캐슬 2동 1206호
전화 | 02) 884-8459   팩스 | 02) 884-8462

값 20,000원
잘못된 책은 구입한 곳에서 바꾸어 드립니다.
ISBN-13 978-89-8100-124-7 03370

[밝은누리 발도르프 교육학 모음]

교육 예술 1 »»» 교육학의 기초가 되는

인간에 대한 보편적인 앎

루돌프 슈타이너 전집 제293권 완역본
괴테아눔 발행
루돌프 슈타이너 | 최혜경 옮김

슈투트가르트 자유 발도르프 학교의 개교에 즈음한

교사 연수 과정

1919년 8월 21일부터 9월 5일까지
슈투트가르트에서 행한 열네 번의 강의들과
1919년 8월 20일의 개회사

밝은누리

* 이 책은 루돌프 슈타이너 전집 제293권을 제목이나 내용의 축약이 없이 그대로 옮긴 문고본(마르티나 잠·발터 쿠글러 발행, 제9판, 도르나흐, 1992)을 원본으로 삼아 번역되었다.

Alle Rechte bei der Rudolf Steiner-Nachlaßverwaltung, Dornach/Schweiz
ⓒ 1993 by Rudolf Steiner-Nachlaßverwaltung, Dornach/Schweiz
Printed in Germany by Clausen & Bosse, Leck

일러 두기

1. 『교육학의 기초가 되는 인간에 대한 보편적인 앎』은 강의가 끝난 후에 루돌프 슈타이너가 다시 검토하지 않은 속기의 기록과 청중들의 필사본을 근거로 루돌프 슈타이너 유고국에서 발행하였다.

2. 이 책은 루돌프 슈타이너 유고 관리국에서 출간된 루돌프 슈타이너 전집 제293권 "Allgemeine Menschenkunde als Grundlage der Pädagogik"를 우리말로 옮긴 것이며, 루돌프 슈타이너 유고 관리국으로부터 번역 허가를 받아서 출판한 것임을 밝힌다.

3. 본문에 나오는 주는 독자의 이해를 돕기 위해 옮긴이가 첨가한 것이다.

4. 강의 시작 전에 실린 강의 내용 요약은 독일어 원문에는 없으나 독자의 이해를 돕기 위해 옮긴이가 추가하였다.

5. 단행본은 『 』, 잡지명은 〈 〉로 표시하였다.

차례

이 책에 대하여 ——— 8
제9판의 출판에 즈음하여 ——— 10
미리 보는 루돌프 슈타이너의 강의 ——— 12

영적인 관점에서의 고찰

개회사, 1919년 8월 20일 ·············· 22
문화적 과업으로서의 발도르프 학교

첫 번째 강의, 1919년 8월 21일 ·············· 28
교육 과제의 도덕적-정신적 측면

두 번째 강의, 1919년 8월 22일 ·············· 46
영혼 활동의 원동력-공감과 반감

세 번째 강의, 1919년 8월 23일 ·············· 68
반감과 공감의 신체적 표현

네 번째 강의, 1919년 8월 25일 ·············· 92
의지의 아홉 단계, 감성 교육과 의지 교육

다섯 번째 강의, 1919년 8월 26일 ·············· 114
세 가지 영혼 활동의 어우러짐

정신적인 관점에서의 고찰

여섯 번째 강의, 1919년 8월 27일 ·················· 132
의식 상태 – 잠, 꿈, 깨어 있음

일곱 번째 강의, 1919년 8월 28일 ·················· 152
감성적 의지에서 감성적 사고로

여덟 번째 강의, 1919년 8월 29일 ·················· 172
기억과 망각, 열두 감각론

아홉 번째 강의, 1919년 8월 30일 ·················· 190
논리적 사고의 세 단계 – 결론, 판단, 개념

신체적인 관점에서의 고찰

열 번째 강의, 1919년 9월 1일 ·················· 208
형태로 본 머리, 가슴, 사지

열한 번째 강의, 1919년 9월 2일 ·················· 228
영적-정신적 세계와의 관계에서 본 인간의 신체성

열두 번째 강의, 1919년 9월 3일 ·················· 244
신체와 세계의 연관성

열세 번째 강의, 1919년 9월 4일 ·················· 260
신체와 정신적-영적인 힘의 연관성

열네 번째 강의, 1919년 9월 5일 ·················· 276
신체적 삼지성, 교사의 좌우명

부록 ——————————————— 290
자유 발도르프 학교 개교사 중에서,
마리 슈타이너의 서문과 함께

참조 ——————————————
    이 발행본에 대한 참조 ·················· 300
    본문에 대한 참조 ························ 304

인명부 ——————————————— 342

색인 ———————————————— 344

참고 문헌 —————————————— 352

루돌프 슈타이너의 생애와 작품 ————— 354

루돌프 슈타이너 전집 목록 ——————— 360

역자 후기 —————————————— 364

이 책에 대하여

이 책의 강의들은 스위스 도르나흐에 있는 루돌프 슈타이너 출판사에서 출간된 루돌프 슈타이너 전집(GA : Gesamt Ausgabe)의 독일 원서를 근거로 한다.

루돌프 슈타이너(1861~1925)는 철학자, 저널리스트, 교육가로 활동을 시작하였으며, 20세기 초반에 포괄적인 문화, 사회 활동을 전개하면서 현대적인 정신 과학, 인지학(Anthroposophie)을 창설하였다. 광범위한 그의 작업은 저서, 논문, 기록, 서간문, 예술 작업과 조형물 그리고 청중들의 필기본을 근거로 한 수천이 넘는 강연 텍스트 자료 등을 포함한다.

루돌프 슈타이너의 부인 마리 슈타이너-폰 지버스(1867~1948)가 서거한 이래로, 그녀가 창설한 루돌프 슈타이너 유고국이 그의 문학적, 예술적 유작들을 관리하고 있다. 그 목적으로 세워진 루돌프 슈타이너 문서 보관실은 존재하는 자료의 보존, 해석, 출판에 지금까지 전념하고 있으며, 서적판은 그 부속 기관인 루돌프 슈타이너 출판사가 출간한다.

    출판 활동의 중점은 1955/56년 이래로 발행되고 있는 루돌프 슈타이너 전집(GA)이다. 이 전집은 그 사이에 이미 350권을 넘어섰으며, 그 외에 슈타이너의 예술 작품들을 출판하고 있다. 거기에 더하여 수많은 단행본, 별책본, 문고판 그리고 부수 출판물들이 있다. 모든 출판물들은 문서 보관실에 보관되어 있는 자료에 의거하여 전문적인 지식을 지닌 발행인들이 편집하며, 참조, 목록 등으로 보충된다.

    전집은 아직 완성되지 않은 상태다. 문서 보관실의 많은 자료들이 간행본을 위한 올바른 해석이 요구되기 때문이다. 이 작업은 많은 시간 소모와 높은 비용을 필요로 하며, 서적 판매만으로는 이 작업을 위한 자금 조달이 불가능하여 외부의 지원금으로 충당되어야만 한다. 이런 상황은 공식적인 보조금을 전혀 받지 않는 문서 보관실의 다른 많은 활동 분야에도 역시 마찬가지로 해당된다. 루돌프 슈타이너의 작업들을 보존, 해석, 편집하고 일반에 알리기 위한 중심체로서의 문서 보관실이 그 과제를 다 할 수 있도록, 1996년 루돌프 슈타이너 문서 보관실 국제 진흥 공동체가 설립되었다.

제9판의 출판에 즈음하여

출생과 죽음 사이의 발달 진행 과정에서 드러나는 모든 것과 마찬가지로 인간의 출생 이전과 죽음 이후의 것들도 역시 당연하게 참작하여 교육을 실천하는 것은 1919년 당시에는 완전히 혁신적인 것이었으며 오늘날에도 다를 바가 없다.

이 책에 실린 강의들은 『교육 예술 2, 방법론과 교수법』과 『교육 예술 3, 세미나 논의와 수업 시간표』에 실린 강의들과 함께, 루돌프 슈타이너 학교나 발도르프 학교에서 재직하는 모든 교사들을 위한 기본적인 장비(裝備)에 속한다. 이 세 부분의 사범 대학 교육 과정을 통해 이루고자 하는 의도에 대하여 슈타이너는 1919년 9월 7일 슈투트가르트의 발도르프 학교 개교에 즈음한 인사말에서 다음과 같이 부연하였다.

"이 발도르프 사업을 위해서 선행된, 교사들을 위한 강의에서 하나의 인간학, 교육 예술이 될 수 있는 교육 과학, 인류학을 세우려고 시도했습니다."

이 강의들은 부모들을 위해서는 물론이려니와, 교육과 관계된 모든 사람들, 또는 인간의 발달에 대한 문제를 다루는 사람들을 위해서도 상당히 유용한 것이다. 그 주요 기능에 따라 신경-감각 체계, 리듬 체계, 그리고 신진대사-사지 체계로 구분되어 드러나는 인간의 신체성뿐만 아니라, 복잡다단한 영적 과정과 순수하게 신체적인 것과 정신적인 것에 대한 영적 과정의 관계 역시 상세히 논의되고 있다. 이 모든 것을 넘어서서 슈타이너의 관찰이 형성하는 또 다른 중점은 인간에 있어서의 정신적인 것, 다양한 의식 상태(깨어 있음, 잠, 꿈)의 기능과 발달, 의식 상태의 상호 관계에 관한 것이다. 교육적-사회적인 것, 교육적-보건적인 것 그리고 교육적-도덕적인 것이 중심 주제이며, 이것들을 항상 반복해서 다른 시각에서 취급하였다.

도르나흐 슈타이너 유고국장
발터 쿠글러

미리 보는 루돌프 슈타이너의 강의

개회사, 1919년 8월 20일, 슈투트가르트

발도르프 학교는 정신적 문화 행위이며, 오늘날의 상황에서 타협이 불가피하다. 발도르프 학교는 초등부에서 고등부까지 연속되는 단일 학교다. 오늘날의 정치와 교육 문제. 볼셰비키 식 학교는 수업 제도의 무덤이다. 발도르프 학교는 교사들이 스스로 공화주의적으로 관리한다. 교육학 강좌의 내용: 일반 교육학, 방법론, 실습. 발도르프 학교는 세계관 학교가 아니다. 인지학 교의가 수업 내용이 되어서는 안 된다. 종교 수업은 각 종교 공동체가 행한다. 교사가 지녀야 할 필수적인 자질로서의 열정, 정신의 유연성, 헌신.

첫 번째 강의, 1919년 8월 21일

교육의 과제에 대한 정신적-도덕적인 면. '세계 질서의 축제'로서의 발도르프 학교 건립. 영생이라는 예에서 볼 수 있는 인간의 이기심을 겨냥하는 오늘날의 문화. '고차적인 존재들이 출생 이전에 행한 것'을 이어받아서 계속하는 의미에서의 교육. '태교'의 문제점에 대하여. 지구의 삶으로 들어설 때의 두 가지 복합적 삼지성에 대하여: 정신인간, 생명정신, 정신자아와 의식영혼, 이성영혼 혹은 감성영혼, 감각영혼(영혼정신), 그리고 아스트랄 체, 에테르 체, 신체와 광물계, 식물계, 동물계(육체-신체). 영혼정신과 육체-신체 간에 올바른 조화를 이루도록 하는 것이 교육자의 과제다. 이 과제는 1. 호흡을 신경-감각 과정과 조화롭게 함으로써, 2. 깨어 있음과 잠 사이에 올바른 리듬을 가르침으로써 이루어진다. 교사와 어린이의 내적이고 영적인 관계의 의미.

두 번째 강의, 1919년 8월 22일

인지학적 세계 인식에 근거하는 심리학이 수업의 기초가 되어야 한다. 현대 심리학의 내용이 없는 개념들. 표상과 의지의 중점적인 의미. 표상은 형상적 성격을 띠며, 출생 이전의 것이 반사되는 것이다. 의지는 사후의 정신적-영적 실재를 위해 싹으로 남아 있는 것이다. 출생 이전의 실재가 공감의 힘으로 표상 속에서 변화된다. 반감의 힘이 고조됨으로써 기억과 개념이 생성된다. 의지에서 공감의 힘이 고조됨으로써 환상과 평범한 상상이 생긴다. 피와 신경: 신경은 물질이 되려는 경향을, 피는 정신화되려는 경향을 지닌다. 두뇌, 척수, 교감 신경 안에서 공감과 반감이 함께 어우러진다. 인간의 삼지성: 머리, 가슴, 지체. 이 세 부분의 상호 작용과 우주에 대한 그것들의 관계. 교육학에서의 의지 형성과 표상 형성.

세 번째 강의, 1919년 8월 23일

우주의 법칙에 대한 포괄적인 관조는 교사 생활의 근거가 된다. 인간 본성의 이지성은 현대 심리학의 커다란 오류다. 잘못 이해된 에너지 보존 법칙. 인간의 내부에서 새로운 힘과 질료가 형성된다. 이성을 통해서 자연 속에서 죽어 가는 것을 파악하며, 의지를 통해서는 생성되는 것을 파악한다. 자아-감각의 신체적 근거. 감각으로부터 자유로운 사고 안에 존재하는 자유의 순간. 인간이 존재하지 않는 자연은 절멸의 위험을 피할 수 없다. 인간의 사체는 지구의 발달을 위한 효소의 역할을 한다. (죽은) 골격 체계와 (죽어 가는) 신경 체계 안에는 죽음을 가져오는 힘이 지배한다. 삶을 가져 오는 힘은 혈액 체계와 근육 체계 속에 지배한다. 구루병에 대해서. 인간이 '기하학을 하는' 능력은 뼈에서 기인한다. 기하학은 우주적 운동의 반사. 인간은 청중이 아니라 세계의 '무대'다. 피와 신경이 접촉함으로써 질료와 힘이 새롭게 생성된다. 과학적 방법은 모든 것에 해당하는 정의를 내려서는 안 되며, 단지 가정만 해야 한다.

네 번째 강의, 1919년 8월 25일

의지와의 관계에서 본 감성. 의지적 존재로서 아홉 단계의 인간. 인간의 각 지체 안에서 명백하게 드러나는 의지: 신체적인 것에서 의지는 육체 안에서 본능으로, 에테르 체 안에서 충동으로, 감각체 안에서 욕망으로 드러난다. 영적인 것에서는 의지가 동기로서 자아에 받아들여진다. 정신적인 것에서는 정신자아 안에서 소망이, 생명정신 안에서 의도가, 정신인간 안에서 결심이 싹과 같이 머문다. 심리 분석학은 우리 안에서 '제2의 인간'의 무의식적인 의지를 찾는다. 지적인 것은 노쇠한 것과 같으며, 감성은 발달 중인 의지다. 사회주의적인 교육에 대하여. 교육에서의 감성 형성과 의지 형성: 무의식적인 반복을 통해 감성이 양성되고, 의식적인 반복을 통해서 의지가 양성되며 결단력이 강화된다. 이런 맥락에서 예술적 연습은 의미가 있다.

다섯 번째 강의, 1919년 8월 26일

세 가지 영혼 활동의 어우러짐. 인식적인 것과 의지적인 것의 관계. 시각 활동에서의 반감적인 과정과 공감적인 과정에 대하여. 동물에 비해서 인간은 자신을 주변 환경으로부터 더 강하게 분리한다. 사고와 의지가 서로 융합하는 것은 불가피하다. 인간은 관조하면서 세계로부터 분리하고, 행동하면서 세계와 연결한다. 도덕적 이상을 삶에 받아들임으로써 동물적이고 '공감적인' 본능을 극복한다. 인간의 객관적 판단력에 대한 브렌타노와 지그바르트 간 논쟁의 예에서 영혼 활동이 서로 어우러져 흐름을 알 수 있다. 감성은 억제된 인식이며, 억제된 의지다. 의지와 사고에서는 숨겨진 공감과 반감이 감성에서 드러난다. 피와 신경의 접촉을 통해 신체적인 것 안에서 감성이 생성됨을 눈과 귀의 예에서 볼 수 있다. 음악적인 청각 활동에서의 감성적인 것과 인식적인 것에 대한 바그너와 한슬리크의 논쟁. 감각론에서 보이는 현대 심리학의 폐해. 칸트주의의 오류.

여섯 번째 강의, 1919년 8월 28일

강의 내용의 전체적인 분류. 지금까지는 인간을 영적인 측면에서 보았으며, 마지막으로 신체적인 것에 대해서 고찰하겠다. 그 이전에 정신적인 관점에서, 즉 의식 상태에 따라 인간을 고찰한다. 완전히 깨어 있는 활동으로서의 사고하는 인식, 반의식적이고 꿈을 꾸는 활동인 감성, 무의식적이고 잠을 자는 활동인 의지. 꿈을 꾸듯 무딘 어린이를 대하는 태도. 자아의 완전히 깨어 있는 삶은 단지 세계의 형상 안에서만 이루어지며, 실제의 세계에서는 불가능하다. 영혼 활동 안의 자아의 삶은 사고하는 의식 속에서 형상적으로 깨어 있으며, 감성 속에서 꿈꾸듯 무의식적으로 영감을 받으며, 의지 속에서는 무의식적으로 직관적이다. 가위 눌리는 것에 대해서. 괴테가 『파우스트』 2부를 창작했을 때의 예에서 볼 수 있는 직관의 고취. 직관적 의지가 영감적인 감성보다 형상적인 인식에 밀접한 관계를 지니는 근거. 잠자는 의지에 머리는 관여하지 않는다.

일곱 번째 강의, 1919년 8월 29일

정신적인 관점에서 본 인간. 의식 상태의 고찰과 파악에 대하여. 고령이 되면 신체성 속으로 정신을 수용할 능력이 사라진다. 어린이의 감성적 의지와 노인의 감성적 사고. 성인의 경우에 관찰되는 순수하게 영혼적인 것. 자유의 순간. 의지로부터 감성을 분리시키는 것이 교육의 과제다. 감각의 본질. 오늘날의 심리학이 제시하는 감각에 대한 의견의 폐해. 모리츠 베네딕트의 감각에 대한 올바른 인식. 감각 영역으로서의 신체 표면이 지니는 잠자면서 꿈꾸는 성질. 감각의 의지적-감성적인 성격. 어린이의 감각과 노인의 감각 간의 차이. 인간의 공간적 형상 내부에서의 잠, 꿈 그리고 깨어 있음. 잠자면서 꿈꾸는 표면 영역과 내면. 그 사이에 깨어 있는 신경 체계. 신경과 영적-정신적인 것과의 관계. 신경은 끊임없이 사멸함으로써 정신적-영적인 것을 위한 삶의 공간을 만든다. 인간의 시간적인 것에 관계하는 잠과 깨어 있음, 그리고 망각과 기억에 대하여.

여덟 번째 강의, 1919년 8월 29일

여러 가지 불면들의 예에서 기억과 망각의 과정과 잠이 들고 깨어나는 과정을 비교. 기억의 과정. 습관적인 것에 작용함으로써 기억력과 의지력을 교육한다. 강한 흥미를 일깨움으로써 기억력을 강화할 수 있다. 한편으로는 분류를 통해서, 한편으로는 총괄함으로써 인간의 천성을 파악할 수 있다. 열두 감각. 자아-감각, 그리고 타인의 지각(인식 과정)과 자신의 자아 지각(의지 과정) 간의 차이점에 대하여. 사고 감각에 대하여. 감각은 의지 감각(촉각, 생명 감각, 운동 감각, 균형 감각), 감성 감각(후각, 미각, 시각, 온 감각), 인식 감각(자아-감각, 사고 감각, 청각, 언어 감각)으로 분류된다. 열두 감각을 통해서 세계가 해체되며, 판단 속에서 다시 연결된다. 의식 상태(깨어 있음, 잠, 꿈)를 통해서 정신을, 삶의 상태(공감과 반감)를 통해서 영적인 것을, 형태 상태(구형, 기운 달 모양, 선)를 통해서 신체를 파악할 수 있다.

아홉 번째 강의, 1919년 8월 30일

　삶의 칠 년 주기 중 초반의 세 주기들. 논리적 사고의 세 부분: 결론, 판단, 개념. 결론의 건강한 삶은 완전히 깨어 있는 삶에서만 가능하다. 판단은 꿈꾸는 영혼으로, 개념은 잠자는 영혼으로 내려간다. 판단의 양식을 통한 영혼 습관의 육성. 잠자는 영혼으로 내려가는 개념이 신체의 형상에 미치는 영향. 오늘날 많이 보이는 획일적인 얼굴 표정과 개념의 상관 관계. 살아 있는 개념의 필요성. 정의를 내리기보다는 성격을 설명해야 한다. 유연한 개념과 영속적인 개념. 인간에 대한 관념의 형성. 어린이는 무의식적인 기본 성향을 지닌다. 첫 번째 칠 년 주기에서 어린이는 "세계는 도덕적이다."라는 성향을 지니며, 그래서 모방의 가치가 있다고 여긴다. 두 번째 칠 년 주기에서 어린이는 "세계는 아름답다."라는 성향을 지니기 때문에 예술 속에서 삶을 이루고, 현재를 즐기고자 한다. 세 번째 칠 년 주기에서 어린이는 "세계는 진실이다."라는 성향을 지니므로 과학적 수업이 가능하며, 미래의 자극이 필요하다.

열 번째 강의, 1919년 9월 1일

　신체에서 드러나는 세 부분의 구형: 1. 신체로서의 머리에서는 구형이 완전히 드러난다. 2. 신체적-영적인 가슴에서는 구형의 한 부분만 보인다. 3. 신체적-영적-정신적인 사지에서는 구형의 반경의 한 조각만 보인다. 머리와 사지는 각각 세계 지능과 세계 의지의 현시다. 이 관계에서 본 관상골(管狀骨)과 두개골의 연관성. 두개골은 변형된 척추골이다. 관상골은 뒤집어진 두개골이다. 머리 구형, 가슴 구형, 사지 구형의 중심점들. 우주의 움직임에 대한 머리와 사지의 관계. 우주의 움직임을 모방하는 춤과 그것의 음악으로의 전환. 감각의 근원. 조각 예술과 음악 예술의 근원. 신체, 영혼, 정신의 머리 구형, 가슴 구형, 사지 구형에 대한 관계. 서기 869년 공의회의 결정이 자연 과학적 물질주의의 원인이다. 인간의 머리는 동물의 세계에서 발달되었다. 우주와 인간의 연관성에 대한 느낌이 교사를 위해서 어떤 의미가 있는가? 예술로서의 교육학.

열한 번째 강의, 1919년 9월 2일

영적, 정신적 세계에 대한 인간의 신체적 본질의 관계. 머리는 신체적으로 완전히 형성되었으며, 영적으로는 꿈을 꾸고, 정신적으로는 잠을 잔다. 가슴은 신체적-영적으로 깨어 있으며, 정신적으로 꿈을 꾼다. 사지는 신체적-영적-정신적으로 완전히 형성되지 않았지만 깨어 있다. 사지 인간과 가슴 인간의 일부를 발달시킴으로써 머리 인간을 깨우는 것이 교육자의 과제. 삶의 초기 단계에서의 언어의 교육적 효과('언어의 정령')와 영아기에서의 모유의 효과('자연의 정령'): 잠자는 인간 정신을 일깨운다. 초·중등부에서는 예술적 활동을 통해서 의지가 지성을 깨우도록 한다. 교육이 어린이의 성장력에 미치는 영향: 지나친 기억의 요구는 성장을 촉진하며, 지나친 상상의 요구는 성장을 억제한다. 교사는 여러 해를 거쳐서 어린이의 신체적 발달 상황을 관찰해야만 하며, 그러므로 해마다 교사가 바뀌는 것은 커다란 폐단이다. 기억력이 좋은 어린이와 상상력이 뛰어난 어린이.

열두 번째 강의, 1919년 9월 3일

　신체와 환경의 상호 작용. 인간의 신체적인 형성. 머리에서 나아가는 동물적인 형태가 몸통과 사지 체계에 의해서 항상 극복된다. 초감각적인 상관 관계로서의 사고. 식물계에 대한 몸통 체계의 관계. 인간의 호흡은 식물의 동화 과정에 대한 대응 과정이다. 인간 내부에 식물계가 일어나면 병의 원인이 된다. 식물계에서 모든 병의 형상을 찾아낼 수 있다. 인간의 소화 과정은 식물계에서 진행되는 연소 과정의 중간 부분이다. 호흡과 소화 과정, 신체적인 것과 영적인 것의 관계. 미래의 의학과 위생학의 과제. 오늘날의 의학은 병원체의 발견에서 만족한다. 광물에 대한 사지 체계의 관계. 사지 체계를 통해서 광물이 분해된다. 신체 내부에서 결정체 과정이 시작하면 당뇨병이나 관절염 같은 질병에 걸리게 된다. 힘의 신체 속에 존재하는 자아의 삶. 인간 신체의 과제는 광물을 분해하고, 식물적인 것을 전환하며 동물적인 것을 정신화하는 것이다.

열세 번째 강의, 1919년 9월 4일

　바깥에서 안으로 밀어 넣어진 사지 인간의 형상은 안에서 바깥으로 형성된 머리 인간의 형상에 대응한다. 인간은 정신적-영적인 것, 정신적-영적인 것의 흡수 과정을 위한 '댐'과 같은 것이다. 가슴-복부 체계에 의해서 여분의 물질(지방)이 생기며, 사지 체계에서 작용하는 정신적-영적인 것을 통해서 그 여분의 물질이 사용된다. 정신적-영적인 것이 머릿속에 밀려들고, 신경 회로를 따라서 "거꾸로 넘쳐흐른다." 살아 있는 유기체는 정신 비투과적이며, 신체적으로 죽은 것에 해당하는 골격과 신경은 정신 투과적이다. 신체적인 일에서는 정신이 과로하며, 정신적인 일에서는 신체적으로 과로한다. 무의미한 활동과 의미 있는 활동이 잠에 미치는 영향. 이 관계에서 본 체조와 오이리트미. 극단적인 스포츠 활동은 '실질적인 다위니즘'이다. 불면증은 지나친 정신적-영적인 활동의 결과이며, 수면증은 지나친 신체적 일의 결과다. '벼락공부'의 폐해. 사고 활동의 건강한 방식과 건강하지 않은 방식. 외부로 향한 일을 정신화함으로써 교육적-사회적인 것을, 내면을 향한 일을 혈액 순환이 되도록 함으로써 교육적-위생적인 것을 성취할 수 있다.

열네 번째 강의, 1919년 9월 5일

신체적인 삼지성. 머리 부분, 가슴 부분(변형된 폐로서의 코), 사지 부분(입, 변형된 사지로서의 턱 부분)으로 나누어지는 머리의 삼지성. 머리와 사지의 중간에 위치한 가슴-몸통 체계는 윗부분에 정제된 머리 형성(후두와 언어)의 발단을 지니며, 아랫부분에는 조야한 사지 형성(생식 기관)을 지닌다. 중등부의 수업 내용은 상상력에 호소해야 한다. 피타고라스의 정리를 가르치는 한 예. 교사의 삶의 조건. 수업 내용을 감성적 의지로 관통해야 하며, 항상 상상력을 생생하게 지녀야 한다. 교사의 고루한 태도는 부도덕한 것이다. 교육학에서 상상력의 적용에 대한 19세기의 태도. 그에 대한 셸링의 견해. 상상력, 진실에 대한 감각, 책임감이 교사를 위한 좌우명이 되어야 한다.

개회사
문화적 과업으로서의 발도르프 학교

··· 타협의 불가피성
··· 학교와 정치
··· 권력 제도로부터 자유로운 공화주의적 학교
··· 교사 연수의 내용: 일반 교육학, 방법론, 실습
··· 발도르프 학교의 종교 교육
··· 교사의 자질: 세계에 대한 흥미, 열정, 유연한 정신, 헌신

개 회 사

1919년 8월 20일 저녁, 슈투트가르트 (청중의 필사본을 따름)

오늘 저녁에는 단지 소개하는 정도에서 말씀드리겠습니다. 현대 정신 생활의 개혁을 이루기 위해서 발도르프 학교는 진정한 문화 행위가 되어야만 합니다. 우리는 모든 면에서 우선 변화해야만 합니다. 전반적인 사회 운동은 결국 정신적인 것으로 귀속되며(=사회 운동은 결국 정신적인 것으로 되돌려지며), 학교 문제는 사실 현대의 거대하고 급박한 정신 문제의 부산물에 불과합니다. 바로 이 점에서 발도르프 학교의 가능성을 혁신적으로, 혁명적으로 이용하여 학교 제도 내에 영향을 미치도록 해야만 합니다.

이 문화 행위의 성취가 여러분의 손에 달려 있습니다. 이로써 한 모범을 제시하면서 협력할 수 있도록 여러분에게 많은 것을 위임하게 됩니다. 이 행위가 성취되느냐에 따라 실로 많은 것이 달려 있습니다. 발도르프 학교는 인지학적인 세계관의 타당성을 보여 주는 실질적인 증거가 될 것입니다. 발도르프 학교는 오로지 인간이 요구하는 대로, 인간의 전체적인 본성이 요구하는 대로 교육하고 수업한다는 점을 고려하는 의미에서 단일 학교가 될 것입니다. 우리는 모든 것을 이 목적을 위해서 이바지하도록 해야만 합니다.

그러나 타협을 할 필요는 있습니다. 우리가 진정으로 자유로운 행위를 실천할 수 있을 정도에 이르지 않았기 때문에 타협은 부득이합니다. 국가가 조야한 교습 목표, 열등한 졸업 목표를 규정할 것입니다. 이 목표들은 생각할 수 있는 최악의 것인데도 불구하고, 사람들은 그것들이 최상의 것이라고 여기며 자만할 것입니다. 이제, 정치와 정치적 활동은 인간을 천편일률적으로 다루는 것에서, 그 유례를 찾아보기 어려울 정도로 인간을 판에 박은 듯이 다루는 것에서 그 모습을 드러낼 것입니다. 인간을 줄에 매달아서 조종하는 꼭두각시처럼 취급하고 그것이 최대의 진보를 의미한다고 여기며 자만할 것입니다. 비실용적이고 가능한 한 자기만족적으로 교육 시설들을 설립할 것입니다. 그런 것의 한 예가, 한 전조가 바로 러시아 볼셰비키 식 학교의 구조이며, 이는 모든 참된 수업 제도의 진정한 묘지입니다. 우리는 고전을 치러야 하겠지만, 그럼에도 불구하고 이 문화 행위를 이루어야만 합니다.

이 과업을 위해서 두 가지 상반된 힘을 조화롭게 결합해야 합니다. 한편으로 우리는 우리의 이상이 무엇인지 알아야만 하며, 거기에 더해서 우리의 이상과는 동떨어진 것에 적응할 수 있는 유연성을 지녀야만 합니다. 이 두 가지 힘을 어떻게 조화롭게 일치시킬 수 있는지는 여러분 개개인에게 상당히 어려운 과제가 될 것입니다. 각자가 개인 스스로를 완전히 투자할 때에만 이 과제를 달성할 수 있습니다. 모두가 자신을 완전히 매진해야만 합니다.

그렇기 때문에 우리는 학교를 지배하기에 적합한 것이 아니라 관리하기에 적합한 것으로 설립하여서 공화주의적으로 관리할 것입니다. 진정한 교사 공화국에는 교장이 내리는 지시 같은 부드러운 베개가 존재하지 않습니다. 우리에게 가능성을 제시하는 것, 해야 할 것에 대한 완전한 책임을 부여하는 것을 우리 각자에게 스스로 져 날라야만[=우리 안에 지녀야만] 합니다. 각자가 스스로 책임을 완전하게 짊어져야만 합니다.

우리가 이 준비 과정을 조직함으로써, 여기에서 학교를 단일체로 형성하는 것을 배우고 수용함으로써, 교장직을 대신할 수 있습니다.

이 강좌에서는,

첫 번째로 일반적인 교육학의 문제에 대한 논의가 지속적으로 다루어질 것이며,

두 번째로는 수업에서 가장 중요한 주제에 대한 특수한 방법론적 문제를 논의할 것입니다.

그리고 세 번째로는 우리가 교육 과제로 삼을 범위 내에서 일종의 세미나 형식의 작업들이 포함된다는 것을 예고하는 바입니다. 그런 교육 과제의 초안을 만든 다음에 공개적인 세미나 논의에서 그 타당성을 개진할 것입니다.

날마다 오전에는 좀 더 이론적인 것을 다루고, 오후에는 세미나 형식으로 진행됩니다.

오전 아홉 시에 일반 교육학으로 시작해서 열 시 반에 교수 방법론적인 지도가, 오후 세 시부터 여섯 시까지 세미나 형식의 실습이 진행됩니다.

거대한 문화 행위가 모든 방향으로 이루어져야 한다는 점을 철저하게 의식해야만 합니다.

이 발도르프 학교에서 세계관 학교를 세우려는 것이 절대로 아닙니다. 발도르프 학교는 아이들에게 가능한 모든 인지학적 교조를 쏟아 부으려는 그런 세계관 학교가 되어서는 절대로 안 됩니다. 우리는 인지학적 도그마를 가르치려는 것이 아닙니다. 인지학은 교습 내용이 아닙니다. 우리는 인지학의 실질적인 취급 방식을 추구합니다. 인지학적 영역에서 얻을 수 있는 것을 실제의 수업 운용으로 전환시키고자 합니다.

인지학의 교의 내용에 대한 것이 아닙니다. 교육의 방향에서 일반적인 것과 교수 방법론에 관해서 특히 인지학으로부터 얻을 수 있는 것을 수업에서 실질적인 취급 방법으로 전환시킬 수 있는지가 중요합니다.

종교 교육은 종교 공동체에 위탁됩니다. 인지학은 수업의 방법으로만 활용될 것입니다. 그러므로 어린이들은 종파에 따라 각 종교 교사들에게 맡겨지게 됩니다.

그것은 타협의 또 다른 부분입니다. 정당한 타협을 통해서 우리의 문화 행위에 박차를 가할 것입니다.

커다란 과제를 분명하게 의식해야만 합니다. 우리는 단순한 교육자가 되어서는 안 되며, 문자 그대로 최고의 의미에서, 최정상의 문화 인간이 되어야만 합니다. 오늘날 이 시대에 우리 앞에서 벌어지는 모든 것에 대해 생생한 흥미를 지녀야만 합니다. 그렇지 않으면 이 학교를 위해서 우리는 형편없는 교사가 됩니다. 우리의 특수한 과제에만 진력해서는 안 됩니다. 세상에서 일어나는 모든 것에 대해서 생생한 흥미를 지닐 때에만 비로소 우리는 훌륭한 교사가 될 것입니다. 학교를 위해서, 그리고 작업 과제를 위해서 요구되는 그 열정을 세상에 대한 흥미를 통해서 얻어야만 합니다. 이를 위해서는 정신의 유연성과 우리의 과제에 대한 헌신이 필수적입니다. 첫째로는 이 시대의 크나큰 고통으로, 두 번째로는 이 시대의 거대한 과제로, 도저히 상상할 수 없을 정도로 중요한 이 두 가지로 우리의 관심을 돌려야만, 오늘날 얻을 수 있는 것에서 창조할 수 있습니다.

첫 번째 강의
교육 과제의 도덕적-정신적 측면

… 인간의 이기심에 근거하는 오늘날의 문화
… 정신적 존재의 신체적 연장으로서의 인간
… 인간의 두 가지 복합적 삼지성
　　정신인간, 생명정신, 자아정신: 의식영혼, 오성영혼, 감각영혼
　　아스트랄 체, 에테르 체, 신체: 광물계, 식물계, 동물계
… 정신영혼과 신체의 조화
　　호흡과 신경-감각 과정의 조화
　　잠과 깨어 있음의 올바른 리듬
… 교사와 어린이 사이의 내적인 관계의 의미

첫 번째 강의

1919년 8월 21일, 슈투트가르트

　사랑하는 여러분, 우리의 과제를 단순히 지적-정서적인 것으로서가 아니라 최상의 의미에서 도덕적-정신적인 것으로 고찰해야만 그것을 성취할 수 있습니다. 그러므로 이 일을 시작하는 오늘 우선 정신 세계에 대한 관계를 숙고해 본다는 점을 이해하실 것입니다. 그 정신 세계와의 관계를 바로 우리의 활동을 통해서 먼저 명확하게 밝혀 내고자 합니다. 이러한 과제에 당면해서 우리가 오로지 이 물체적 차원에서 살아가는 인간으로서만 일하지 않는다는 점을 분명히 의식해야만 합니다. 과제를 떠맡는 데에 이런 방식이 특히 지난 수백 년간 확장되어 왔으며, 거의 유일무이하게 인간을 사로잡고 있습니다. 과제에 대한 이러한 해석으로부터 수업과 교육이 오늘날의 상태에 이르렀으며, 이것이 바로 우리가 세운 과제를 통해서 개선해야 할 것들입니다. 그러므로 우리가 준비를 하는 초기에, 말하자면 그 위탁과 지시에 따라 일을 해야만 하는 그 정신적 힘과의 관계를 어떻게 우리 각자가 개별적으로 갱신할 것인지에 대해서 우선 생각해 보아야 합니다. 그러므로 이 시작의 말을, 그 정신적인 힘, 우리의 배후에서 상상력과 영감 그리고 직관을 불어넣어 줌으로써 우리의 과제를 떠맡도록 하는 그 힘들에 대한 일종의 기도(祈禱)[1]로 이해해 주시기 바랍니다.

사랑하는 여러분, 이 과제의 중요성을 느끼는 것은 우리의 의무입니다. 이 학교에 부여된 특별한 사명이 무엇인지 아신다면 그 중요성을 의무로 여기지 않을 수 없을 것입니다. 바로 여기에 우리의 생각을 확실하게 구체화시키려고 합니다. 이 학교에서 아주 특별한 것이 실천될 것이라는 의식을 지닐 수 있을 정도로 우리의 생각을 진정으로 형상화시키고자 합니다. 이 학교의 설립을 위해서 행하여진 것들을 그저 평범한 것으로 여기지 않고, 그것을 세계 질서의 축제로 여길 때에만 우리의 생각을 형상화할 수 있을 것입니다. 이런 의미에서 본인은 인류를 고통과 불행으로부터 구해 내려는 호의로운 정신의 이름으로, 인류를 수업과 교육을 통해서 더 높은 단계로 발달할 수 있도록 이끌어 갈 그 선한 정신의 이름으로, 인류 발달의 장에서 그리고 이 방향으로 발도르프 학교와 더불어 기여하는 것을 실행할 수 있도록 친애하는 몰트 님께 올바른 생각을 고취하여 준 그 호의로운 정신의 이름으로, 제 마음을 다해서 감사의 말씀을 가장 먼저 드리고 싶습니다. 이 과제를 위해서 할 수 있는 것들을 오늘날 단지 미미하게밖에 행할 수 없다는 점을 몰트 님께서 의식하고

---

1) 여기에 연결되는 강의 내용은 속기되지 않았음. 305쪽의 참조를 보시오.

있음을 본인은 잘 알고 있습니다. 몰트 님께서 사실을 그렇게 평가하지만, 바로 그렇기 때문에 우리가 그분과 더불어 이 과제의 숭고함과 그것이 시작되는 이 순간을 하나의 장엄한 축제로 세계 질서 속에 자리를 잡도록 한다고 느낍니다. 바로 그렇기 때문에 몰트 님께서 올바른 힘으로 우리의 한가운데에서 활동할 수 있습니다. 이런 시각에서, 사랑하는 여러분, 우리의 활동을 시작하려고 합니다. 우리 모두, 업으로 인해 이 자리에까지 오게 된 그런 인간 존재로 고찰하고자 하며, 이 장소로부터 어떤 범상한 것이 아니라 장엄한 세계 순간이라는 느낌을 지닐 수 있도록 하는 것이 일어나야 합니다. 본인은 오늘 이 준비 과정의 성대한 작업과 더불어 말해야 할 것들을, 교사 연수가 끝난 후에 몇 가지가 어느 정도는 명확해진 단계에서, 우리가 오늘 세우려고 하는 그 과제를 훨씬 더 구체적인 의미에서 대할 수 있는 그 단계에 이르러서 언급하겠습니다.

에밀 몰트 : 이 축제의 시간에 제가 한 마디 드려도 좋다면, 이 순간을 체험할 수 있도록 허락되었다는 점에 대해서 진심으로 감사를 표하기 위해서라고 생각합니다. 그리고 미미하지만 제 힘을 다해서 오늘 시작되는 이 커다란 작업에 참여하고자 충심으로 서약하는 바입니다.

사랑하는 여러분, 우리가 시작하고자 하는 첫 번째는 교육적 과제에 대한 논의가 되어야만 합니다. 그 논의에 대해서 오늘 일종의 입문에 해당하는 것을 말씀드리겠습니다. 우리의 교육적 과제를 인류가 지금까지 세워 온 그런 과제와는 구별해야만 합니다. 우리가 속된 자만심으로 이를테면 우리에게서 새로운 교육적 세계 질서를 시작해야 한다고 믿어서가 아니라, 차례로 잇따르는 인류 발달의 장마다 인류에게 부여되는 과제가 항상 다르다는 점을 인지학적 정신 과학으로부터 명확하게 알고 있기 때문입니다. 후기 아틀란티스 시대[2]에서 첫 번째, 두 번째 발달기(發達期)를 위시해서 우리가 살고 있는 현재의 다섯 번째 발달기에 이르기까지 인류는 항상 다른 과제를 지녀 왔습니다. 한 발달 기간이 시작된 후에 상당한 시간이 지나야 인류가 그 발달 기간 내에서 실천해야 할 것들을 비로소 의식한다는 점은 어쩔 수 없는 사실입니다.

오늘날 우리가 존재하고 있는 이 발달기는 15세기 중엽에 시작되었습니다. 교육 과제에 관해서 우리 시대에 해야 할 것이 무엇인지에 대한 인식이 작금에야 비로소 정신적 저변으로부터 어느 정도

---

2) 아틀란티스(Atlantis): 기원전 만 년경에 침몰한 대서양 부근에 있었던 대륙을 일컫는다. 플라톤이 『티마이오스』와 『크리티아스』에서 언급하였다. 신지학자 스콧-엘리어트(W. Scott-Elliot, 생존 기간 미상)의 저서 『The Story of Atlantis』(1896), 루돌프 슈타이너의 『아카샤 연대기에서』(서지 번호 11)를 참조하라.
슈타이너는 인류 문화가 법칙적인 발달을 거친다고 하며, 오늘날의 인류 문화를 후기 아틀란티스 시대로 분류하였다. 이 후기 아틀란티스 시대는 다시금 일곱 단계의 과정을 거치며 다음과 같다.
1. 고대 인도 문화기(기원전 7227~5067), 2. 고대 페르시아 문화기(기원전 5067~2907), 3. 고대 이집트 문화기(기원전 2907~747), 4. 그리스-로마 문화기(기원전 747~서기 1413), 5. 현재의 문화기(서기 1413~3573), 6. 러시아 문화기(서기 3573~5733), 7. 아메리카 문화기(서기 5733~7893). 오늘날의 문화기를 슈타이너는 '의식 영혼의 시대' 라고 명명하였다.

떠오르고 있습니다. 인류가 지금까지 스스로 모든 의지를 다해서 교육적인 활동을 했다 하더라도, 그것들은 낡은 교육의 의미에서, 후기 아틀란티스 네 번째 발달기의 의미에서였습니다. 처음부터 우리의 과제를 분명히 알고 있고, 우리 시대를 위해서 특정한 방향을 부여해야 한다는 점을 배우고 이해한다는 것에 많은 것들이 달려 있습니다. 하나의 방향이 발달 과정에서 전체 인류를 위해서 절대적으로 적용되어야 하기 때문이 아니라, 바로 우리 시대를 위해서 유효하기 때문에 중요한 것입니다. 물질주의는 다른 여러 가지뿐만 아니라, 인간이 특정한 시대의 특정한 과제에 대한 의식을 전혀 지니지 않는다는 점 또한 가르쳐 왔습니다. 그러나 여러분, 다른 모든 것보다 가장 먼저, 모든 시대는 그 특정한 과제를 지닌다는 바로 그 점을 깊이깊이 명심하십시오.

여러분은 교육과 수업을 위해서 어린이들을 떠맡아야 합니다. 그런데 어린이들은 이미 특정한 연령에 이르렀습니다. 여러분은 이 어린이들이 삶의 그 첫 발달의 시기에 이미 부모로부터 교육을, 아마도 드물지 않게 잘못된 교육을 받았다는 점을 항상 염두에 두셔야만 합니다. 이미 교육의 첫 시기에 오늘날 인류의 과제로 세워진 것을 부모들 역시 이해할 정도로 인류가 일단 발달되어야만 비로소 우리가 원하는 바가 완벽하게 이루어질 것입니다. 아이들이 학교에 입학하게 되면, 삶의 첫 발달 단계에서 이미 그르친 것들을 어느 정도는 교정할 수 있습니다.

우리는 그러나 그 의식으로, 우리 각자가 우리의 수업과 교육을 파악하고 이해하는 바로 그 의식으로 아주 가득 차 있어야만 합니다.

여러분의 과제에 전념하시면서, 오늘날의 전반적인 문화가 정신적 영역에 이르기까지 인류의 이기주의를 바탕으로 이루어졌다는 점을 잊어서는 안 됩니다. 오늘날 인간이 몰두하는 가장 정신적인 영역을 냉철하게 고찰해 보십시오. 바로 종교적인 분야에서 우리 문화가 인간의 이기주의에 영합한 것이 아닐까 하는 질문을 해 보십시오. 우리 시대에 존재하는 설교 방식의 한 전형이 바로 설교자가 이기주의에서 인간을 공략한다는 점입니다. 인간을 가장 깊이 사로잡는 것, 영생의 문제를 들어 봅시다. 오늘날 거의 모든 것, 심지어는 설교 제도 자체도 초감각적인 것에 대한 인간의 이기주의를 주목하는 차원에서 인간을 파악하고 있다는 점을 생각해 보십시오. 인간이 실체가 없이 죽음의 문을 통과하려는 것이 아니라, 자신의 자아를 그 죽음의 문을 통과한 이후에도 보존하려는 충동을 지니는 것은 이기주의에 기인합니다. 아무리 정제된 형태라 하더라도 이것은 역시 일종의 이기주의입니다. 영생을 다루는 모든 종교적 신조가 오늘날 광범위하게 이 이기주의에 호소합니다. 그렇기 때문에 종교적 신조는 무엇보다도 우리 지구상을 살아가는 현존재의 한 끝을 망각하고, 이 현존재의 다른 끝 부분만 고려하는 식으로, 무엇보다도 죽음을 주목하고 출생을 망각하는 식으로 사람들에게 설교합니다.

사실이 그렇게 분명하게 드러내어 말하지 않더라도, 역시 그러한 것들이 그 근저에 놓여 있습니다. 인류가 오늘날 걷고 있는 그 문화의 내리막길이 계속해서 더욱더 몰락하지 않기 위해서는, 인간적

이기주의에 대한 호소를 모든 영역에서 극복해야만 하는 그런 시대에 우리가 살고 있습니다. 지구상의 현존재에서 인간적 발달의 다른 끝 부분, 바로 출생을 우리는 더욱더 분명하게 의식해야만 합니다. 인간이 죽음과 새로운 출생 사이에 긴 시간 동안 발달한다는 사실, 인간이 발달 과정에서 말하자면 정신 세계를 위해서 죽게 되는 그 지점에, 즉 다른 존재 형태로 건너가지 않고는 인간이 그 정신 세계에서 더 이상 살 수 없는 그런 조건하에서 존재하게 되는 지점에 이르게 된다는 사실을 우리의 의식 속에 수용하지 않을 수 없을 것입니다. 이 다른 현존 형태를 인간은 신체와 에테르 체로 된 옷을 입음으로써 얻게 됩니다. 정신 세계에서 머무르면서 그대로 계속해서 발달하기만 한다면, 신체와 에테르 체를 통해서 얻어야 할 것을 인간은 얻을 수가 없습니다. 그러므로 우리가 어린이를 출생 이후에 단지 육안으로만 바라볼 수 있다 하더라도, 그 어린이가 하나의 연속적인 존재라는 점을 항상 의식하려고 해야 합니다. 우리는 인간 존재가 사후에 경험하는 것, 즉 신체적인 것의 정신적 연속만을 주시하기를 원치 않습니다. 이 신체적 현존재가 정신적인 것의 연속이라는 점, 우리의 관여가 없이 더 높은 차원의 존재에 의해서 배려된 것들을 교육을 통해서 이어 나가야 한다는 것이 우리가 의식하려는 것들입니다. 더 높은 차원의 존재가 출생 이전에 이룬 것을 계속해서 실행해야 할 것이 여기 이 인간 존재의 내부에 있다는 의식이 바로 유일하게 우리의 교육과 수업 제도에 올바른 정서를 부여할 것입니다.

사고와 감각에서 정신적 세계와의 연관성을 상실한 오늘날 인간은, 정신적 세계 파악에 대한 문제로서는 사실 전혀 의미가 없는 것에 대해서 추상적인 방식으로 자주 질문을 합니다. 소위 말하는 그 태교라는 것을 어떻게 해야 하는지 물어봅니다. 오늘날 많은 사람들이 사실을 추상적으로 받아들입니다. 사실을 구체적으로 받아들이게 되면, 어떤 특정한 영역에서는 문제를 자기 뜻대로 계속해서 밀고 나갈 수가 없습니다. 제가 그에 대해서 한 예를 들은 적이 있습니다. 길거리에 고랑이 움푹 파여 있습니다. 그것이 왜 생겼을까 하고 물어봅니다. 차가 지나갔기 때문에. 차가 왜 지나갔지? 그 안에 탄 사람들이 어떤 곳으로 가려고 했기 때문에. 왜 그 사람들이 그곳으로 가고 싶어 했을까? 이런 종류의 질문은 실제 세계에서는 언젠가 끝이 나게 됩니다. 추상적인 범위에 머무르게 되면 계속해서 그 원인을 물어볼 수 있습니다. 질문의 바퀴를 끊임없이 돌릴 수 있습니다. 구체적인 사고에는 항상 끝이 있지만, 추상적인 사고는 하나의 생각이 쳇바퀴 돌듯이 끝없이 이어집니다. 그렇게 명백하지 않은 영역에 관해서 질문을 하는 경우에도 역시 이와 마찬가지입니다. 인간이 교육에 관해서 생각하고, 출생 이전의 교육에 대해서 질문을 합니다. 그러나 사랑하는 여러분, 출생 이전의 인간 존재는 아직도 물체적인 것을 초월한 존재들의 보호 속에 있습니다. 세계와 개별적 존재 간의 직접적이고 개별적인 관계는 그 고차원의 존재들에게 맡겨야만 합니다. 그러므로 출생 이전의 교육은 어린이 그 자체를 위해서는 아직 어떤 과제도 지니지 않습니다. 태교는 부모 특히 어머니가 행하는 것에서 나오는 무의식적인 결과가 될 수 있을 뿐입니다. 아이가 태어나기까지 올바른 의미에서 도덕적이고 이성적으로 진실한 것을 어머니가 자기 내부에 스스로 표현하려는 태도를 취하게 되면, 그 어머니가 지속적인 자아 교육에서 완성하는 것 자체가 저절로 어린이에게 전이되는 것입니다. 아이가 세상의 빛을 보기도 전에 교육시켜야겠다는 생각을 덜 할수록, 그 자체로서 상응하는 올바른 삶을 살아가려는 생각을 더 할수록 아이를 위해서는 더 좋은 것입니다. 아이가 물체적 차원의 세계 질서 속에 실제로 들어섰을 때에, 즉 어린이가 외부의 공기로 숨을 쉬기 시작해야만 비로소 교육을 시작할 수 있습니다.

이제 어린이가 물체적 차원에 태어나면, 정신적 차원에서 물체적 차원으로 건너오는 과정에서 어린이에게 사실 무엇이 발생하였는지에 대해서 의식해야만 합니다. 여기에서 우리는 무엇보다도 인간 존재가 실제로 두 부분으로 이루어져 있다는 점을 분명히 의식해야 합니다. 인간 존재가 물체적인 세상에 발을 들여놓기 전에 정신과 영혼 사이에 하나의 관계가 형성됩니다. 오늘날의 물체적인 세계에서는 아직 완전히 감추어져 있는 것, 우리가 인지학적-정신과학적으로 정신인간, 생명정신, 그리고 정신자아라고 명명하는 그 정신을 여기에서 의미합니다. 인간의 이 세 가지 존재적 지체는 말하자면 초감각적 영역에 이미 존재하고 있으며, 우리가 그것을 향해서 전적으로 추구해 나아가야만 하는 것입니다. 우리는 죽음과 새로운 출생 사이에 이미 정신인간, 생명정신 그리고 정신자아에 특정한 관계를 지니고 있습니다. 이 세 부분에서 유출되는 힘이 인간의 영적인 것, 즉 의식영혼, 오성 혹은 감성영혼, 그리고 감각영혼을 관통합니다.

인간 존재가 죽음과 새로운 출생 사이의 현존을 통과한 후에 물체적 세계로 하강하기 위해서 준비한다는 점을 고찰해 보면, 여러분은 바로 이 성격화한 정신적인 것이 영적인 것과 연결되어 있다는 점을 알 수 있을 것입니다. 인간은 말하자면 정신영혼 혹은 영혼정신으로서 고차원의 영역에서 지상의 현존으로 들어서는 것입니다. 지상의 현존재로 옷을 갈아입는 것입니다. 지금 방금 특성화한 것과 연결된 다른 존재적 지체들을 성격화해서 이렇게 설명할 수 있습니다. 저기 아래에 지구상에서 신체적인 유전 과정을 통해서 생성되는 것을 정신영혼에 가져온다. 이제 영혼정신 혹은 정신영혼에 신체 혹은 육체가 접지되고, 여기에서 다시금 양 삼지성이 연결됩니다. 즉 정신영혼에서 정신인간, 생명정신 그리고 정신자아가 의식영혼, 오성 혹은 감성영혼과 감각영혼으로 구성된 영적인 것에 연결되어 있습니다. 이들은 모두 함께 연결되어 있으며 물체적 세계로 하강하는 순간에 감각체 혹은 아스트랄 체, 에테르 체, 신체와 연결됩니다. 그러나 이 세 가지는 다시금 우선 어머니의 신체에, 나아가서 물체적 세계의 세 분야, 즉 광물계, 식물계, 동물계와 결합되어 있어서 여기에서도 역시 두 가지 삼지성이 서로 연결되어 있습니다.

이 세상으로 성장해 들어오는 어린이를 충분히 냉철하게 관찰해 보면, 어린이 내부에 영혼정신(혹은 정신영혼)이 신체(혹은 육체)와 아직 제대로 연결되지 않은 것을 실제로 지각할 수 있습니다. 정신적인 의미에서 파악된 교육의 과제는 그 영혼정신을 신체 혹은 육체와 조화롭게 만든다는 것을 의미합니다. 이들이 서로 어울리고 상호 간에 조화되어야만 하는데, 이는 어린이가 물체적 세계로 태어나는 그 순간에 아직 서로 정확하게 맞아 떨어지지 않기 때문입니다. 교육자나 수업을 하는 사람의 과제는 이 두 지체가 함께 조화를 이루게끔 하는 것입니다.

이제 이 과제를 좀 더 구체적으로 생각해 봅시다. 인간이 외부 세계와 지니는 모든 관계에서 가장 중요한 것이 호흡입니다. 우리가 물체적 세계에 들어서는 바로 그 순간에 우리는 호흡을 시작합니다. 모체 내의 호흡은 소위 말해서 준비하는 의미의 호흡으로 외부 세계와의 완벽한 연관성을 부여하지 않습니다. 바른 의미에서 호흡이라고 부를 수 있는 것은 인간이 모체를 떠났을 때에 비로소 시작됩니다. 바로 이 호흡이 인간의 본성과 관련하여 상당히 많은 것을 의미하는데, 이 호흡에 이미 신체적 인간의 전반적인 삼지적 체계가 놓여 있기 때문입니다.

삼지적인 신체적 인간 체계의 부분으로 우리는 우선 신진대사를 들 수 있습니다. 그러나 신진대사는 그 마지막 부분에서 호흡과 밀접한 관계를 지니며, 호흡 과정은 신진대사적으로 보아서 혈액 순환과 연관되어 있습니다. 혈액 순환은 다른 경로로 공급된 외부 세계의 성분을 인간의 신체에 흡수시킴으로써 말하자면 호흡이 다른 쪽에서 전체 신진대사와 연결되는 것입니다.

다른 면에서 호흡은 역시 인간의 신경-감각 생활과 직결됩니다. 우리가 숨을 들이마심으로써 지속적으로 뇌수를 두뇌에 밀어 넣습니다. 숨을 내쉬면 뇌수를 몸 전체로 내려 보냅니다. 이런 식으로 우리는 호흡의 리듬을 두뇌로 이식합니다. 호흡이 한 쪽에서는 신진대사와 연결되어 있듯이 다른 면으로는 이렇게 신경-감각 생활과 연결됩니다. 호흡은 물체적 세계에 들어서는 인간을 물체적인 외부 세계와 연결하는 가장 중요한 매개자라고 말할 수 있습니다. 그러나 이 호흡이 인간의 신체적 생활을 유지하는 데 처음부터 완벽하게 작용하지는 않는다는 점을 역시 주시해야만 합니다. 그것은 특히 한 방향에서 이루어지지 않는데, 신체적인 현존재로 들어서는 인간의 경우에 호흡 과정과 신경-감각 과정 간의 관계에서 적절한 조화가 아직 제대로 이루어지지 않는다는 것입니다.

어린이를 관찰하면서 그 본성에 대해서 설명해야만 한다면, 호흡이 올바른 방식으로 신경-감각 과정을 유지하도록 제대로 호흡하는 방법을 어린이가 아직 배우지 않았다고 말해야 합니다. 여기에 다시금, 어린이와 함께 해야 할 것의 미묘한 특성이 존재합니다. 우리는 우선 인간 본성을 인류학적-인지학적으로 이해해야만 합니다. 그러므로 교육에 있어서 가장 중요한 근거는, 올바른 방식으로 호흡 과정을 신경-감각 과정 안으로 조직해 들어가는 모든 것을 관찰하는 데에 있습니다. 호흡을 하도록 태어남으로써 어린이에게 부여될 수 있었던 것을, 어린이가 좀 더 고차적인 의미에서 자신의 정신 안에 수용하도록 배워야만 합니다. 교육의 이 부분이 정신적-영적인 것으로 기울어진다는 점을 인식하게 됩니다. 호흡을 신경-감각 과정과 조화시킴으로써 우리는 정신적-영적인 것을 어린이의 신체적인 삶으로 끌어들입니다. 조야하게 표현하자면, 어린이는 아직 내면적으로 제대로 호흡을 할 수 없으며, 교육은 제대로 호흡하도록 가르치는 것이라고 말할 수 있습니다.

그러나 어린이가 제대로 할 수 없는 것이 또 있으며, 양 존재 지체 간에, 즉 신체와 정신영혼 간에 조화가 이루어지도록 교육이 착수되어야 할 부분이 있습니다. 어린이가 삶의 초반부에 아직 제대로 할 수 없는 것은 ― 우리가 정신적으로 강조해야만 하는 것이 일상적으로 외부의 세계 질서에 모순되는 것처럼 보이겠지만 ― 잠과 깨어 있음 사이의 교체를 인간 본성에 적합한 방식으로 실행할 수 없다는 것입니다. 외적으로 관찰해 보면 어린이가 당연히 잘 자고 있다고 말할 수 있습니다. 나중에 나이가 들었을 때에 비해서 훨씬 더 많이 잠을 잡니다. 심지어는 잠을 자기 위해서 사는 듯이 보입니다. 그러나 잠과 깨어 있음에서 내적으로 근거가 되는 것, 그것을 어린이는 아직 할 수가 없습니다. 어린이는 신체적 차원에서 온갖 것을 체험합니다. 사지를 움직이고, 먹고, 마시고, 호흡합니다. 그러나 신체적 차원에서 그런 모든 것을 하면서, 잠과 깨어 있음 사이에 오락가락하면서, 이 신체적 차원에서 경험하는 모든 것, 즉 눈으로 보고, 귀로 듣고, 팔다리를 버둥거리면서 작은 손발로 행하는 모든 것, 이 물체적 차원에서 체험하는 것들을 어린이는 정신 세계로 가져가서 그곳에서 소화하고 극복해서, 그 작업의 결과를 물체적 차원으로 다시 가져오는, 바로 이 과정을 할 수 없습니다. 어린이의 잠은 성인의 잠과는 다른 것이라는 점이 바로 그 특성입니다. 성인의 잠에서는 인간이 깨어나서 잠들기까지 경험한 것을 주로 소화합니다. 어린이는 깨어나서 잠들기까지 경험한 것을 아직 잠 속으로 가져갈 수 없으며, 그렇기 때문에 잠이 들면서 보편적인 세계 질서 속으로 빠져 들어갑니다. 어린이는 잠을 자는 동안 이 세계 질서 속으로 자신이 물체적 세계에서 외적으로 경험한 것을 함께 가져가지 않습니다. 올바른 교육을 통해서 인간이 물체적 차원에서 경험한 것을 영혼정신 혹은 정신영혼이 잠이 들어서 깨어날 때까지 머무르는 그 안으로 실어 나를 수 있도록 어린이를 가르쳐야 합니다. 교사로서, 교육자로서 우리는 고차적인 세계로부터의 그 어떤 것도 어린이에게 가르칠 수 없습니다. 고차적인 세계로부터 인간 속으로 스며드는 것은 바로 잠이 들어서 깨어나기까지의 시간에 들어오기 때문입니다. 인간이 물체적 차원에서 지내는 바로 그 시간을 잘 이용할 수 있을 뿐이며, 우리가 어린이와 함께 행하는 바로 그것을 어린이가 정신 세계로 가져갈 수 있고 이를 통해서 다시금 정신 세계로부터 가져올 수 있는 그 힘이 물체적 세계로 흘러나와서, 이 신체적인 현존재 안에서 그 힘으로 올바른 인간이 되도록 하는 것입니다.

이렇게 일단 모든 수업 활동과 교육 활동이 상당히 고차적인 영역에서, 즉 올바른 호흡을 가르치는 것과 잠과 깨어 있음 사이의 교체에 있어서 올바른 리듬을 가르치는 것에 그 방향이 집중되어야 합니다. 우리는 당연히 교육이나 수업에 필요한 지침을 배울 것입니다. 결과적으로 호흡 훈련이나 잠과 깨어 있음의 훈련이 되고 마는 것이 아닌 그런 취급 방식을 배우게 됩니다. 그 모든 고차적인 영역은 단지 배후에 존재할 것입니다. 우리가 알아야 할 것은 구체적인 방식입니다. 그러나 우리가 행하는 것의 근저에 이르기까지 깊이 의식해야만 합니다. 우리가 어린이에게 이러저러한 대상물을 가르칠 때에 한편으로는 신체 속으로 정신영혼을 가져다주는 것에 좀 더 작용하도록, 다른 한편으로는 신체성을 정신영혼으로 가져오는 것에 좀 더 작용하도록 가르쳐야 한다는 점을 분명하게 의식해야만 합니다.

지금 여기서 언급된 것의 중요성을 과소평가하지 마십시오. 여러분이 단지 행하는 것만 주시하고, 여러분 자신이 무엇인지에는 전혀 주의를 기울이지 않는다면 결코 훌륭한 교사나 교육자가 될 수 없기 때문입니다. 인지학에 기초한 정신 과학은 사실 인간이 행위를 통해서뿐만 아니라, 우선 그가 무엇인지를 통해서 세계에 작용한다는 사실의 중요성을 인식하기 위해서 존재합니다. 사랑하는 여러분, 학교에서 이 교사가 많거나 적은 수의 학생들에게로 교실의 문을 들어서는지, 아니면 저 교사가 그 교실 문을 통과하는지에는 엄청난 차이가 있습니다. 그 엄청난 차이는 한 교사가 다른 교사보다 외형적인 교육 방식을 그렇고 그렇게 처리하는 데 능숙하기 때문에 생기는 것이 아닙니다. 수업에 영향을 미치는 주된 차이는 교사가 살아가면서 항상 무슨 생각을 하는지에, 그리고 그 생각들을 그 교사가 교실의 문을 들어서며 함께 가지고 간다는 점에 근거합니다. 성장하는 인간에 대한 생각에 전념하는 교사는 어린이에 대해서 전혀 아는 바가 없고 한 번도 그 방향으로는 신경을 쓰지 않은 교사에 비해서 학생들에게 완전히 다른 영향을 끼칩니다. 여러분이 그런 생각에 몰두하는 순간에 일어나는 것, 그것은 여러분이 호흡 과정과 교육을 통한 그것의 변환이 어떤 우주적 의미를 지니는지, 잠과 깨어 있음 사이에 존재하는 리듬적 과정의 우주적 의미가 무엇인지를 깨닫기 시작한다는 것입니다. 여러분이 그런 생각을 하는 그 순간에, 여러분의 내부에 어떤 것이 단순히 개인적인 정신에 근거하는 모두를 극복합니다. 바로 이 순간에 개인적인 정신에 근거한 모든 판단 기준이 약화됩니다. 신체적 인간이기 때문에 인간 내부에 가장 많이 존재하는 바로 그 부분이 조금이라도 삭제됩니다. 그리고 여러분이 이 순수한 공백의 상태에서 교실에 들어서게 되면, 내면의 힘을 통해서 학생과 여러분 사이에 하나의 관계가 이루어집니다. 여기에서 바로 외적인 사실이 그 시작과 모순될 수도 있습니다. 교실에 들어가면 아마도 여러분을 조롱하는 개구쟁이들과 말괄량이들을 만나게 됩니다. 여러분은 우리가 여기서 다루고자 하는 그런 생각을 통해서 강인해져야만 하며, 이런 조롱에 개의치 않고, 외적인 사실처럼, 말하자면 우산이 없이 바깥에 나갔다가 갑자기 비를 맞게 되는 그런 사실처럼 그 모든 것을 받아들여야만 합니다. 그것이 불쾌한 놀라움이라는 점은 분명합니다. 일상적으로는 인간 스스로 조롱거리가 되는 것과 우산이 없어서 소낙비로 놀라는 것의 차이를 구분합니다. 여기에 어떤 구분을 해서는 안 됩니다. 강인한 사고를 발달시켜서 우리가 이 조롱거리가 되는 것을 소낙비처럼 그렇게 그냥 어떤 구분도 하지 않고 받아들여야만 합니다. 이런 생각을 깊이 통찰하게 되면, 그것에 대한 소위 올바른 믿음을 지닌다면, 아마도 여드레가 지나서 아마도 두 주가 지나서, 아니면 아마도 더 긴 세월이 흐른 다음에 — 우리가 아무리 아이들의 조롱거리가 된다 하더라도 — 어떤 것이 우리에게 들어서서 우리가 소망스럽게 여기는 그런 관계를 어린이들과 형성합니다. 어린이들에게 단순한 단어나 경고를 경험토록 하는 것이 아니라, 수업의 능숙함이 아니라, 이 영적인 관계가 그곳에 존재합니다. 이 모든 것은 우리가 다루어야 할 외적인 사항입니다. 그러나 우리를 채우는 생각과, 수업을 하는 동안 어린이들의 몸과 영혼에 일어나야 할 사실들 간의 전체적인 관계를 기본 사실로 설정하지 않으면 이 모든 것들을 제대로 다룰 수가 없습니다. 인간이 태어남으로써 정신 세계에서 할 수 없는 것을 할 수 있는 가능성이 주어진다는 의식을 우리 안에 간직하지 않는다면, 수업에서의 우리의 태도는 완성되지 않은 것입니다. 정신 세계에 대한 올바른 조화를 호흡에 부여하도록 교육하고 수업해야만 합니다. 정신 세계에서 인간은 잠과 깨어 있음 사이의 리듬적인 변화를 물체적 세계에서와 같은 방식으로 행할 수 없었습니다. 교육과 수업을 통해서 이 리듬을 제대로 조절해서 신체 혹은 육체가 인간 내부에서 올바른 방식으로 영혼정신 혹은 정신영혼에 편입되도록 해야 합니다. 이것은 우리가 어떤 추상적인 개념처럼 지니고, 그런 추상적인 개념으로서 수업에 직접적으로 적용해야 하는 것이 아니라, 인간적 본성에 대한 생각으로서 우리를 지배해야만 하는 것입니다.

바로 이 점을 여러분에게 서두로 말씀드리며, 내일 실제적인 교육학을 시작하기로 합시다.

두 번째 강의 >>>> 영적인 관점에서의 고찰
영혼 활동의 원동력 – 공감과 반감

- ⋯ 수업의 근거로서의 인지학적 심리학
- ⋯ 표상과 의지의 의미
    - 표상– 출생 이전의 삶의 반사
    - 의지– 죽음 이후의 삶을 위한 싹
- ⋯ 반감의 고조: 기억과 개념
- ⋯ 공감의 고조: 환상과 평범한 상상
- ⋯ 피의 정신화와 신경의 물질화
- ⋯ 공감과 반감의 어우러짐과 그 신체적 표현
- ⋯ 의지 교육과 표상 교육

두 번째 강의

1919년 8월 22일, 슈투트가르트

미래의 모든 수업은 인지학적 세계 인식에서 얻어진 진정한 심리학에 근거해서 세워져야만 합니다. 수업과 교육 제도가 전반적으로 심리학을 근거로 이루어져야 한다는 점은 이미 도처에서 인식되었습니다. 여러분도 잘 아시다시피, 과거에 상당히 광범위한 영역에 영향을 미친 헤르바르트의 교육학 역시 그 교육 방식은 헤르바르트 심리학에 근거합니다. 그런데 오늘날뿐만 아니라 지난 수백 년간 역시 진정한 심리학이, 활용 가능한 심리학이 전혀 발생할 수 없었다는 특정한 사실이 있습니다. 그것은 우리가 존재하는 이 시대에, 이 의식영혼의 시대에 지금까지 아직도 인간의 영혼을 진정으로 파악할 수 있는 그런 정신적인 깊이에 도달하지 않았다는 사실에 기인합니다. 후기 아틀란티스 시대 네 번째 발달기의 낡은 지식으로부터 심리학의 영역에서, 영혼학의 영역에서 지금까지 형성된 그 개념들은 오늘날 사실 많든 적든 간에 내용이 없는 상투어가

되었습니다. 오늘날 심리학 혹은 심리학 개념과 관계가 있는 어떤 서적을 읽어 보아도 실제적인 내용은 더 이상 찾아볼 수 없다는 것을 의식하게 됩니다. 심리학자들이 그저 개념 놀이를 하고 있다고 느끼게 됩니다. 오늘날 예를 들어서 표상이 무엇인지, 의지가 무엇인지, 그것에 대한 올바르고 명확한 개념을 누가 계발합니까? 표상에 관해서, 의지에 관해서 심리학과 교육학에서 나온 정의들을 모조리 해석해 보아도 표상에 대한 본질적인 표상, 의지에 대한 본질적인 표상을 얻을 수가 없습니다. 당연히 외적인 역사의 필연에 의해서 개별적인 인간을 영적으로 전체 우주에 연결하는 것을 그야말로 완전히 등한시했습니다. 인간의 영적인 것이 전체 우주와 어떤 관계에 있는지를 파악할 능력이 없었습니다. 전체 우주에 대한 개별적 인간의 관계를 주시할 수 있을 때에야 비로소 그 자체로서의 인간 본성에 대한 관념이 생겨납니다.

흔히 표상이라고 부르는 것을 일단 주목해 봅시다. 우리는 어린이들에게서 표상, 감성, 그리고 의지를 발달시켜야만 합니다. 그러니 가장 먼저 무엇이 표상인지, 그것에 대한 명확한 개념을 얻어야만 합니다. 정말로 편견 없이 표상으로서 인간 내부에 살고 있는 것을 관조하는 사람은 그 표상의 형상적 특성을 곧바로 주목하게 됩니다. 표상은 형상적인 특성을 지닙니다. 표상에서 존재의 특성을 찾는 사람, 표상에서 실재적인 현존을 찾는 사람은 엄청난 환상에 빠져 있는 것입니다. 표상이 존재하는 것이라면, 그것은 과연 우리에게 무엇이 되겠습니까? 우리는 의심의 여지가 없이 우리 내부에 존재의 요소를 지니고 있습니다. 우리의 신체에서 존재의 요소를 들어 봅시다. 제가 지금 말씀드리는 것들만 대략 생각해 보십시오. 예를 들어서 눈은 존재의 요소입니다. 여러분의 코도 역시 존재의 요소이며, 위장도 존재의 요소입니다. 여러분은 정확히 말하자면 이 존재 요소 속에 살고 있기는 하지만, 그것을 표상할 수는 없다는 것을 깨닫게 됩니다. 여러분은 자신의 본성과 함께 그 존재의 요소로 스며듭니다. 여러분은 그 존재의 요소와 일치됩니다. 표상이 형상적 성격을 지닌다는 점, 우리가 그것 안에 존재하는 식으로 표상이 우리와 융합하지는 않는다는 점, 바로 그 점이 우리가 표상으로 어떤 것을 파악하고 이해할 수 있도록 하는 가능성을 줍니다. 그러므로 표상은 사실 존재하는 것이 아니라 단지 형상들입니다. 지난 수 세기 동안, 바로 인류의 이전 발달 단계 말엽(제4발달기 말엽)에 존재를 사고와 동일시하는 커다란 실수가 범해졌습니다. "생각한다, 고로 나는 존재한다."는, 근대 세계관의 정점에 세워진 최대의 오류입니다. '생각'의 전체 영역 내에는 '존재'가 아니라 '비존재'가 위치하기 때문입니다. 말하자면 내 인식이 미치는 한에서는 내가 아니라 오직 형상만 존재하는 것입니다.

여러분이 표상의 형상적 성격을 주목할 때에는 그것을 무엇보다도 질적으로 파악해야만 합니다. 표상의 민첩성을 주시해야만 하며, '활동하고 있음'에 그렇게 정확하게 들어맞지 않는 개념, 존재를 암시하는 것처럼 들리는 그런 개념을 만들어야 합니다. 그러나 우리는 사고로 활동하고 있는 중에도 역시 단지 형상적인 활동을 하고 있다고 생각해야 합니다. 그러니까 표상 속에서 단지 움직임에 불과한 것 모두 형상들의 운동입니다. 그러나 형상은 어떤 것의 형상이어야만 하며, 엄밀히 말하자면 형상이 그저 혼자서 존재할 수는 없습니다. 거울 속의 형상과 비교해 보면, 사실 거울 속에 형상이 보이기는 하지만, 거울의 형상 속에 놓인 것은 거울의 뒤가 아니라 독립적인 다른 곳에 존재하며, 그 안에 반영되는 것은 거울과는 거의 무관합니다. 거울 속에는 사실 모든 것이 반영될 수 있다고 말할 수 있습니다. 정확하게 이런 의미에서 표상하는 활동이 형상적이라는 점을 이해한다면, 그 표상된 형상이 과연 무엇으로부터 생기는지를 묻게 됩니다. 이에 관해서 외적인 과학은 어떤 정보도 제시하지 않습니다. 오직 인지학에 근거한 과학만 그 답을 제시할 수 있습니다. 표상은 출생 이전 혹은 수태 이전에 우리가 체험한 모든 것에 대한 형상입니다. 출생 이전의 혹은 수태 이전의 삶을 겪었다는 점을 명확하게 하지 않고는 표상의 진정한 파악이란 불가능합니다. 일상적인 거울 속의 형상이 거울의 형상으로 공간적으로 나타나듯이 죽음과 새로운 출생 사이의 삶이 이 현재의 삶 속에 반영되면, 이 반사가 바로 표상입니다.

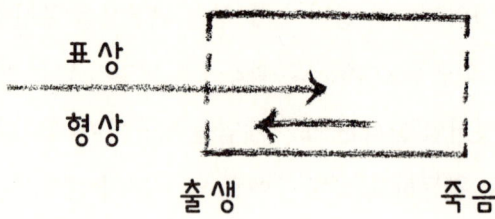

그것을 형상적으로 보자면, 여러분의 인생 행로가 오른쪽과 왼쪽이 출생과 죽음으로 제한된 두 평행선 사이에서 진행된다고 상상해야만 합니다. 그리고 계속해서, 출생 이전으로부터 표상이 끊임없이 흘러 들어오며, 인간 존재 자체에 의해서 되던져진다고 상상해야만 합니다. 출생 이전 혹은 수태 이전에 여러분이 정신 세계에서 실행한 그 행위가 여러분의 신체성에 의해서 되던져짐으로써, 바로 이런 식으로 여러분은 표상을 경험합니다. 표상은 태어나기 이전의 존재 형상이기 때문에 진정으로 인식하는 사람에게는 표상 그 자체가 사실 출생 이전에 현존했다는 증거가 되는 것입니다.

이런 방식으로 여러분이 심리학과 교육학에서 발견하는 단순한 단어 설명에서 벗어날 수 있으며, 영혼이 출생 이전 혹은 수태 이전에 순수하게 정신적인 세계에서 행한 바로 그 활동이 표상 속에 반사된다는 사실을 인식함으로써, 표상하는 활동성이 무엇인지 진정으로 파악할 수 있다는 점에 대해서 여러분에게 주의를 환기시키려고 합니다. 그와 관련해서 오늘 본인이 일단 하나의 의견을 여기에 제시하였습니다. 이에 대한 엄밀한 해명은 차후에 다시 거론하겠습니다. 표상에 대한 그 외의 모든 정의는 사실 전혀 소용이 없습니다. 그런 것들로부터는 우리 내부에 존재하는 표상에 대한 진정한 관념을 전혀 얻을 수 없기 때문입니다.

이제 동일한 방식으로 의지에 관해서 질문을 해 봅시다. 의지는 사실 일상적인 의식으로 알아보기에는 상당히 수수께끼 같은 존재입니다. 의지는 심리학자에게 아주 실재적인 어떤 것으로 나타나지만, 근본적으로는 적당한 내용을 전혀 지니지 않기 때문에,

심리학자에게는 의지가 하나의 골칫거리입니다. 심리학자들이 의지에 어떤 내용을 부여하는지 조사해 보면, 그 내용이 표상에 근거한다는 점을 항상 발견할 것입니다. 의지 그 자체는 우선 고유한 내용을 지니지 않습니다. 이제 다시 보자면 의지를 위한 정의가 전혀 없습니다. 의지가 적당한 내용을 지니지 않기 때문에 그 정의를 내리기가 더욱 어렵습니다. 의지는 그럼 도대체 무엇입니까? 의지는 우리 내부에 이미 존재하는 싹, 사후에 우리 안에서 정신적-영적인 실재가 될 것의 싹 외에는 다른 어떤 것도 아닙니다. 사후에 우리의 정신적-영적인 실재가 될 것을 우리 안에 싹처럼 상상하신다면, 그러면 의지를 얻게 됩니다. 이 그림에서 인생 행로는 죽음의 측면에서 종료합니다. 그러나 의지는 그것을 넘어서 계속됩니다.

말하자면 한쪽에는 우리가 출생 이전의 삶에서 오는 형상으로 파악해야 할 표상이, 다른 쪽에는 미래를 위한 싹으로 파악해야 할 의지가 있다고 상상할 수 있습니다. 싹과 형상 간의 차이를 분명하게 주목하시기를 바랍니다. 싹이란 실재 이상의 어떤 것이며, 형상은 실재 이하의 어떤 것입니다. 즉 싹은 나중에야 비로소 실재가 됩니다. 말하자면 미래의 실재를 그 안에 소질로 지니며, 그래서 의지는 사실 매우 정신적인 성격을 지닙니다. 이 점을 쇼펜하우어가 어렴풋이 짐작은 했지만 의지가 정신적-영적인 것의 싹이라는 점, 이 정신적-영적인 것이 사후에 정신 세계에서 어떻게 전개되는지 그 인식에는 당연히 이를 수 없었습니다.

이제 여러분은 특정한 방식에서 인간의 영혼 생활을 형상적인 표상 그리고 싹과 같은 의지라는 두 영역으로 나누었습니다. 형상과 싹 사이에는 경계가 존재하며, 이 경계가 바로 신체적인 인간 스스로 펼치는 전체 삶입니다. 바로 신체적 인간이 출생 이전의 것을 되던져서 표상의 형상을 생성해 내며, 의지를 펼쳐 내지 않음으로써 지속적으로 그것을 싹으로 보유해서 단지 싹으로만 남겨 두는 것입니다. 이제 우리는 그 모든 것이 도대체 어떤 힘에 의해서 발생되는지 물어보아야 합니다.

인간 내부에 특정한 힘이 존재해야만 하고, 그 힘을 통해서 출생 이전의 실재가 되던져지고, 사후의 실재가 싹 속에 유지된다는 점을 명확하게 이해해야만 합니다. 그리고 바로 여기에서 여러분이 『신지학』을 통해서 이미 알고 계시는 것들의 반사, 즉 반감과 공감의 반사라는 사실에 대한 가장 중요한 심리학적 개념에 이르게 됩니다. 이제 첫 번째 강의에서 논의했던 것을 연결해 봅시다. 정신 세계에 더 이상 머무를 수가 없기 때문에, 우리는 물체적[3] 세계로 전치됩니다. 물체적 세계로 옮겨지는 그 과정에서 우리는 정신적인 모든 것에 대한 반감을 발달시키고 그래서 우리는 출생 이전의 정신적인 실재를 무의식적으로 반감 속에 반영하게 됩니다. 우리 내부에 반감의 힘을 지니고 있으며, 그 힘을 통해서 출생 이전의 요소를 단순한 표상의 형상으로 변화시킵니다. 그리고 의지의 실재로서 사후에 우리의 현존재로 발산될 것과 우리 자신을 공감으로 연결합니다. 이 두 가지, 공감과 반감을 우리는 직접적으로 의식하지는 않습니다. 그것들은 우리 내부에서 무의식적으로 살아 있으며, 지속적인 리듬, 즉 공감과 반감 간의 상호 작용으로 이루어진 것이 우리의 감성을 의미합니다.

공감과 반감 간의 끊임없는 상호 작용인 ― 심장의 수축과 이완 ― 감성 세계를 우리 내부에 발달시킵니다. 이 상호 작용이 우리 내부에 지속적으로 존재합니다. 한편으로는 반감이 우리의 영혼 생활을 표상하는 것으로, 다른 한편으로는 영혼 생활을 우리가 행위 의

---

[3] 독일어의 physisch는 "물체적인, 신체의, 자연의, 생리적인" 등으로 번역할 수 있다. 슈타이너가 사용한 Die physische Welt를 단순히 "물질 세계"로 번역하지 않고 굳이 "물체적 세계"라고 번역한 이유는, 슈타이너가 물질 세계를 위해서는 항상 "Die materiale Welt"라는 단어를 사용하며, 이는 특히 근대 역사 이후에 나타나는 자연 과학적, 자본주의적 의미에서의 물질적 세계를 지칭하기 때문이다. 슈타이너가 의미하는 "물체적 세계"란 정신 세계의 현상인 감각의 세계이며, 이 감각의 세계는 '물질로만' 이루어진 것이 아니라 초감각적 요소가 내재한다는 것을 암시한다. 이 단어가 인간과 직접적인 관계를 갖는 경우에는 "신체적" 혹은 "생리적"으로 번역하였다.

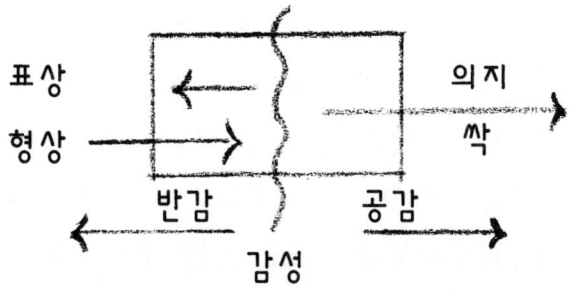

지라고 알고 있는 것으로, 사후에 정신적 실재가 될 것을 싹으로 유지하려는 것으로 변화시킵니다. 바로 이 부분에서 여러분은 정신적-영적 삶의 진정한 이해에 이르게 됩니다. 즉 우리가 영혼 생활의 싹을 공감과 반감의 리듬으로서 만들어 내는 것입니다.

그러면 반감 속에는 무엇을 반사합니까? 여러분이 체험한 모든 삶, 출생 혹은 수태 이전에 체험한 세계 전체를 반사합니다. 그것은 본질적으로는 인식하는 성격을 지닙니다. 그러므로 여러분의 인식은 사실 출생 이전의 삶이 비쳐 드는 것, 반사되어 들어오는 것에 근거합니다. 출생 혹은 수태 이전에 실재로서, 훨씬 더 높은 수준에 존재하는 이 인식은 반감에 의해서 형상으로 약화됩니다. 이렇게 보자면 인식이 반감과 조우하게 되고, 그럼으로써 표상의 형상으로 약화되는 것이라고 말할 수 있습니다.

이제 이 반감이 충분히 강화되면 아주 특별한 것이 등장합니다. 출생 이전의 시간에서 우리에게 남겨진 그 힘으로, 특정한 의미에서는 동일한 바로 그 힘으로 표상을 할 수 없다면 사실 우리는 출생 이후의 일상적인 삶에서도 역시 표상을 할 수가 없을 것입니다. 여러분이 오늘 신체적인 인간으로서 표상한다면 그것은 여러분 내부의 힘으로 하는 것이 아니라 출생 이전의 시간에서 나오는 힘, 여러분의 내부에 아직도 영향을 미치는 바로 그 힘으로 표상하는 것입니다. 그 힘이 수태와 함께 정지되었다고 생각할 수도 있습니다. 그러나 그것은 아직도 계속해서 활동 중이며, 우리 내부에 아직도 항상 비쳐 들고 있는 그 힘으로 우리는 표상합니다. 출생 이전의 것들을 계속해서 생생하게 여러분 내부에 지니고 있습니다. 그것을 반사하기 위해서 여러분 내부에 그 힘을 지니고 있을 뿐입니다. 그 힘이 여러분의 반감을 만나는 것입니다. 여러분이 이제 표상을 하게 되면, 그 모든 표상이 반감을 만나게 되며, 그 반감이 충분히 강화되면 바로 기억 형상, 기억이 생성됩니다. 그러므로 기억은 우리 내부에 관장하고 있는 반감의 결과물일 뿐입니다. 여기에서 여러분은 불확실하게 반사하는 반감의 순수하게 감성적인 요소와, 좀 더 형상적으로 활동하는 지각 행위가 기억 속에 특정하게 반사하는 것 사이의 관계를 알게 됩니다. 기억은 단지 증대된 반감일 뿐입니다. 여러분의 표상에 대해 너무 큰 공감을 지니게 되면, 그것을 '삼켜 버려서' 여러분은 전혀 기억을 할 수가 없을 것입니다. 여러분이 표상에 대해서 일종의 혐오를 느끼고 그것을 되던져서 존재토록 함으로써 기억을 하게 됩니다. 이것이 바로 기억의 실재입니다.

여러분이 이 전반적인 과정을 경험한다면, 즉 형상적으로 표상하고 그것을 기억 속에 되던져서 그 형상적인 것을 포착하면 그러면 개념이 생성됩니다. 이런 방식으로 여러분은 영혼 활동의 한

면, 우리의 출생 이전의 삶과 연결된 반감을 알 수 있습니다.

이제 다른 면, 즉 싹의 상태에 있는 것, 사후의 것으로 우리 안에 존재하는 의지를 봅시다. 우리가 의지에 대해서 공감을 지니기 때문에, 우리가 사후에 비로소 발달될 이 싹과 공감을 지니기 때문에 우리 안에 의지가 살고 있습니다. 표상이 반감에 근거하듯이 의지는 공감에 근거합니다. 표상이 반감에 의해서 기억이 되듯이, 이제 공감이 충분히 강해지면, 공감에서 환상이 생성됩니다. 반감에서 기억이 생성되는 것과 마찬가지로 공감에서 환상이 생성됩니다. 그리고 환상이 충분히 강해지면, 평범한 삶에서는 단지 무의식적으로 발생하는 그 환상이 매우 강해져서 다시금 전체 인간을 감각 기관까지 관통하게 되면, 그러면 여러분은 평범한 상상[4]을 얻게 되며, 그 평범한 상상을 통해서 여러분은 외부의 사물을 표상합니다. 기억에서 개념이 생겨나듯이, 환상에서 감각적 관조를 제공하는 상상이 생깁니다. 이 상상은 의지에서 생기는 것입니다.

사람들은 심리학에서 끊임없이 회자되는 것에 빠져 드는 오류를 범합니다. 즉 우리가 사물을 관찰한 후에 그것을 추상함으로써 표상을 얻는다고 하는데, 사실은 그렇지 않습니다. 예를 들어서 우리가 백묵을 희다고 느끼는 것은 공감과 환상을 넘어서서 상상이 되는 의지의 적용에서 생겨납니다. 이와는 반대로 우리가 개념을 형

---

4) 감각 세계의 지각에서 얻은 표상을 슈타이너는 "평범한 상상"(Die gewohnliche Imagination)이라고 명명한다. 이는 감각의 세계를 완전히 배제한 상태에서 순수하게 관조하는 사고를 통해서 일구어 낸 "형상적 상상"(Die bildliche Imagination)과 구분하기 위해서다.

성한다면, 이 개념은 완전히 다른 유래를 지니는데, 그것은 개념이 기억에서 생기기 때문입니다.

이로써 본인은 여러분께 영적인 것을 설명하였습니다. 여러분이 인간 내부의 공감적인 요소와 반감적인 요소의 차이를 파악하지 않으면, 인간 존재를 이해할 수 없습니다. 공감적인 요소와 반감적인 요소는 이미 설명드렸듯이 엄밀하게 말하자면 사후에 영혼 세계에서 분명하게 표출됩니다. 그곳에서는 공감과 반감이 은폐되지 않은 상태에서 지배합니다.

영적인 인간을 여러분에게 설명했습니다. 이 영적인 인간은 물체적 세계에서 신체적인 인간과 결합되어 있습니다. 모든 영적인 것은 신체 속에서 표현되고 드러납니다. 반감, 기억 그리고 개념으로 표현되는 모든 것이 한 쪽으로는 신체 속에 드러납니다. 그것은 신경의 신체적 유기체에 접합되어 있습니다. 신경 조직이 신체 내부에 형성될 때 출생 이전의 모든 것이 인간의 신체를 위해서 영향을 미칩니다. 영적으로 출생 이전의 것이 반감, 기억 그리고 개념을 통해서 인간의 신체에 영향을 미치면서 신경을 만들어 냅니다. 이것이 신경에 대한 올바른 개념입니다. 감각 신경과 운동 신경의 차이에 대한 모든 통설은 여러분에게 이미 자주 설명해 온 바와 같이 터무니없는 것들입니다.

그와 마찬가지로 의지, 공감, 환상과 평범한 상상은 특정한 관계에서 다시금 인간으로부터 영향이 발산되어 나갑니다. 그것은 싹의 상태에 결합되어 있으며, 싹의 상태에 머물러 있어야만 합니다. 그러므로 절대로 실제적인 종결에 이르러서는 안 되며, 생성 중에 이미 다시 사라져야만 합니다. 싹이 발달 과정에서 너무 멀리 나아가서는 안 되기 때문에 생성 중에 사라져야만 합니다. 이제 여기에서 우리는 인간 내부에서 아주 중요한 것에 접근합니다. 여러분은 인간 전체를 정신적으로, 영적으로 그리고 신체적으로 이해하는 것을 배워야만 합니다. 이제 인간 내부에 정신적인 것이 되려는 경향을 지닌 어떤 것이 끊임없이 형성됩니다. 그러나 인간이 커다란 사랑으로, 그러나 이기적인 사랑으로 그 어떤 것을 신체에 잡아매어 두려고 하기 때문에 그것이 절대로 정신적으로 될 수가 없습니다. 그래서 그것이 인간의 신체성 안에서 용해되어서 사라집니다. 물질적이지만, 그 물질적인 상태에서 끊임없이 정신적인 상태로 전이되려는 그 어떤 것을 우리 내부에 지니고 있습니다. 우리가 그것을 정신적으로 되도록 내버려 두질 않습니다. 그래서 그것이 정신적으로 되려는 그 순간에 우리가 그것을 파괴합니다. 그것이 바로 신경의 반대에 해당하는 피입니다.

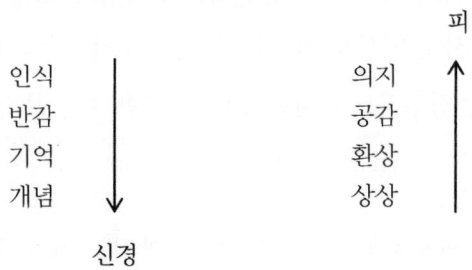

피는 정말로 "물보다 진합니다."[5] 사실 현실적으로는 불가능하지만 우리가 피를 인간의 신체에서 제거할 수 있다면, 어떤 물질적인 요인에 의해 파괴되지 않고 피가 아직 피의 상태에 머물 수 있다면, 피는 정신으로 날아 올라갈 그런 액체입니다. 피가 정신으로서 휘발되지 않도록 하기 위해서, 우리가 지상에 존재하는 동안에 죽을 때까지 피를 우리 내부에 유지하기 위해서, 바로 그런 연유에서 피는 파괴되어야만 합니다. 그러므로 우리 내부에 지속적으로 형성과 파괴, 즉 피의 형성과 파괴는 숨을 들이쉬고 내쉬는 호흡을 통해서 반복됩니다.

우리 내부에 양극적인 과정이 존재합니다. 피를 따라서, 혈관을 따라서 흐르는 과정, 끊임없이 우리의 현존재를 정신적인 것으로 이끌어 가려는 경향을 지닌 과정이 우리 내부에 존재합니다. 세간에 널리 알려진 것과 같이 운동 신경에 대해서 언급한다는 것은 터무니없는 일입니다. (그 통설을 따르자면) 운동 신경은 사실 혈관이 되기 때문입니다. 피와는 정반대로 모든 신경의 소질은 끊임없이 소멸에, 물질화에 종사하게끔 되어 있습니다. 신경 회로를 따라서 존재하는 것은 사실 배설물입니다. 즉 신경은 원래 분리된 물질입니다. 피는 항상 정신적으로 되려 하며, 신경은 항상 물질화되려고

---

[5] 원문은 "Blut ist ein ganz besondrer Saft."이며, 직역하면 "피는 아주 특별한 주스다."로 괴테나 슈타이너가 의도하는 바와는 전혀 관계가 없는 어처구니없는 문장이 된다. 우리 언어의 속담인 "피는 물보다 진하다."가 지니는 내적인 의미와 슈타이너의 의도가 완전히 일치하지는 않지만 암시적으로 상통하는 것은 유사하기 때문에 이렇게 번역하였다.

하며, 여기에 바로 양극성의 대립이 존재합니다.

여기에 제시된 근본 원리를 나중의 강의에서 계속해서 추적해 갈 예정입니다. 어린이를 영적으로, 신체적으로 건강하게 키우고, 정신적, 영적으로 퇴화되지 않도록 하기 위해서 수업을 보건적으로 형성하는 데에 유용한 것들을 그 추적이 우리에게 제시한다는 점을 깨달을 것입니다. 너무나 많은 것들을 인식하지 않기 때문에, 바로 그렇기 때문에 교육이 잘못되고 있습니다. 생리학이 감각 신경과 운동 신경에 대해서 알고 있다고 하는 것을 아무리 믿어 보려고 해도, 그것은 언어유희에 불과합니다. 특정한 신경, 예를 들어서 다리로 가는 신경이 손상되면 사람이 걸을 수 없다는 사실이 있기 때문에 운동 신경이라는 것에 대해서 말들 합니다. 다리를 움직이는 그 '운동' 신경이 마비되었기 때문에 걸을 수 없다고 말합니다. 그런 경우에 사실은 그 사람이 자신의 다리를 지각할 수 없기 때문에 걸을 수 없는 것이라고 하는 것이 진실입니다. 우리가 살고 있는 이 시대는 필연적으로 무수한 오류에 연루되었어야만 하며, 바로 그렇게 됨으로써 우리는 다시금 이 오류에서 벗어나서 독자적인 인간이 될 가능성을 지니는 것입니다.

여기서 제시한 것들에서 여러분은 이미 인간 본성이란 오로지 우주적인 것과의 관계에서만 파악할 수 있다는 점을 간파하였습니다. 우리가 표상하게 되면, 우리의 내부에 우주적인 것을 지니기 때문입니다. 태어나기 전에 우리는 우주 속에 존재했으며, 당시의 체험이 우리 내부에 반영됩니다. 그리고 우리는 죽음의 문을 통과하게 되면 다시 우주 속에 존재하게 됩니다. 우리 미래의 삶은 의지 속에 관장하고 있는 것 안에서 싹의 상태로 드러납니다. 우리 내부에서 무의식적으로 관장하고 있는 그것이 우주 속에서는 더 고차적 인식을 위해서 매우 의식적으로 관장합니다.

그런데 우리는 이 공감과 반감의 표현을 신체적인 현시 자체에서 삼중적인 표현으로 지닙니다. 말하자면 공감과 반감이 서로 뒤섞여서 활동하는 진원지가 세 부분에 있습니다. 우선 우리의 머릿속에 피와 신경이 함께 작용하는 그런 중심지가 있는데, 그로 인해서 기억이 생겨납니다. 신경 활동이 중단되는 모든 곳, 갈라진 틈이 있는 모든 곳에 공감과 반감이 함께 작용하는 진원지가 존재합니다. 그런 균열 중의 다른 하나가 척수 속에 존재하는데, 예를 들어서 하나의 신경은 척수의 후근 쪽으로 (들어)가며, 다른 신경은 척수의 전근으로부터 빠져 나갑니다. 그런 균열이 다시금 교감 신경에 내장된 교감 신경 다발에도 있습니다. 우리는 눈에 보이듯이 그렇게 단순한 존재가 아닙니다. 우리의 유기체에서 세 군데, 즉 머리, 가슴 그리고 하반신에서, 이 경계선에서 공감과 반감이 만나게 됩니다. 지각과 의지를 보자면, 어떤 것이 감각 신경으로부터 운동 신경이라는 우회로를 거치는 것이 아니라 곧 바른 흐름이 한 신경에서 다른 신경으로 옮겨 감으로써 우리 내부에서, 즉 뇌와 척수 안에서 영적인 것을 접촉하게 됩니다. 신경이 중단된 이곳에서, 뇌와 척수 안에서 우리는 공감과 반감으로 신체에 개입하게 됩니다. 그리고 교감 신경 다발이 교감 신경 안에서 발달하는 그곳에서 반감과 공감이 우리의 신체로 다시금 개입합니다.

우리의 체험과 함께 우리는 우주에 개입됩니다. 우주 속에서 계속해서 추적할 수 있는 활동을 우리가 발달시키는 것과 마찬가지로, 우리 안에 우주가 계속해서 활동을 발달시킵니다. 우주는 계속해서 우리와 반감과 공감의 행위를 발달시키기 때문입니다. 우리를 인간으로서 관찰해 보면, 우리는 다시금 우주의 공감과 반감으로부터 나온 결과 그 자체입니다. 우리에게서 반감을 발달시킵니다. 우주는 우리와 함께 반감을 발달시킵니다. 우리가 공감을 발달시키면 우주는 우리와 함께 공감을 발달시킵니다.

우리는 외적으로 드러나는 인간으로서 머리 부분, 가슴 부분 그리고 사지를 포함한 하반신으로 뚜렷하게 나누어져 있습니다. 그러나 오늘날 사람들은 분류를 하는 데에 있어서 개별적인 부분을 가지런하게 나란히 늘어놓으려는 경향을 지니기 때문에, 이 구분이 그 나눠진 체계 내에서 상당히 문제시될 수 있다는 점을 고려하도록 당부드립니다. 인간을 머리 부분, 가슴 부분 그리고 사지를 포함한 하반신으로 구분한다고 말하면, 사람들은 이들 각 체계가 엄격한 경계를 지녀야 한다고 여깁니다. 구분을 할 때에 사람들은 항상 선을 긋고자 합니다. 그러나 현실적으로 그것은 불가능합니다. 우리는 머리에서 특별히 머리에 해당하지만, 사실 전체 인간이 머리입니다. 단지 머리 외의 다른 부분은 주된 머리가 아닐 뿐입니다. 머리에 원래의 감각 기관을 지니고 있는 것처럼, 그렇게 신체 전반에 걸쳐서 예를 들어서 촉각과 온 감각[6]이 퍼져 있기 때문입니다.

---

[6] 온 감각(Der Wärmesinn)은 슈타이너 특유의 열두 감각 중 네 가지 정서 감각 중에 하나다. 이 책, 여덟 번째 강의의 열두 감각에 대한 설명을 참조할 수 있다.

그러므로 온기를 느낄 때에 우리는 완전히 머리입니다. 우리는 단지 머리에서만 특히 주된 머리이며, 그 외의 부분에서는 '부수적으로' 머리인 것입니다. 그런 식으로 모든 부분들이 서로 뒤섞여 있으며 융통성 없는 사람들이 원하듯이 그렇게 단순하게 구분을 할 수가 없습니다. 머리는 단지 머리에서 특별히 완성되었을 뿐, 사실 신체의 다른 부분에서도 계속됩니다. 가슴도 역시 마찬가지입니다. 본래의 가슴은 단지 주가 되는 가슴일 뿐 전체 인간이 다시금 가슴입니다. 그러니까 머리도 조금은 가슴이고, 사지를 포함한 하반신 역시 조금은 가슴입니다. 그러므로 모든 부분들이 서로 섞이고 겹쳐지는 것입니다. 하반신 역시 마찬가지입니다. 머리가 역시 하반신이라는 것을 소수의 생리학자들이 이미 알아차렸습니다. 두부 신경계의 매우 정교한 형성은 사실 우리의 긍지인 뇌 속에서도 뇌피질에 있는 것이 아니라, 그 뇌피질의 아래에 존재하기 때문입니다. 예, 지극히 예술적인 구조를 지닌 그 뇌피질은 말하자면 이미 퇴화 중이기 때문입니다. 정확히 말하자면 뇌의 외피에 이미 영양 섭취 체계가 존재하고 있습니다. 그러므로 비교해서 표현하자면, 뇌 외피에 대해서 특별히 자부할 필요가 없다는 것입니다. 그 뇌 외피는 복잡한 뇌가 영양을 공급하는 뇌로 퇴행하는 것입니다. 우리가 뇌 외피를 지니는 것은 인식과 관계된 신경에 제대로 영양을 공급하기 위해서입니다. 우리가 동물의 뇌를 능가하여 더 나은 뇌를 지니는 것은 뇌신경에 나은 양분을 공급한다는 이유에서일 뿐입니다. 뇌신경에 동물들이 할 수 있는 것보다 나은 양분을 공급함으로써만 우리는 더 고차적인 인식을 발달시킬 수 있습니다. 그러나 뇌와 신경 조직은 고유의 인식과는 전혀 무관하며, 신체적 유기체 내부에서 인식을 표현하는 것과 관계할 뿐입니다.

이제 질문이 생깁니다. 일단 중간 부분(가슴 체계)은 고려하지 않겠습니다. 왜 우리는 머리 부분과 하반신을 포함한 사지 체계 사이에 대극적인 대립을 지닙니까? 대립은 머리 체계가 특정한 시점에 우주에 의해서 '내쉬어지기' 때문입니다. 인간은 우주의 반감에 의해서 형성된 머리를 지닙니다. 인간이 자신의 내부에 지니고 있는 것을 우주가 매우 심하게 '혐오'하게 되면 그것을 뱉어 내고, 그래서 우주의 모형이 생성됩니다. 머릿속에 인간은 정말로 우주의 모형을 지니고 다닙니다. 우리가 지니는 이 둥근 모양의 머리는 바로 우주의 모형입니다. 반감을 통해서 우주가 자신의 모형을 외부에 창조합니다. 우리가 머리를 자유를 위한 기관으로 사용할 수 있는 것은, 우주가 그것을 먼저 자진해서 내뱉었기 때문입니다. 생식 기관을 포함한 사지 체계처럼 머리가 우주에 강하게 속해 있다고 생각한다면, 그것은 머리를 제대로 관찰하지 않았다는 것입니다. 우리의 사지 체계는 우주에 편입되어 있으며, 우주가 머리에 대해서는 반감을 지니는 반면 사지 체계에 대해서는 공감을 지니고 그것을 끌어당깁니다. 머릿속에서 우리의 반감이 우주의 반감을 조우하고 그곳에서 서로 충돌합니다. 우리의 반감이 우주의 반감에 부딪치는 곳에 우리의 지각이 생성됩니다. 인간의 다른 면에서 생기는 모든 내면의 삶은 우리의 사지 체계가 사랑에 넘치고 공감에 차서 우주를 끌어안는 것에 기인합니다.

이렇게 신체 형상에 인간이 어떻게 영적으로도 우주로부터 형성되었으며, 그것에서 분리된 상태에서 인간이 우주로부터 다시금 수용하는 것이 무엇인지가 드러납니다. 이러한 관찰을 기초로 여러분은 의지 형성과 표상 형성 간에 지대한 차이가 있다는 것을 쉽게 인식하게 됩니다. 특히 표상 형성에 작용하게 되면, 여러분이 편파적으로 표상 형성에만 주력하시면, 여러분은 사실 전체 인간을 출생 이전의 것을 참조토록 하는 것입니다. 여러분이 어린이를 이성적으로 교육하게 되면, 어린이의 의지를 사실은 이미 이수한 것에, 즉 출생 이전의 것에 얽어매는 것이기 때문에 어린이에게 해가 됩니다. 교육을 통해서 어린이에게 접근시키는 것에 너무 많은 개념을 섞어서는 안 됩니다. 여러분은 많은 형상을 그 안에 혼합해야만 합니다. 왜 그렇습니까? 그것을 우리가 요약한 것에서 추측할 수 있습니다. 형상은 상상이며, 환상과 공감을 통해서 생깁니다. 개념, 추상적 개념은 추상된 것이며 기억과 반감을 통해서 생기며, 출생 이전의 삶에서 오는 것입니다. 그러므로 여러분이 어린이에게 추상화된 것을 너무 많이 적용하면, 어린이가 특히 집중적으로 탄산화 과정에, 혈액 안의 탄산 형성 과정에, 신체 경화 과정에, 사멸의 과정에 몰두하도록 조장하게 됩니다. 여러분이 어린이에게 가능한 한 많은 상상을 가르친다면, 어린이를 교육할 때에 가능한 한 형상으로 표현하신다면, 어린이에게 미래를, 사후의 것을 암시하는 것이기 때문에, 어린이 내부에 지속적인 산소 보존을 위한, 지속적인 발달을 위한 싹을 심는 것입니다. 말하자면 우리가 교육을 함으로써 출생 이전에 우리 인간에게 행해졌던 것을 다시금 계속하는 것입니다. 표상이 출생 혹은 수태 이전에 우리가 체험했던 것에서 유래하는 형상 활동이라는 점을 우리는 오늘날 인정해야만 합니다. 출생 이전에 우리가 정신적인 힘에 의해서 다루어지기를, 우리 내부에 형상 활동이 놓여지고, 그것이 우리 안에서 출생 이후에도 계속해서 작용하는 것입니다. 어린이에게 형상을 전해 줌으로써 이 우주적 활동을 다시금 교육에서 수용하는 것입니다. 우리가 형상을 신체 활동 속으로 투입하기 때문에 우리는 미래에 싹이 될 수 있는 형상을 어린이에게 이식하게 됩니다. 그러므로 우리는 교육자로서 형상으로 영향을 미칠 수 있는 능력을 습득하면서, 항상 자신이 전체 인간에 작용하고 있다는 느낌, 형상으로 작용하면 전체 인간의 공명이 있다는 느낌, 그 느낌을 끊임없이 지녀야만 합니다.

교육의 전반에 걸쳐서, 출생 이전의 초감각적인 활동을 계속해서 실현한다는 점을 자신의 느낌으로 수용하는 것, 그것이 모든 교육자들에게 필요한 영감을 부여하며, 이 영감이 없이는 교육을 할 수가 없습니다.

이제 두 가지 개념 체계를 습득했습니다. 인식, 반감, 기억, 개념 그리고 의지, 공감, 환상, 상상. 이것들이 우리가 교육적인 활동을 하면서 실질적으로 수행해야 할 모든 것을 위해서 특별한 응용의 도구가 될 수 있는 두 가지 개념 체계입니다. 내일 이 부분에 대해서 계속해서 말씀드리겠습니다.

세 번째 강의 >>>> 영적인 관점에서의 고찰
반감과 공감의 신체적 표현

··· 교사 생활의 근본: 우주 법칙에 대한 포괄적 관조
··· 오늘날 심리학적 오류의 원인: 인간 본성의 이지성
··· 에너지 보존 법칙의 오류
··· 자연에 대한 인간 존재의 의미
··· 골격-신경 체계에 작용하는 죽음의 힘
··· 혈액-근육 체계에 작용하는 삶의 힘
··· 우주적 운동의 반사인 기하학
··· 세계 무대로서의 인간
··· 일반적 정의 내리기와 성격의 설명

세 번째 강의

1919년 8월 23일, 슈투트가르트

　　오늘날 교사는 학교에서 행하는 모든 것의 배후에 존재하는 우주의 법칙에 대한 포괄적인 관조를 지녀야만 합니다. 특히 저학년에서, 초등부에서 가르치는 사람의 영혼이 필수적으로 인류 최상의 이념과 연결되어 있어야 합니다. 기존 학교 제도의 암적인 폐해는 저학년의 교사를 특정한 비독립적 상태에, 소위 말해서 한 영역에 가두어 둠으로써 그들의 존재가 고등부 교사의 존재보다 열등해 보이도록 한다는 점입니다. 물론 이곳이 사회적 유기체의 정신적 지체에 대한 일반적인 문제에 대해서 언급해야만 하는 자리는 아닙니다. 그러나 교직에 속하는 모두가 미래에는 서로 동등해야 하며, 초등부 교사도 정신적으로 역시 고등부 교사와 전적으로 대등하다는 의식이 세상에 확실하게 자리 잡아야만 한다는 점을 주목해야 합니다. 당연히 어린이들에게 직접적으로 응용할 수는 없지만, 모르면 수업이 유익하게 될 수 없기 때문에 교사가 절대적으로 알아야만 하는 것이, 저학년을 포함한 모든 수업의 배후에 어떻게 존립해야만 하는지에 대해서 주의를 환기시키는 것이 여러분에게는 그리 놀랄 만한 일이 못됩니다.

우리는 수업을 통해 어린이들에게 한편으로는 자연의 세계를, 다른 한편으로는 정신적인 세계를 가져다줍니다. 인간이 여기 지구상에, 물체적 차원에 존재하고 우리의 현존재가 출생과 죽음 사이에 완성되는 한, 우리는 인간으로서 한편으로는 자연 세계와, 다른 한편으로는 정신 세계와 유사합니다.

그런데 심리학적 인식은 우리 시대에 상당히 부실하게 발달되었습니다. 특히 심리학적 인식은 서기 869년, 교회에 의해 결정된 교의적 진술의 여파에 시달리고 있습니다. 이 교의적 진술에서는 본능적인 인식에 근거하는 고래의 통찰, 즉 인간이 신체, 영혼, 정신으로 이루어진다는 통찰이 은폐되었습니다. 오늘날 심리학이 거론하는 모든 것에서 여러분은 인간 존재가 단지 두 부분으로 구분된다는 것을 알 수 있습니다. 이름 붙이기에 따라서 인간이 신체와 영혼 혹은 육체와 정신으로 이루어졌다고 말하는 것을 듣습니다. 즉 육체와 신체의 구분이 불분명하듯이 마찬가지로 정신과 영혼을 상당히 동등한 것으로 취급합니다. 거의 모든 심리학이 이렇게 인간 존재의 이지성이라는 오류에 근거하고 있습니다. 이 인간 존재의 이지성을 완전히 정당한 것으로 여긴다면, 인간의 본성에 대한 올바른 인식에 전혀 도달할 수가 없습니다. 바로 여기에 오늘날 심리학의 이름으로 등장하는 거의 모든 것이 완전히 초보적인 수준에 있으며, 때로는 단지 언어유희에 그치고 마는 것입니다.

  이 점은 역시 일반적으로 19세기 후반에 비로소 자라난 거대한 오류에 근거하는데, 바로 물리학이 거둔 위대한 성과가 오인되었기 때문입니다. 생존 당시에는 율리우스 로베르트 마이어를 정신병원에 가두었던 하일브론 시민들이 시 한복판에 그의 동상을 세운 것을 여러분은 잘 알고 있습니다. 오늘날 하일브론 시민들이 당연히 상당한 긍지를 느끼고 있는 이 인물이 바로 소위 말하는 에너지 보존 법칙을 발견했다는 것 역시 여러분은 알고 있습니다. 이 에너지 보존 법칙은, 우주에 존재하는 모든 에너지 혹은 힘의 총계가 불변한다는 점, 이 힘이 단지 변화한다는 점, 즉 힘이 어떤 때는 열로, 다른 때에는 기계적인 동력이나 그와 유사한 것으로 나타난다는 점을 그 내용으로 합니다. 그러나 마이어의 법칙을 완전히 잘못 이해한 경우에만 이런 형태로 표현할 수 있습니다. 그에게 중요했던 것은 힘의 변형을 밝혀내고자 하였을 뿐, 에너지 보존에 관한 법칙처럼 그렇게 추상적인 법칙을 세우려 했던 것이 아닙니다.

  커다란 맥락에서 보아 문화 역사적으로 이 에너지 혹은 힘의 보존에 대한 법칙은 무엇을 의미합니까? 이 법칙은 인간을 전체적으로 이해하는 데 있어서 커다란 장애물입니다. 말하자면 힘이 절대로 새롭게 형성될 수 없다는 의견을 지니면, 인간의 진정한 존재에 대한 인식에 이를 수가 없습니다. 인간의 진정한 존재는 바로 인간을 통해서 새로운 힘이 끊임없이 형성된다는 점에 근거하기 때문입니다. 이 맥락에서 보자면 분명히 우리가 이 세상에 살아감에 있어서 오직 인간만 새로운 힘을, 나중에 그에 관해서 더 거론하겠지만, 심지어는 새로운 물질조차도 만들어 내는 유일한 존재입니다. 그러나 오늘날의 세계관은 인간을 완전하게 인식할 수 있는 그런 요소를 전혀 수용하려고 하지 않기 때문에 에너지 보존 법칙을 그렇게 해석합니다. 에너지 보존 법칙을 자연의 다른 분야, 즉 광물계, 식물계, 동물계에만 적용한다면 특정한 의미에서 전혀 문제가 되지 않겠지만, 인간에 접근하고자 하면 진정한 인식으로부터 모든 것이 즉시 소멸됩니다.

교사로서 여러분은 학생들에게 한편으로는 자연을 이해시켜야 하며, 다른 한편으로는 정신적 삶을 확실하게 이해하도록 그들을 이끌어 가야 할 필연성을 지니게 됩니다. 적어도 어느 정도까지는 자연을 알아야 하고, 정신 세계에 대한 관계를 지녀야만 인간은 오늘날 사회생활에서 자신의 자리를 잡을 수 있습니다. 그러므로 우선 우리의 시각을 일단 외부의 자연으로 돌려 봅시다.

외부의 자연이 우리에게 드러남에 있어서, 그것에 대립하여서 한편으로는 여러분도 아시다시피 출생 이전의 삶에 대한 일종의 반영이며 형상적인 성격을 지니는 표상 생활, 사고 생활이 존재합니다. 다른 한편으로 자연은 의지적 성격을 지니는 것, 싹으로서 사후의 삶을 암시하는 모든 것을 향하고 있습니다. 우리는 항상 이런 방식으로 자연에 주의를 기울입니다. 그런데 이 관점에서는 우선 자연을 향한 정립이 이 두 부분으로 이루어지는 듯이 보입니다. 이것은 역시 인간의 이지성이라는 오류를 만들어 내었습니다. 이 부분은 나중에 다시 언급하겠습니다.

우리가 자연을 대할 때에 그 자연에 우리 사고의 측면을, 우리 표상의 측면을 바치면서 몰두하게 되면, 우리는 사실 자연에서 지속적으로 죽음에 해당하는 것만 파악합니다. 이 사실은 매우 중요한 법칙입니다. 여러분이 오성의 도움으로, 표상하는 힘의 도움으로 발견한 그 훌륭한 자연법칙을 경험한다고 해도, 그 자연법칙들은 항상 자연 속에서 소멸하는 것과 관계한다는 사실을 확실히 알고 계셔야 합니다.

싹의 상태로 존재하는 생생한 의지가 자연을 향하게 되면, 죽은 것과 관련된 이 자연법칙과는 완전히 다른 어떤 것을 체험합니다. 우리 시대와 이 시대 학문의 오류에서 기인하는 표상으로 가득 차 있기 때문에 여러분에게는 이 점을 이해한다는 것이 상당히 어렵게 여겨질 것입니다. 우선 감각 속에서, 열두 감각을 완전히 포함해서 우리를 외부 세계와 관계시키는 것은 인식적인 것이 아니라 의지적인 성격을 지닙니다. 오늘날의 인간에게는 사실 그것에 대한 통찰이 완전히 사라졌습니다. 그래서 현대인이, 본다는 것이 사실 눈에서 일종의 촉수가 사물로 튀어 나오는 것에 기인한다는 플라톤의 서술을 읽게 되면, 그것을 천진난만한 것으로 여깁니다. 이 촉수가 물론 감각적 수단으로는 인식할 수 없지만, 플라톤이 그것을 의식했다는 사실은 그가 초감각의 세계에 정통해 있었다는 것을 역시 증명하는 것입니다. 사물을 잡을 때 일어나는 것과 유사한 과정이 우리가 사물을 바라볼 때에는 단지 섬세한 방식으로 발생한다는 것은 사실입니다. 우리가 분필을 만진다면, 이 물질적 과정은 여러분이 대상물을 시각으로 파악하기 위해서 에테르 힘을 여러분의 눈에서 내보내는 정신적 과정과 매우 유사한 것입니다. 요컨대 사람들이 오늘날 관찰할 수만 있다면, 자연 관찰에서 이 사실을 추측해 낼 수 있습니다. 여러분이 예를 들어 서로 반대쪽을 바라보게 되어 있는 말의 눈을 바라보시면, 여러분은 단순히 그 눈의 위치 때문에 말이 자신의 주변 환경에 대해서 인간과는 다른 상태에 놓여 있다는 느낌을 얻게 됩니다. 무엇이 그 근거가 되는지 다음의 사항을 가정적으로 제시함으로써 여러분에게 가장 명확하게 설명할 수 있습니다. 여러분이 양팔을 앞으로 함께 모을 수 없도록 형성되어서 양손을 서로 맞잡을 수 없다고 생각해 보십시오. 여러분은 그러면 오이리트미적으로 보아서 항상 A의 상태에 머물러 있어야 하며, O의 형태로는 절대로 이를 수 없습니다. 저항력 때문에 양팔을 함께 앞으로 모은다는 것이 불가능합니다. 말의 경우에는 눈의 초감각적 촉수가 이런 관계에 놓여 있어서 왼쪽 눈의 촉수와 오른쪽 눈의 촉수를 닿도록 할 수 없습니다. 인간은 눈의 위치에 의해서 그 두 개의 초감각적 촉수가 항상 서로 닿을 수 있는 그런 상태에 있습니다. 여기에 바로 초감각적 성격을 지니는 자아에 대한 감각이 근거합니다. 우리가 왼쪽과 오른쪽을 서로 접근하도록 할 수 없다면, 혹은 기도하기 위해서나 그와 유사한 정신적인 것을 위해서 왼쪽과 오른쪽 앞발을 제대로 함께 모을 수 없는 동물의 경우에서처럼 양손이 아주 사소한 의미를 지닌다면, 우리도 역시 우리 자신에 대한 정신화된 감각에 이를 수가 없습니다.

눈과 귀의 감각에 있어서 일반적으로 중요한 것은 그것이 그렇게 수동적인 것이 아니라는 점입니다. 그것은 능동적인 것이며, 우리가 사물에 의지적(意志的)으로 갖다 주는 것입니다. 근대 철학은 올바른 것에 대한 예감을 느끼면서 온갖 종류의 단어들만을 고안해 내었지만, 사물의 파악을 위해서는 대부분 너무나 거리가 먼 것들일 뿐입니다. 로체 식 철학의 국부적 표현에서는 의지적 감각 생활의 능동성에 대한 인식을 예감하고 있다는 표현이 있기는 합니다. 그러나 분명하게 촉각, 미각, 후각에서 신진대사와의 연관성을 보여 주는 우리의 감각 유기체가 고차적 감각에 이르기까지 신진대사와 연결되어 있으며, 그것이 바로 의지적 성격을 띠고 있습니다.

바로 이런 점에서, 인간이 자연을 마주 대할 때에 자신의 오성적인 것을 통해서 자연을 대하며, 그로 인해서 자연 안의 모든 죽은 것을 파악하여 이 죽은 것으로부터 법칙을 습득한다고 말할 수 있습니다. 그러나 자연 안에서 세계의 미래가 되기 위해 죽음의 품을 떠나는 것을 인간은 자신에게 너무나 모호하게 보이는 의지를 통해서, 감각에까지 미치는 의지를 통해서 파악합니다.

이제 언급한 것들을 여러분이 제대로 주시하신다면, 자연에 대한 여러분의 관계가 얼마나 생생하게 될 것인가를 생각해 보십시오. 자연으로 나아가게 되면 빛과 색채가 영롱하게 다가옵니다. 내가 그 빛과 색채를 수용함으로써, 자연으로부터 그것이 미래로 보내는 것을 내가 나 자신과 합일합니다. 그리고 내 방으로 돌아와서 자연에 대해서 숙고하면서, 그것에 대한 법칙을 고안해 내면서, 나는 자연에서 끊임없이 죽어 가는 것에 몰두합니다. 자연 안에서 죽음과 생성은 끊임없이 함께 연결되어 있습니다. 우리가 죽음을 파악한다는 것은, 출생 이전의 삶을 반영하는 형상, 오성의 세계, 사고의 세계를 우리 내부에 지니고 있다는 점에 근거합니다. 이 사고의 세계, 오성의 세계를 통해서 우리는 자연의 근거가 되는 죽음을 주시할 수 있습니다. 우리가 자연으로부터 미래에 존재하게 될 것을 주시할 수 있는 것은 우리의 오성, 우리의 사고 생활뿐만 아니라 우리 내부 자체에 의지적 성격으로 존재하는 것을 자연에 마주 세운다는 사실에 근거합니다.

인간이 자신의 출생 이전의 삶으로부터 계속해서 인간에게 머무는 것을 이 지구에서의 삶 전체를 통해서 구해 낼 수 없다면, 출생 이전의 삶에서 결국 단순한 사고 생활이 되어 버린 것으로부터 어떤 것을 구해 낼 수 없다면, 인간은 절대로 자유에 이를 수가 없습니다. 인간은 죽은 것과 연결될 것이고, 인간이 그 자신의 내부에서 죽은 자연과 유사한 것을 자유로 불러일으키려는 그 순간, 그는 죽어 가는 것을 자유로 불러일으키고자 하기 때문입니다. 의지 존재로서의 인간을 자연과 연결하는 데에 이용하려 한다면, 인간은 마비될 것입니다. 왜냐하면 인간을 의지 존재로서 자연과 연결하는 것에서는 모든 것이 아직 싹의 상태에 있기 때문입니다. 인간은 자연 존재가 될 수는 있겠지만 자유로운 존재는 절대로 될 수 없을 것입니다.

이 양 요소를 초월해서, 즉 오성을 통해서 죽음을 파악하는 것과 의지를 통해서 생성하는 것, 살아 있는 것을 파악하는 것을 초월해서, 인간 내부에 오로지 인간만 태어나서 죽을 때까지 지니는, 지구상의 다른 어떤 존재도 지니지 않는 그 어떤 것이 존재합니다. 그것이 바로 순수한 사고입니다. 외부의 자연과 무관한, 인간 내부 자체에 존재하는 그 초감각적인 것에만 관련하는 것, 인간을 자주적인 존재로, 죽음 이하의 것과 삶 이상의 것 안에 존재하는 것을 초월하도록 만드는 것과 관계하는 순수한 사고입니다. 그러므로 인간의 자유에 대해서 논의하고자 한다면 이 자주성을, 감각으로부터 자유로운 그 순수한 사고, 아직도 의지가 그 안에 살아 있는 그 사고를 인간 안에서 인식해야만 합니다.

그러나 이 시각으로부터 자연 그 자체에서 관찰한다면, 여러분은 이렇게 말하게 될 것입니다. "자연을 바라보니, 죽음의 흐름도, 새로운 생성의 흐름도 역시 나의 안에 존재한다. 죽음은 다시 태어남이다." 이와 관련해서 근대 과학은 거의 아는 바가 없습니다. 근대 과학에 있어서 자연은 말하자면 일원성이고, 죽어 가는 것과 생성되는 것이 끊임없이 뒤섞여 있는 것입니다. 오늘날 자연과 그 본성에 대해서 여러모로 말해지는 모든 것이 완전히 혼란스럽기 짝이 없습니다. 죽음과 생성이 끝없이 뒤죽박죽 섞여 있기 때문입니다. 자연의 이 양 흐름을 철저하게 식별하기 위해서는, 인간이 이 자연 속에 존재하지 않는다면 자연이 어떤 상태에 이를 것인지에 대한 질문을 스스로 제기해야만 합니다.

이 질문에 대해서 일반적으로 오늘날의 자연 과학과 철학은 상당히 곤궁한 상태에 처해 있습니다. 여러분이 진짜 자연 과학자에게 인간이 없다면 자연과 그 본질은 어떤 상황에 있을 것인가 하는 질문을 한다고 생각해 보십시오. 그 자연 과학자는 이 질문이

너무 진기해서 당연히 충격을 좀 받을 것입니다. 그는 자신의 학문이 이 질문에 대한 답으로 어떤 근거를 제시하는지 일단 숙고해 볼 것입니다. 그런 다음에 단지 인간만 제외하고 지구상에는 광물, 식물, 동물 들이 여전히 존재할 것이며, 지구가 칸트-라플라스식의 성운 상태에 있었던 초반부터 지구의 발달은 그렇게 진행되었을 것이며 지금까지 진행되었듯이 그렇게 계속 발달했을 것이라고 대답할 것입니다. 단지 인간만 이 발달 과정 속에서 제외될 것입니다. 그 외의 다른 대답은 사실 나올 수가 없습니다. 그 과학자는 아마도 인간이 농부로 토지를 일굼으로써 지구의 표면을 변화시켰거나, 혹은 기계를 통해서 변화를 가져왔지만, 그것이 자연 자체에 의해서 유발된 다른 변화들에 비하면 그렇게 대단한 것은 아니라고 덧붙일 수도 있습니다. 그러니까 자연 과학자는 항상 광물, 식물, 동물 들은 인간이 없이도 발달했을 것이라고 말할 것입니다.

그것은 옳지 않습니다. 인간이 지구 진화에 존재하지 않았다면, 많은 종류의 동물들 역시 존재하지 않았을 것입니다. 대부분의 동물들, 특히 고등 동물은 오로지 인간의 필요에 따라서 지구 진화에서 생성된 것이기 때문입니다. 여기서 당연히 형상적으로 설명하건데, 인간이 목표에 이르기 위해서 다른 것은 무시하고 밀쳐 내도록 강요당함으로써, 단지 그로 인해서 고등 동물들이 지구의 진화 과정에서 생성된 것이기 때문입니다. 인간은 지구 발달의 특정한 단계에서 그 당시에는 현재 인간의 내부에 존재하는 것보다 완전히 달랐던 그 자기 자신의 존재에서 고등 동물을 바깥으로 분리해 내어야만 했습니다. 계속 진화할 수 있기 위해서 그것들을 벗어 던져야만 했습니다. 이 탈피를 다음과 같이 비교할 수 있습니다. 어떤 것이 용해되어 있는 혼합물을 상상해 보십시오. 그리고 이 용해 물질이 분리되어서 바닥으로 가라앉는다고 생각해 보십시오. 그렇게 인간은 초기의 발달 상태에서 동물의 세계와 함께 존재했으며, 나중에 그 동물의 세계를 바닥에 가라앉은 물질처럼 분리해 내었습니다. 인간이 현재와 같은 상태가 되지 않았더라면, 동물들도 지구의 진화에서 오늘날의 동물들이 되지 못했을 것입니다. 지구의 진화에서 인간이 없었다면, 동물의 형태와 지구는 오늘날의 경우와는 완전히 다른 상태에 있을 것입니다.

이제 광물계와 식물계를 고찰해 봅시다. 여기서 우리는 하등 동물의 형태뿐만 아니라 식물계와 광물계 역시 이미 오래 전에 응결되었을 것이라는 점을 분명히 해야 합니다. 인간이 지구상에 없었다면 아무것도 생성 과정에 존재하지 않았을 것입니다. 한편으로 일방적인 자연관에 발을 붙인 오늘날의 세계관은, 인간이 죽어서 그 육체가 태워지거나 묻혀서 땅으로 돌아가는 것은 당연하지만, 그것은 지구의 발달에는 전혀 의미가 없다고 말하지 않을 수 없습니다. 자연 과학에 따르면, 지구가 인간의 신체를 수용하지 않을 경우에도 지구의 발달은 그것을 수용한 지금처럼 여전히 계속해서 진행될 수 있기 때문입니다. 그것은, 화장을 하든 아니면 매장을 하든지에 무관하게 인간의 사체가 지구로 끊임없이 전이되는 것이 계속적으로 작용하는 실재 과정이라는 점을 전혀 의식하지 않는다는 것을 의미합니다.

도시의 여성들에 비해서 농촌의 주부는 빵을 굽는 데 쓰는 효모가, 반죽에 비해서 극히 적은 양을 첨가하더라도 일정한 효과를 낸다는 것을 분명하게 알고 있습니다. 반죽에 효모가 첨가되지 않으면 빵이 부풀어 오르지 않는다는 것을 알고 있습니다. 그것과 마찬가지로 죽음과 함께 정신-영혼으로부터 분리된 인간 사체의 힘이 지구에 지속적으로 공급되지 않았다면 지구의 발달은 이미 오래 전에 그 종말의 상태에 이르렀을 것입니다. 지구의 진화는 인간 사체의 공급을 통해서, 사체 내부에 존재하는 그 힘에 의해서 유지됩니다. 그 힘으로 인해서 광물이 아직도 오늘날 그 결정력(結晶力)을 전개할 수 있습니다. 그 힘이 없이는 광물이 이미 오래 전에 그 발달을 멈추고 부스러져서 사라졌을 것입니다. 오래 전에 이미 더 이상 자라지 않았을 식물 역시, 그 힘을 통해서 오늘날 아직도 자라고 있습니다. 하등 동물의 형태에 관해서도 역시 마찬가지입니다. 인간이 자신의 신체 속에 있는 효소(酵素)를 계속적인 발달을 위한 효모로 지구에 건네줍니다.

그러므로 인간의 지구상에서의 존재 여부가 무의미한 것이 아닙니다. 광물계, 식물계 그리고 동물계와 관련한 지구의 진화가 인간이 없이도 역시 계속해서 이루어졌을 것이라는 생각은 전혀 사실이 아닙니다. 인간도 역시 자연 과정에 속하며, 그 과정은 통합적이며 긴밀하게 짜여 있습니다. 인간 자체가 죽음과 더불어 계속해서 우주적 과정의 내부에 존재하는 것으로서 사고될 때에만 인간을 제대로 판단할 수 있습니다.

여러분이 이 점을 고려하신다면, 다음 사항을 말씀드리더라도 그렇게 놀라지 않을 것입니다. 인간이 정신 세계에서 물체적 세계로 내려올 때에 신체의 옷을 얻습니다. 그러나 태어나면서 어린이로서 받는 신체는 일정한 연령에 죽음을 통해서 벗어 버리는 때의 상태와는 다릅니다. 신체에 어떤 것이 발생합니다. 그것은 인간의 정신적-영적 힘이 신체를 관통함으로써 일어납니다. 우리가 결국은 동물들이 먹는 것과 같은 것을 섭취한다는 것은 사실이 아닙니까? 그것은 말하자면 동물들이 외적인 성분을 변화시키듯이 우리도 그것을 변화시킵니다. 그러나 우리는 동물들이 지니지 않은, 인간의 신체와 결합하기 위해서 정신 세계로부터 내려오는 그 어떤 것의 협력하에 그것을 변화시킵니다. 그로 인해서 우리는 동물이나 식물이 작용하는 것과는 다른 방식으로 성분에 영향을 미칩니다. 그리고 인간의 사체 내부에서 지구로 전이되는 그 성분은 변화되어서, 인간이 태어나면서 받은 것과는 다른 것입니다. 그러므로 인간이 태어나면서 받아들인 그 성분과 힘을 일생을 통해서 갱신하여서 변화된 형태로 지구의 발달에 넘겨준다고 말할 수 있습니다. 죽음과 함께 지구의 과정에 넘겨주는 그 성분과 힘은 인간이 태어나면서 받은 것과 동일한 것이 아닙니다. 이로써 초감각적 세계에서 인간을 통해서 물체적-감각적인 지구의 발달 과정으로 끊임없이 유입되는 어떤 것을 지구 발달 과정에 넘겨줍니다. 인간은 출생 시에 초감각적인 세계로부터 어떤 것을 함께 가지고 옵니다. 함께 가지고 온 그것을, 인간이 평생 동안 자신의 신체를 구성하는 성분과 힘에 완전히 동화합니다. 그 동화한 것을 인간이 죽음과 동시에 지구가 받는 것입니다. 그렇게 함으로써 인간은 초감각적 세계로부터 끊임없이 방울져서 떨어지는 것을 감각적인 세계, 물체적인 세계로 매개합니다. 흡사 초감각적인 것에서 감각적인 것으로 지속적으로 비가 내리는데, 인간이 그 빗방울들을 수용하지 않고 그것들을 지구에 매개하지 않는다면, 지구가 불모지로 남게 된다고 상상할 수 있습니다. 인간이 출생 시에 수용하고, 죽음의 시점에서 양도하는 이 방울들은 초감각적 힘에 의해서 지구를 끊임없이 풍요롭게 합니다. 열매를 맺게 하는 이 초감각적 힘이 지구의 진화 과정을 유지합니다. 인간의 사체가 없다면 지구는 이미 오래 전에 사멸하였을 것입니다.

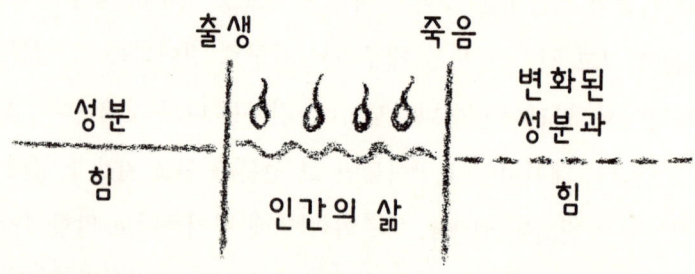

이제 이 점을 거론하였으므로, 그렇다면 죽음의 힘들이 인간의 존재에 과연 어떤 작용을 하는지에 대한 질문을 할 수 있습니다. 죽음을 가져다주는 힘, 바깥의 자연을 지배하는 힘이 인간 존재에도 작용합니다. 인간이 외부의 자연을 지속적으로 고무하지 않는다면, 자연은 소멸될 수밖에 없습니다. 그렇다면 죽음을 가져다주는 힘은 인간의 존재 속에서 어떻게 관장합니까? 그 힘을 통해서 인간은 골격 체계에서 신경 체계에 이르는 선상에 존재하는 모든 유기체를 생성하도록 합니다. 골격과 그에 유사한 모든 것을 구축하는 것은 다른 체계를 만드는 것과는 완전히 다른 성질을 지닙니다. 우리의 내부에 죽음을 가져다주는 힘이 들어와서 활동합니다. 그 힘을 그대로 버려둠으로써 우리는 골격 인간이 됩니다. 그런데 우리 안으로 그 힘이 계속해서 활동합니다. 우리가 그 힘을 점차로 약화시킴으로써 신경 인간이 됩니다. 신경은 무엇입니까? 신경은 끊임없이 뼈가 되려고 하는 어떤 것입니다. 신경이 뼈가 되지 않는 것은 인간의 존재에서 뼈와 같은 요소가 아닌 것, 혹은 신경 계통의 요소가 아닌 것과 관계하는 것이 뼈가 되는 것을 방해하기 때문입니다. 인간 안에서 뼈가 상당한 정도까지 죽은 것이나 마찬가지로, 신경은 끊임없이 뼈가 되려는 경향을 지니며, 끊임없이 사멸하도록 몰아대어집니다. 동물의 뼈에 있어서는 그 관계가 다릅니다. 그것은 인간의 뼈보다 훨씬 생생합니다. 그러므로 죽음을 가져다주는 흐름이 골격 체계와 신경 체계에 작용한다고 함으로써 인간 존재의 한 면을 상상하실 수 있습니다. 그것이 양극 중에 하나입니다. 하나의 다른 흐름이, 지속적으로 삶을 부여하는 힘이 근육 체계와 혈액 순환계, 그리고 그것에 속하는 모든 것에서 작용합니다. 신경이 뼈가 되지 않는 것은 오로지 그것이 지니는 혈액 순환 체계와 근육 체계에 대한 관계에 기인합니다. 신경 안에서 뼈가 되려는 충동을 피와 근육 안에서 작용하는 힘이 대립하고 있기 때문입니다. 신경에 혈액 순환 체계와 근육 체계가 대립해서 그것의 골화(骨

化)를 방지하기 때문에 신경은 뼈가 되지 않을 뿐입니다. 성장기에 한편으로는 뼈에, 다른 한편으로는 피와 근육 사이에 잘못된 연결이 존재하게 되면, 근육-혈액에 의해서 뼈의 올바른 사멸이 저지되어서 구루병에 걸리게 됩니다. 그렇기 때문에 근육-혈액 순환 체계와 골격-신경 체계 사이에 올바른 상호 작용이 인간 내부에 성립된다는 것은 매우 중요합니다. 우리의 눈에 골격-신경 체계가 약간 돌출되어 들어옴으로써, 골격 체계의 각피가 쇠퇴되고 뼈의 약화된 형태인 신경만 들여보냄으로써 안구 내부에 근육과 혈액 속에 살고 있는 의지적인 성격을 띤 본성이 골격-신경 체계에 존재하는 표상적 성격을 띠는 활동과 연결할 수 있는 가능성이 생깁니다. 여기에서 우리는 다시금 오늘날의 과학이 천진한 표상이라고 비웃는 것을 만나게 됩니다. 과거의 학문에서는 지대한 역할을 하였지만, 현대 과학은 언젠가 다시 이 표상으로 돌아올 것입니다. 단지 다른 형태로 말입니다. 고대인은 신경 수질, 신경 물질과 골수 혹은 골질 간의 유사함을 느낌으로 알고 있었습니다. 그들은 인간이 신경으로 사고하는 것과 마찬가지로 뼈로도 사고한다고 여겼습니다. 그것은 역시 진실입니다. 추상적인 학문에서 얻는 모든 것이 바로 우리의 골격 체계의 능력 덕분입니다. 왜 인간만이 기하학을 완성할 수 있었을까요? 고등 동물들은 기하학을 모릅니다. 그것은 그 동물들의 삶 양식을 보면 알 수 있습니다. 어떤 사람들은 고등 동물도 역시 기하학을 알고는 있는데 우리가 아마도 알아채지 못할 뿐이 아니냐고 합니다. 하지만 그것은 단지 터무니없는 말일 뿐입니다. 인간이 기하학을 완성합니다. 예를 들어서 무엇으로 인간이 삼각형이라는 표상을 만들어 냅니까? 이 사실을 제대로 고찰한다면 인간이 그 삼각형을, 구체적인 삶 속에서는 어디에도 존재하지 않는 그 추상적인 삼각형을, 순수하게 자신의 기하학적-수학적 상상으로부터 형성해 낸다는 기적 같은 사실을 발견해 내어야만 합니다. 명백하게 드러나는 세계의 사건에는 많은 미지의 것이 근거가 됩니다. 이 실내에서 어느 한 곳에 서 있다고 생각해 보십시오. 여러분이 초감각적인 인간 존재로 특정한 시간에 여러분이 일상적

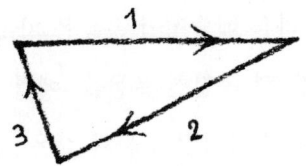

으로는 알고 있지 않은 이상한 동작을 대략 다음과 같이 실행한다고 합시다. 여러분이 한쪽으로 얼마만큼 갑니다. 그리고 또 얼마만큼 되돌아간 다음에 다시 여러분이 서 있었던 자리로 돌아옵니다. 여러분이 설명한 그 공간에 무의식으로 남아 있는 선이 실제로 삼각형의 율동으로 진행됩니다. 그런 운동이 실제로 존재하지만 여러분이 단지 지각하지 않을 뿐입니다. 그러나 여러분의 척추가 수직으로 움직임으로써 여러분은 이 움직임이 진행되는 그 영역의 안에 존재합니다.

동물의 척추는 다른 형상을 하고 있기 때문에 이 영역 속에 존재할 수가 없습니다. 이 동작을 실행할 수가 없습니다. 인간이 척추를 수직으로 세울 수 있기 때문에 이 동작이 실행되는 영역에 존재합니다. 그것을 의식으로 끌어올려서 자신이 계속해서 삼각형으로 춤을 춘다고 말하지는 않습니다. 그러나 삼각형을 그리고 그것이 삼각형이라고 말은 합니다. 실제로 그것은 그가 우주에서 완성한 것을 무의식적으로 실행하는 운동입니다.

기하학적 형태를 그리는 과정에서 기하학에서 결정하는 이 운동들을 여러분이 지구와 함께 실행합니다. 지구는 코페르니쿠스의 세계관에 따라 여러분이 알고 있는 그 운동만 하지는 않습니다. 지구는 완전히 다른 예술적인 운동을 지속적으로 실행하고 있습니다. 그리고 훨씬 더 복잡한 운동들, 예를 들어서 정사면체, 정팔면체, 정십이면체, 정이십면체 등과 같은 기하학적 형태가 지니는 능선에 존재하는 운동 역시 실행하고 있습니다. 이 형체들은 고안된 것이 아니라 실재입니다. 단지 무의식적인 실재일 뿐입니다. 이 형체들과 더 많은 다른 형체들 안에 인간에게는 무의식적인 앎에 대한 진기한 여운이 존재하고 있습니다. 우리의 골격 체계가 본질적인 인식을 지니고 있음으로 해서 그 무의식적인 앎이 동반됩니다. 그러나 여러분의 의식으로는 골격 체계에까지 이를 수가 없습니다. 그것에 대한 의식은 소멸하여서 인간이 그림으로 실행하는 기하학의 형상 속에 단지 반영될 뿐입니다. 인간은 사실 우주 내부에 상당히 많이 참여하고 있습니다. 기하학을 형성함으로써 인간이 스스로 우주 안에서 행하는 것을 모사합니다.

여기서 우리는 한편으로 우리 자신을 포괄하는, 지속적으로 사멸하는 세계를 바라보는 것입니다. 다른 한편으로는 우리의 근육-혈액 순환 체계의 힘 속으로 돌출된 모든 것을 주시합니다. 그것은 끊임없는 움직임 속에, 끊임없이 진동하는 것 안에서, 끊임없는 발달과 생성 속에 존재합니다. 그것은 완전히 싹의 상태에 있으며 거기에는 어떤 죽은 것도 존재하지 않습니다. 우리는 우주 내부에 죽음의 과정을 저지합니다. 오로지 우리만 인간으로서 죽음을 저지할 수 있으며, 죽음 안으로 발달을 가져 들어갈 수 있습니다. 인간이 여기 이 지구상에 존재하지 않는다면, 이미 오래 전에 죽음이 지구의 발달 과정을 뒤덮어서 지구 전체가 거대한 수정체가 되었을 것입니다. 개체적인 수정체는 전혀 남아 있지 않았을 것입니다. 거대한 수정체에서 개체적인 수정체를 떼어 내어서 인간 진화를 위해서 필요로 하는 한 우리 인간이 그것을 보존합니다. 뿐만 아니라 그것으로 지구의 삶 역시 활기 있게 유지합니다. 우리 인간은 지구의 삶을 활기 있게 유지하기 때문에 지구의 삶으로부터 축출될 수 없는 존재입니다. 자신의 비관주의에서 벗어나고자 했던 에두아르트 폰 하르트만은 인류가 언젠가는 성숙해서 모두 자살을 할 것이라고 실제로 생각했습니다. 그러나 하르트만은, 자신의 자연 과학적 세계관의 제한성으로 인해 원했던 것을 추가해서 언급할 필요가 전혀 없습니다. 하르트만에게는 말하자면 모든 인간이 어느 날 자살을 하는 것만으로는 충분하지 않아서 엄청나게 구축된 설계로 지구 역시 폭파시키고자 하였습니다. 그렇게 할 필요가 없었습니다. 집단 자살의 일정만 잡으면 되는 것이었습니다. 지구는 저절로 천천히 공중 분해하였을 것입니다. 인간으로부터 지구에 이식되는 것 없이는 지구의 발달이 계속될 수 없기 때문입니다. 이 인식에서 우리는 다시금 느낌으로 관철해야만 합니다. 오늘날 이 사실은 필수적으로 이해되어야 하는 것입니다.

본인이 쓴 초기의 저서에 하나의 사고가 항상 다시 반복된다는 점을 여러분이 기억하시는지 모르겠습니다만, 그 사고를 통해서 본인은 인식을 오늘날과는 다른 근거 위에 세우고자 하였습니다. 영미 식의 사고에 근원을 두는 피상적인 철학에서는, 인간은 사실 단순히 세계의 방관자에 불과합니다. 인간이 존재하지 않는다면, 인간이 외부 세계에서 진행되는 것을 영혼 안에 다시 경험하지 않더라도 세상의 모든 것은 현재의 상태와 마찬가지일 것이라고 여깁니다. 이 점은 제가 이미 상술한 사실의 발달과 관계해서 자연 과학뿐만 아니라 역시 철학에도 해당됩니다. 오늘날의 철학은 심지어 너무나 당연하게 자신을 세계의 방관자로, 말하자면 단순히 인식이 절멸하는 요소에서 세계의 방관자로 느끼고 있습니다. 이 절멸하는 요소에서 본인은 인식을 구해 내고자 했습니다. 그렇기 때문에 본인은 인간이 단순히 세계의 방관자가 아니라, 세계의 무대라는 점을 항상 강조해 왔습니다. 바로 그 무대 위에서 거대한 우주적 사건이 항상 반복해서 진행되고 있는 것입니다. 인간이 바로 그의 영혼 생활과 함께, 세계 사건이 연출되는 그 공연 장소라는 점을 본인은 항상 반복해서 언급했습니다. 이 점 역시 철학적-추상적 형태로 표현할 수 있습니다. 그리고 여러분이 특히 제 저서 『진리와 과학』에서 자유에 대한 마지막 과를 읽으시면, 이 사고가 예리하게 강조되었음을 인식하실 것입니다. 인간의 내부에서 완성되는 것들이 나머지 자연과 무관한 것이 아니라 나머지 자연이 인간의 내부로 돌출된 것이라는 점, 인간 내부에서 완성되는 것은 동시에 우주적 과정이며, 그로써 인간의 영혼은 단지 인간적 과정에 머무르는 것이 아니라 우주적 과정이 연출되는 공연 장소라는 점을 제 저서에서 강조하였습니다. 오늘날 특정한 사회계층에서 이 사고로 이해를 얻기란 매우 어렵습니다. 그러나 이러한 관조를 꿰뚫지 않고는 올바른 교육자가 된다는 것이 불가능합니다.

그렇다면 인간의 존재 안에서 과연 무엇이 일어나고 있습니까? 한쪽으로는 골격-신경 체계가, 다른 한쪽에는 혈액 순환-근육 체계가 존재합니다. 이 양자의 상호 작용으로 성분과 힘이 끊임없이 새로이 생성됩니다. 인간 내부에서 성분과 힘이 새로이 생성되기 때문에 지구는 사멸로부터 보호됩니다. 이제 여러분은 제가 방금 말씀드린 것, 즉 피가 신경과 접촉함으로써 성분과 힘을 새롭게 창조한다는 점을, 제가 이전의 강의에서 말씀드린 것, 즉 피가 끊임없이 정신화된다는 점과 연결해 보실 수 있습니다. 우리가 이 두 강의에서 얻은 생각들을 함께 연관 짓고, 그것을 근거로 해서 더 확장, 발달시켜 봅시다. 여러분은 이미 통례적으로 제시된, 힘과 성분의 보존에 대한 사고가 얼마나 큰 오류를 범하고 있는지 인정하실 것입니다. 그런 사고는 인간 존재의 내부에서 발생하는 것에 의해서 반증되기 때문입니다. 인간 존재에 대한 진정한 파악을 위해서 그것은 단지 방해가 될 뿐입니다. 실제로 무에서 어떤 것이 생성될 수는 없지만, 하나가 변형될 수 있어서, 그것이 스러지면 다른 것이 생성된다는 통합적 사고를 인간이 다시 획득해야만 합니다. 이러한 사고가, 힘과 성분의 보존이라는 사고를 대치할 때에야 비로소 인간은 과학을 위해서 유익한 것을 얻을 수 있습니다.

우리의 사고 속에 살고 있는 적잖은 것들이 어떤 방향으로 잘못되어 있는지 알 수 있습니다. 우리는 예를 들어서 힘과 성분이 보존된다는 법칙과 같은 것을 세우고 그것이 세계의 법칙인 양 공포합니다. 이 사고의 근저에는 일방적인 방식으로 표현하려는 영혼 생활 자체의 확실한 성향이, 즉 우리의 표상 생활이 놓여 있습니다. 우리는 표상 속에서 발달시키는 것으로부터 단지 가정만 세워야 하는데도 불구하고, 물리학 책에서 그런 식으로 물체의 불가입성의 법칙을 공리로 제시하는 것을 발견할 수 있습니다. 물체가 존재하는 공간의 한 위치에는 동시에 다른 물체가 존재할 수 없다고 합니다. 그것이 물체의 일반적인 성격으로 제시됩니다. 그러나 사실은 한 물체가 존재하는 공간의 위치에, 동시에 동일한 성질을 지니는 다른 존재가 들어설 수 없다면, 그런 물체가 불가입성을 지닌다고 말해야 합니다. 특정 영역을 다른 것으로부터 추론해 내기 위해서 개념을 적용해야 합니다. 단지 명제를 세워야 할 뿐이지 그것이 보편적이라고 주장하는 정의를 내려서는 절대로 안 됩니다. 그러므로 힘과 성분의 보존으로부터 법칙을 세워서는 안 되며, 어떤 존재를 위해서 이 법칙이 의미를 지니는가를 찾아내어야만 합니다. 사물에 접근하여서 우리가 그것에서 무엇을 경험하는지를 관찰하는 데에 우리의 영혼 생활을 적용하는 대신에, 법칙을 세우고 그것이 모든 것에 적용된다고 주장했던 것이 바로 19세기에 행해졌던 것들이었습니다.

네 번째 강의 >>>> 영적인 관점에서의 고찰
의지의 아홉 단계, 감성 교육과 의지 교육

··· 의지에 대한 감성의 관계
··· 아홉 단계의 인간 안에서의 의지
    신체 안에서의 본능
    에테르 체 안에서의 충동
    아스트랄 체 안에서의 욕망
    자아 안에서의 동기
    정신자아 안에서의 소망
    생명정신 안에서의 의도
    정신인간 안에서의 결심
··· 심리학이 찾고 있는 "제2의 인간"의 무의식적 의지
··· 무의식적 반복을 통한 감성 교육
··· 의식적 반복을 통한 결단력의 향상
··· 예술적 연습이 의지 형성에 미치는 영향

네 번째 강의

1919년 8월 25일, 슈투트가르트

어제 제가 이 반공개 강좌에서 여러분들께 말씀드린 것을 기억하신다면, 왜 미래의 교육에서, 미래의 수업에서 의지와 정서의 양성에 아주 특별한 가치를 두어야만 하는지를 인식하실 수 있습니다. 수업 제도와 교육 제도를 전혀 갱신하려고 하지 않는 사람들도 항상 교육을 하는 데 있어 의지와 정서가 특별히 고려되어야만 한다고 강조하는 것이 사실입니다. 그러나 모든 고귀한 의지에도 불구하고 이 사람들은 의지 교육과 정서 교육에 대해서 그다지 많은 것을 실행할 수 없습니다. 의지의 진정한 성격에 대한 인식이 부재하기 때문에 그들은 점점 더 소위 말하는 우연에 맡기고 있습니다.

다음 사항을 관찰하면서 이제 시작하겠습니다. 의지를 진정으로 인식한다면, 비로소 다른 정서의 한 부분, 적어도 감성의 한 부분을 인식할 수 있습니다. 그렇다면 과연 감성은 무엇인지 질문을 해 볼 수 있습니다. 감성은 의지와 매우 유사합니다. 의지는 말하자면 실행된 감성이며, 감성은 억제된 의지입니다. 아직 드러나지 않고 영혼의 내부에 남겨진 의지가 바로 감성입니다. 약화된 의지가 감성입니다. 그러므로 의지의 본성을 통찰했을 때에야 비로소 감성의 본성을 이해할 수 있게 됩니다.

이제 여러분은 지금까지의 설명에서 의지 속에 살고 있는 모든 것이 출생과 사망 사이의 삶에서 완전히 발달되지 않는다는 점을 알 수 있습니다. 인간이 의지적 결정을 실행하면, 항상 죽음에 이르기까지 삶 속에서 고갈되지 않는 어떤 것이 인간 속에 남아 있습니다. 바로 모든 의지적 결정, 모든 의지 행위로부터 죽음을 넘어서 연속되는, 인간 속에 계속해서 살게 되는 그 나머지가 존재합니다. 이 나머지는 전체 삶을 통해서 특히 아동기에 고려되어야만 합니다.

완전한 인간을 관찰할 때에 우리는 신체, 영혼 그리고 정신에 따라서 그를 관찰한다는 점을 알고 있습니다. 신체는, 적어도 그 대략적인 구성 요소를 따르자면, 우선은 태어납니다. 그에 대한 더 정확한 내용은 본인의 저서 『신지학』에서 찾아보실 수 있습니다. 신체는 말하자면 유전의 흐름에 편입되며 유전된 특징 등을 지닙니다. 영적인 것은 대체적으로 보아서 출생 이전의 현존에서 신체적인 것과 연결하는 것을 신체 내부로 가져 내려옵니다. 그러나 오늘날 인간의 정신적인 것은, 물론 먼 미래에는 달라지겠지만 사실 단지 그 성향으로만 존재할 뿐입니다. 올바른 교육을 위한 초석을 다지려 함에 있어서 우리는 현 발달기의 인간 내부에 단지 성향으로만 존재하는 정신적인 것을 고려해야만 합니다. 머나먼 인류의 미래를 위해서 인간의 성향으로서 무엇이 존재하는지 일단 명확하게 알아봅시다.

우선 우리가 정신자아(Geistselbst)라고 부르는 것은 단지 성향으로만 존재하고 있습니다. 오늘날 인간에 대해서 언급할 때에 정신자아를 인간 천성의 지체로, 인간 천성의 한 요소로 당장에 수용할 수는 없습니다. 그러나 정신자아에 대한 분명한 의식이 특히 정신적인 것을 주시할 수 있는 사람들에게는 존재합니다. 여러분이 아시다시피 전체적인 동양 의식이, 그것이 수양된 의식이라는 한에서 이 정신자아를 마나스(Manas)라고 부르며, 동양 정신 문화에서는 이 마나스를 인간 속에 살고 있는 것으로 언급하고 있습니다. 그러나 서양인은 많이 배워서 너무 '박학하지' 않은 경우에 한해서 이 정신자아에 대한 분명한 의식을 지닙니다. 그것에 대한 '분명한 의식이 존재한다고' 생각 없이 그냥 말씀드리는 것이 아닙니다. 민중들이 유물론에 완전히 사로잡히기 전까지만 해도 사후에 인간으로부터 남는 것을 마넨(Manen)이라 불렀으며, 지금도 민중 사이에서는 그렇게 불리고 있기 때문입니다. 이미 말씀드렸듯이, 민중은 마나스의 복수인 마넨이 사후에 남는 것이라는 분명한 의식을 지니고 있습니다. 이 경우에 민중이 복수인 마넨을 사용했기 때문입니다. 과학적으로 정신자아를 죽음 이전의 인간에 연관시키는 우리는 단수, 즉 정신자아라고 말합니다. 좀 더 실재적이고, 순진한 인식을 지닌 민중들은 정신자아에 대해서 말할 때에 마넨이라고 복수를 사용합니다. 인간이 죽음의 문턱을 넘어서는 그 순간에 다수의 정신적 존재로부터 맞아들여지기 때문입니다. 이미 다른 것과 연관해서 암시한 바가 있는데, 우리를 개인적으로 이끌어 가는 정신을 천사의 위계로부터 얻습니다. 그러나 그것들을 초월해서 우리는 대천사의 위계에서 정신을 얻으며, 우리가 죽음의 문턱을 통과하게 되면 이 정신들이 곧바로 들어서고, 많은 대천사들이 자신의 현존재에 들어서기 때문에 인간은 즉시 자신의 존재를 특정한 관계에서 보아 다수의 상태로 지니게 됩니다. 이 점을 순진한 민중들은 상당히 분명하게 느끼는데, 인간이 합일성으로 드러나는 이승의 현존에 비해서 많든 적든 간에 스스로를 다양성으로 지각한다는 점을 알고 있기 때문입니다. 그러므로 마넨은, 순진한 민중 의식이 복수로 존재하고 있다고 여기는 그 마나스로부터 나온 것입니다.

인간에 있어서 두 번째로 고차적인 요소는 우리가 생명정신(Lebensgeist)이라고 부르는 것입니다. 이 생명정신은 현재의 인간 내부에서 거의 지각할 수 없는 상태입니다. 인류의 먼 미래에나 발달될 매우 정신적인 것입니다. 인간 내부에서 최상의 것으로서 지금은 아주 미약한 성향으로만 존재하는 것이 바로 정신인간(Geistesmensch)입니다. 여기 지구상에서 출생과 죽음 사이에 살고 있는 현재의 인간 내부에서는 인간 천성 중에서 이 고차적 지체가 단지 성향으로만 존재한다고 하더라도, 죽음과 새로운 출생 사이에 그것들은 고차적인 정신적 존재들의 보호하에 매우 의미심장하게 발달합니다. 그러므로 인간이 사후의 정신 세계에 다시 익숙해지면, 이 세 지체가 미래에 나타날 인류의 현존을 어느 정도까지는 예시하면서 상당히 분명하게 발달합니다. 말하자면 인간이 출생과 사망 사이에 이생에서 정신적-영적으로 발달하는 것과 마찬가지로 역시 사후에도 분명히 발달하는데, 단지 그 발달이 탯줄에 연결된 것 같은 방식으로 고차적 위계의 정신적 존재에 연결되어서 이루어지는 것입니다.

오늘날 거의 지각할 수 없는, 인간 천성의 고차적인 지체에 이제 우리가 이미 지각하는 것을 부가해 봅시다. 그것은 우선 의식영혼에, 오성 혹은 감성영혼에 그리고 감각영혼에서 명백하게 드러나는 것입니다. 그것은 사실 인간의 영혼 요소들입니다. 오늘날 인간의 경우에 영혼이 어떻게 인간의 신체에서 살고 있는지에 대해서 언급하려고 하면, 우리는 방금 인용한 세 가지 영혼 지체에 대해서 말해야만 합니다. 인간의 신체에 대해서라면 감각체, 즉 아스트랄 체로 부르는 가장 정교한 신체에 대해서, 에테르 체에 대해서 그리고 우리가 눈으로 볼 수 있고 조야한 신체에 대해서 언급합니다. 이로써 우리는 면전에 외적 과학이 해부하는 인간 전체를 두고 있습니다.

이제 여러분도 아시다시피 우리가 지니는 신체를 동물들도 역시 지닙니다. 전체 인간을 이 아홉 가지 지체에 따라서 동물의 세계와 비교할 경우에만, 영혼 속의 인간이 신체를 두르고 있는 것처럼 동물들도 역시 신체를 지니고 있으나, 그것이 여러 관계에서 보아 인간의 신체와는 다르게 형성되었다는 점을 알고 있을 경우에만, 동물에 대한 인간의 관계를 관찰함으로써 의지를 파악하기 위한 유용하고 정당한 표상을 얻을 수 있습니다. 인간의 신체는 사실 동물의 그것보다 완벽하지는 않습니다. 고등 동물 중에서 집을 짓는 비버 같은 경우를 생각해 보십시오. 인간은 그런 일을 배우지 않고는, 심지어 건축학과 같은 아주 복잡한 배움의 과정을 거치지 않고는 그런 일을 해낼 수가 없습니다. 비버는 그 신체의 유기체를 통해서 자신의 집을 짓습니다. 비버의 신체 형태 속에 살고 있는 것이 집을 짓는 데에 사용할 수 있어서 물체적 세계에 그렇게 적응할 수 있도록 비버의 외적인 신체가 형성되어 있습니다. 비버의 신체 자체가 이 경우에 있어서 바로 스승인 것입니다. 말벌이나 꿀벌뿐만 아니라 소위 말하는 하등 동물도 역시 관찰하게 되면, 인체의 내부에서는 그런 규모나 강함으로 존재하지 않는 어떤 것이 그것들의 신체 형태 속에 고착되어 있음을 발견하게 됩니다. 그 모든 것이 바로 우리가 본능이라는 개념으로 포괄하는 것입니다. 우리가 그 본능을 신체 형태와 연관해서 관찰해야만 사실 제대로 연구할 수 있습니다. 바깥에 널려 있는 대로 동물의 세계를 연구해 보면, 동물들의 신체 형태 속에 다양한 양식의 본능을 연구할 수 있는 입문서를 얻게 됩니다. 우리가 의지를 연구하고자 한다면 우선 본능의 영역에서 찾아야만 하며, 그 본능을 다양한 동물들의 신체 형태 속에서 발견한다는 점을 의식해야만 합니다. 개별적 동물의 머리 모양을 주시하고 그려 본다면, 우리는 본능의 다양한 영역을 그려 볼 수 있게 됩니다. 의지로서의 본능은 그림으로 보자면 다양한 동물들의 신체 형태입니다. 보시다시피 이 시각을 기초로 삼을 수 있다면 이해가 가능합니다. 동물의 신체 형태를 조망하고 그 안에서 자연 스스로 본능적으로 창조한 도안을 발견합니다. 그 도안을 통해서 자연은 현존재 내부에 살고 있는 것을 실현하고자 합니다.

그런데 에테르 체가 전적으로 우리의 신체를 형성하고 관통하고 있습니다. 에테르 체는 외적인 감각 기관에 대해서 초감각적이며 눈에 보이지 않습니다. 그러나 우리가 의지의 성격을 관조해 보면, 에테르 체가 신체를 관통하는 것과 마찬가지로, 신체 속에서 본능으로 드러나는 것 역시 장악하고 있습니다. 그 경우에 본능이 충동으로 변합니다. 신체 안에서 의지는 본능이며, 에테르 체가 본능을 점령하게 되는 즉시 의지는 충동이 됩니다. 외적인 형태에서 더 구체적으로 파악할 수 있는 본능을 관찰함에 있어서, 그것을 충동으로 관찰할 경우에 그것이 어떻게 더욱 내면화되고 더욱 단일화되는지를 추적해 본다는 것은 매우 흥미롭습니다. 본능이 동물 안에서 혹은 인간 내부에서 약화된 상태로 발견될 경우에는 그것이 외부에서 그 존재를 강제하는 것으로 항상 말들 합니다. 충동의 경우에는, 이미 좀 더 내면화된 형태로 드러나는 것이 역시 좀 더 내부에서 오는 것으로 생각하게 되는데, 이는 초감각적 에테르 체가 본능을 장악하고 그로 인해서 본능이 충동으로 변하기 때문입니다.

이제 인간은 거기에 더해서 감각체(아스트랄 체)를 지닙니다. 이 감각체는 더 내면적입니다. 감각체가 일단 충동을 장악하게 되면 내면화뿐만 아니라 본능과 충동 역시 이미 의식으로 끌어올려서 그것들이 욕망이 됩니다. 이 욕망을 여러분 스스로 지니는 것처럼, 세 지체, 즉 신체, 에테르 체, 감각체로 이루어진 동물들 역시 지닙니다. 그러나 여러분이 욕망에 대해서 언급하신다면 여러분은 이미 완전히 본능적으로 욕망을 매우 내면적인 것으로 간주해야만 합니다. 충동의 경우에는, 출생에서 노년에 이르기까지 한결같이 균일하게 드러나는 것으로 말할 수 있습니다. 욕망의 경우에는 영적인 것으로부터 힘이 가해진 어떤 것, 좀 더 일회성의 힘이 가해진 어떤 것으로 말합니다. 욕망은 성격학적일 필요가 없습니다. 그것은 영적인 것에 고착될 필요가 없이 생성되었다가 사라집니다. 이를 통해서 욕망이 단순한 충동에 비해서 좀 더 영적인 것의 소유물이라는 점이 나타납니다.

이제 질문을 해 봅시다. 동물의 경우에는 드러날 수 없는 것, 즉 인간의 자아 안에, 달리 말하자면 인간의 감각영혼, 오성 혹은 감성영혼과 의식영혼 안에 본능, 충동 그리고 욕망으로서 인체 속에 살고 있는 것을 받아들이게 되면, 그것은 그럼 무엇이 되겠습니까? 영혼 속에서 실제로, 소위 오늘날 인간의 경우에 모든 것이 다소간에 뒤섞여 있기 때문에 여기서 우리는 신체 내부에서처럼 그렇게 엄격하게 구별하지 않습니다. 이 점이 사실 현대 심리학의 골칫거리이며, 심리학자들은 영혼의 지체를 엄격하게 구분해야 할지, 혹은 그것들을 서로 융합해야 할지 모르고 있는 상태입니다. 어떤 심리학자들은 의지, 감성 그리고 사고를 엄격하게 구분하는 옛 방식을 벗어나지 못하고 있는 반면, 다른 심리학자들, 예를 들어서 헤르바르트 식의 심리학자들은 모든 것을 좀 더 표상의 방향으로, 분트 파의 경우에는 좀 더 의지 쪽으로 기울어졌습니다. 그러니까 사실 영혼의 지체에 대해서 무엇을 해야 할지 전혀 제대로 된 표상이 없습니다. 실질적인 삶 속에서 자아가 모든 영혼 능력을 관철하고 있기 때문에, 현재 인간의 경우에 영혼의 세 지체와 관련해서 그 구분이 실천에서 명확하게 드러나지 않기 때문에 그러한 상황이 발생하게 된 것입니다. 그로 인해서 영혼 안에서 의지적인 성격을 지니는 것, 즉 본능, 충동, 욕망이 자아에 의해서 포착될 경우에 그것을 구분하기 위한 단어가 언어에 존재하지 않습니다. 그러나 일반적으로 우리는 인간의 경우에 본능, 충동, 욕망으로서 자아에 의해서 포착되는 것을 동기라고 표현하며, 고유한 영적인 것에서 자아적인 것 (Ichlichen) 안에 존재하는 의지적 원동력에 대해서 말할 때 우리는 동기에 대해서 말하는 것이며, 동물들이 욕망을 지닐 수는 있지만 동기는 지닐 수 없다는 점을 인식합니다. 인간의 경우에는, 인간이 욕망을 영혼 세계에 수용함으로써 비로소 욕망이 고양되며, 그로 인해서 강한 원동력이 내적으로 동기를 결정하도록 효력을 받는 것입니다. 인간의 경우에 비로소 욕망이 고유한 의지의 동기가 됩니다. 인간 내부에 동물의 세계에 근거한 본능, 충동, 욕망이 살고 있지만, 인간이 그것들을 동기로 고양시킨다고 말함으로써, 바로 그럼으로써 우리가 의지에 대해서 말할 때에 바로 현재의 인간에 존재하는 것을 얻게 됩니다. 그것이 분명하게 존재합니다. 그래서 인간을 의지적 성격에 비추어서 관찰하려는 사람은, 그 인간의 동기가 무엇인지 알게 되면, 그를 인식하는 것이라고 말하게 됩니다. 그러나 그것이 모두가 아닙니다. 인간이 동기를 발달시킬 때에 그 저변에 아주 조용하게 울리는 것이 있으며, 이 조용한 울림이 아주 주의 깊게 고려되어야만 하기 때문입니다.

여러분은 의지적 자극에서의 울림에 대해서 제가 의도하는 것을 표상과 같은 것으로부터 좀 더 정확하게 구별해 주시기를 부탁드립니다. 예를 들어서 여러분이 내가 그렇게 원했던 것 혹은 행한 일이 참 잘 되었다든지 하는 표상을 지닌다고 합시다. 다른 표상을 지닐 수도 있겠지요. 여기서 제가 의미하는 것은 그것이 아닙니다. 제가 의미하는 것은 의지적으로 더욱더 낮게 울리는 것입니다. 우리가 동기를 지니게 되면, 항상 의지 속에 작용하는 것, 우선 그 하나가 바로 소망입니다. 욕망을 형성하는 강하고 뚜렷하게 드러나는 소망이 아니라, 우리의 동기를 모두 동반하는 그런 소망으로부터 낮게 울리는 것을 여기서 의미합니다. 그것은 항상 존재합니다. 우리의 의지 속에서 동기에서 솟아나는 것을 실행하고, 우리가 최종적으로 그것에 대해서 숙고한 후에 이미 행한 것을 "더욱 잘 할 수 있었을 텐데."라고 말하는 경우에, 우리는 그 소망을 특히 강하게 지각합니다. 그런데 우리가 살아가면서 행한 것에 대해서 "더 잘 할 수 있었을 것인데."라는 의식을 지니지 않는 것이 있습니까? 완벽하게 만족할 수 있다면, 슬픈 일이 아닐까요? 우리가 행한 것보다 더 잘 할 수 없는 것은 존재하지 않기 때문입니다. 바로 이 점에 의해서 문화적으로 좀 더 높은 단계에 존재하는 인간이, 항상 자기 자신과 만족하면서 살고자 하는 저급한 존재로부터 구분됩니다. 더 낫게 만들려는 조용한 소망이, 심지어는 다르게 만들어 보려는 그 소망이 항상 동기로서 울리기 때문에 높은 단계에 이른 자는 절대로 제대로 만족할 수 없습니다. 이 영역에서 많은 과실이 범해졌습니다. 인간은 자신의 행위를 후회하는 것 자체를 대단한 것으로 여깁니다. 그런데 그 후회는 어떤 행동을 시작하기 위해서는 최상의 것이 아닙니다. 후회는 다중적으로 단순한 이기주의에 기인하기 때문입니다. 더 나은 인간이 되기 위해서 좀 더 나은 것을 했어야만 했는데 하고 후회를 하는 것은 이기적입니다. 이미 실행한 행위를 더 잘했으면 좋았을 것이라고 원하기보다는 동일한 행위를 다음의 경우에 더 잘

할 수 있다는 점에 큰 가치를 둘 때에 우리의 노력은 비로소 비이기적이 됩니다. 후회가 아니라, 다음에는 일을 더 잘 해야겠다는 분발과 그렇게 결심하는 의도가 최상의 것입니다. 그리고 이 의도 안에 소망이 아직 울려 퍼져서, 거기에 소망으로서 울리는 것이 과연 무엇인지에 대한 질문을 해 볼 수 있습니다. 영혼을 진실로 관찰할 수 있는 사람에게는 그것이 사후에도 남아 있는 모든 것 중에 그 첫 번째 요소입니다. 그것은 우리가 "좀 더 잘 했어야만 했는데, 좀 더 잘 하기를 바라고 있었는데."라고 느끼는 것에서 나머지 중의 어떤 것입니다. 제가 논의했던 것과 같은 형태에서의 그 소망은 이미 정신 자아에 속합니다.

이제 그 소망이 좀 더 구체화되고 분명한 형상을 취할 수 있습니다. 그러면 소망이 의도와 유사해집니다. 여기에서 행위를 다시 한 번 해야 한다면 어떻게 더 낫게 할 수 있을지에 대한 일종의 표상이 형성됩니다. 그러나 이 표상이 아니라, 비슷한 상황에서 다음에는 더 잘 해야겠다는 그 동기, 그 모든 동기와 함께하는 감성적인 것과 의지적인 것에 더 큰 가치를 둡니다. 여기에서 소위 말하는 인간의 무의식이 현저한 능력을 발휘합니다. 오늘 여러분의 의지로부터 행위를 실행하는 경우에 항상 여러분이 다음에 그 유사한 행위를 어떻게 더 낫게 행할 것인지에 대한 표상을, 여러분의 일상적인 의식 속에 항상 그려 내지는 않습니다. 그러나 여러분 내부에 잠재하는 그 두 번째 인간이 ― 물론 현재는 표상적이라기보다는 의지적으로 ― 동일한 상태에서 행위를 다시 한 번 실행할 경우에 어떻게 그것을 해 나갈 것인지에 대한 분명한 형상을 발달시킵니다. 이런 인식을 과소평가하지 마십시오. 여러분 안에 살고 있는 이 두 번째 인간을 결코 과소평가해서는 안 됩니다.

분석적 심리학이라고 부르는 다수의 과학적 방향, 정신 분석이 이 제2의 인간에 대해서 오늘날 쓸모없는 것을 언급하고 있습니다. 이 정신 분석은 일반적으로 설명할 때에 하나의 본보기에서 출발합니다. 이미 이 본보기를 설명한 적이 있지만, 다시 한 번 분명하게 말씀드리는 것이 낫겠습니다. 한 남성이 자기 집에 저녁 모임으로 사람들을 초대했습니다. 그 집의 여주인은 그 모임이 끝난 후에 온천으로 떠나도록 계획되어 있었습니다. 그 모임에는 다양한 사람들이 초대되었는데 그 중에 한 부인이 있었습니다. 모임이 끝나고 그 집의 여주인이 온천으로 떠나는 기차로 바래다졌습니다. 나머지 사람들과 그 다른 부인도 역시 떠났습니다. 그 부인이 모임의 다른 사람들과 함께 교차로의 건너편에 서 있을 때에 맞은편에서 마차 한 대가 모퉁이를 돌아서 달려왔습니다. 너무나 순식간에 달려왔기 때문에 마차가 가까이에 이르렀을 때에야 사람들이 마차를 보았습니다. 모임의 다른 사람들은 어떻게 했을까요? 그들은 당연히 마차를 피해 양쪽으로 갈라섭니다. 오직 그 부인만 온힘을 다해서 말들 앞에서 길 한복판을 질주합니다. 마부도 역시 말몰이를 멈추지 않아서, 다른 일행들은 너무나 놀랐습니다. 그러나 그 부인은 너무나 빠르게 달려서 다른 사람들이 따라잡을 수 없을 정도였습니다. 그렇게 한 교량에 이르렀으며, 그래도 그 부인은 마차를 피할 생각을 하지 않고 물속으로 뛰어듭니다. 그 부인은 구출되어서 모임이 있었던 집으로 옮겨집니다. 결국 그곳에서 하룻밤을 더 지낼 수 있었습니다. 이 사건은 정신 분석의 한 사례로 자주 제시됩니다. 단지 매번 조금씩 다르게 해석될 뿐입니다. 우선은 이 전체 과정의 근저에 무엇이 놓여 있는지 물어보아야만 하기 때문입니다. 그 부인은 모임을 열었던 집주인에게 사랑에 빠져서 그 남자의 부인이 여행을 떠난 후에 그 집으로 돌아가고 싶었던 것입니다. 그러나 그것은 전혀 의식적인 의지가 아니라 완전히 무의식에 자리 잡고 있었던 것입니다. 인간의 저변에 자리 잡고 있는 이 제2의 인간의 잠재의식은 위층에 앉아 있는 인간보다 훨씬 더 교활합니다. 이 사례에서 그 잠재의식은 너무나 교활해서 그 부인이 물에 빠진 후에 구출되어서 그 집으로 돌아갈 때까지의 전체 과정을 저지르도록 합니다. 그 부인은 심지어 자신이 구출될 것을 예견하고 있었습니다. 정신 분석이 이제 이 숨겨진 영혼의 힘에 다가서려고 하지만 이 제2의 인간에 대해서 단지 일반적인 것만 언급하고 있습니다. 이 잠재의식적인 영혼력 속에 작용하고 있으며 일상적인 영혼의 상태에 비해서 훨씬 더 교활하게, 너무나 자주 교활하게 드러나는 것이 모든 인간 속에 존재하고 있다는 점을 우리는 알 수 있습니다.

 모든 인간의 저변에, 말하자면 지하실에 그 다른 인간이 앉아 있습니다. 바로 이 다른 인간 속에 역시, 이미 행한 것을 다음의 유사한 경우에 더 낫게 이루어 보려고 결심하는 그 나은 인간이 살고 있습니다. 비슷한 다음의 경우에 더 나은 행위를 실행하려는 의도, 무의식적인 잠재의식적인 의도가 그래서 항상 조용하게 울려 퍼집니다.

 영혼이 일단 신체에서 해방되면 비로소 이 의도가 결심이 됩니다다. 의도는 영혼 안에서 완전히 싹의 상태에 머물고 있으며, 결심이 나중에 따르게 됩니다. 의도가 생명정신 속에 그리고 순수한 소망이 정신자아 속에 있는 것과 마찬가지로 정신인간 속에 결심이 존재합니다. 이제 인간을 의지적인 존재로 주목해 보면, 본능, 충동, 욕망, 동기 그리고 이미 정신자아에서, 생명정신에서, 정신인간에서 소망으로서, 의도로서, 결심으로서 낮게 울려 퍼지는 것들을 발견할 수 있습니다.

이것은 인간의 발달을 위해서 커다란 의미를 지닙니다. 여기에 사후의 시간을 위해서 보존하는 것으로서 조용히 살고 있는 것이 출생과 죽음 사이의 인간에게서 형상으로 살아지기 때문입니다. 출생과 죽음 사이에 그것은 동일한 단어로 표기됩니다. 표상적인 것을 우리는 삶에서 역시 소망, 의도 그리고 결심으로 체험합니다. 그러나 올바른 방식으로 양성할 때에만 이 소망, 의도 그리고 결심을 인간에게 적합한 방식으로 체험하게 됩니다. 소망, 의도 그리고 결심으로 더 깊은 인간 천성 내부에 존재하는 것은 출생과 죽음 사이의 외적인 인간에게서는 두드러지게 드러나지 않습니다. 그 형상들이 표상 생활에 드러납니다. 단지 평범한 의식만 발달시키게 되면, 여러분은 사실 소망이 무엇인지 전혀 알 수 없습니다. 여러분은 단지 소망의 표상만을 지닐 뿐입니다. 그래서 헤르바르트는 소망의 표상 속에 이미 노력하는 것이 포함된다고 믿습니다. 의도의 경우에도 마찬가지입니다. 의도에 대해서도 역시 여러분은 단지 표상만 지닐 뿐입니다. 여러분이 영혼 속에서 실재로 진행되는 것을 이러저러하게 행하고자 하지만, 그 근저에 무엇이 놓여 있는지는 모릅니다. 마찬가지로, 그렇다면 도대체 누가 그 결심에 대해 알고 있습니까? 일반적인 심리학은 단지 일반적인 의지에 대해서만 언급합니다. 그럼에도 불구하고 교사, 교육자는 영혼력의 모든 세 부분을 관장하고 규율하면서 영향을 미쳐야 합니다. 수업을 통해서 인간 천성의 깊은 저변에서 진행되는 바로 그것에 교육적으로 제대로 작업을 해야만 합니다.

정신인간:	결심
생명정신:	의도
정신자아:	소망
의식영혼 오성영혼 } 감각영혼	동기
감각체:	욕망
에테르 체:	충동
신체:	본능

일상적인 인간 관계에 따라 수업을 준비하는 것으로는 충분하지 않으며, 내적인 인간의 이해로부터 수업을 형성해야만 한다는 점을 교육자나 교사로서 분명히 의식한다는 것은 대단히 중요합니다.

일상적인 인간 관계에 따라 수업을 준비한다는 오류를 바로 항간에 행해지는 사회주의가 범하고 있습니다. 일반적인 마르크스주의의 이상에 따라 미래의 학교를 세운다고 생각해 보십시오. 러시아에서는 이미 실시되고 있는데, 그곳의 루나차르스키 식의 학교 개혁은 정말 가공할 만한 것입니다. 그런 것은 모든 문화의 죽음을 의미합니다! 그리고 나머지 볼셰비키주의에서 수많은 불쾌한 것들이 초래되었는데, 그 중에서도 최악의 것은 역시 볼셰비키주의에서 나온 수업 방법입니다! 볼셰비키주의가 승리한다면 이전의 시대에서 전승된 문화의 모든 것이 뿌리째 뽑힐 것입니다. 첫 세대에 당장 그렇게 되지는 않더라도, 다음 세대에는 더욱 확실하게 그렇게 될 수 있으며, 아주 머지않아 모든 문화가 지구상에서 사라질 것입니다. 오늘날 이 점을 단지 소수라도 통찰해야만 합니다. 우리가 현재 완화된 사회주의의 어중간한 주장하에 살고 있다는 점을 고려해 보십시오. 그 안에는 가장 전도된 방식으로 사회주의를 발달시키고자 하는 소리가 울리고 있습니다. 좋은 것이 나쁜 것과 함께 조음하고 있습니다. 여러분이 직접 이 공간에서 볼셰비키주의의 찬가를 부르는 것을 들었습니다. 그렇게 함으로써 악마적인 것 자체가 사회주의로 몰아넣어진다는 것에 대해서 전혀 눈치채지 못하는 그런 사람들의 노랫소리를 들었습니다.

여기에서 특히 주의를 기울여야 할 점이 있습니다. 사회적인 면에서의 진보가 교육의 차원에서 인간을 더욱 친밀하게 파악해야 할 필요가 있다는 점을 알고 있는 사람들이 존재해야만 합니다. 그렇기 때문에 미래의 교육자, 미래의 교사들은 인간 천성의 가장 내면적인 것을 다루어야만 하고, 인간 천성의 가장 내면적인 것과 함께 살아야만 하며, 성인 간에 진행되는 일상적인 관계가 수업에 적용되어서는 안 된다는 점을 숙지해야만 합니다. 그렇다면 일반적인 마르크스주의자들은 무엇을 원합니까? 그들은 학교를 사회주의적으로 형성하고자 하며, 교장을 폐지하고 그 자리에 어떤 것도 대체하지 않고 가능하면 어린이들이 스스로 교육하도록 내버려둡니다. 그 상황에서 경악스러운 것이 생겨납니다.

언젠가 기숙사를 갖춘 농촌의 어느 학교를 방문해서 가장 엄숙한 수업 시간인 종교 수업을 참관했습니다. 교실에 이르러서 보니, 한 녀석이 창턱에 드러누워 버릇없이 양다리를 창밖으로 내뻗고 있었습니다. 두 번째 녀석은 바닥에 쭈그리고 앉아 있었고, 세 번째 녀석은 어디 구석에 엎드린 채 턱을 괴고 위를 바라보고 있었습니다. 대충 이런 식으로 학생들이 모두 교실에 흩어져 있었습니다. 그런 상황에 소위 말하는 종교 교사가 들어와서는 특별한 시작도 없이 고트프리트 켈러의 단편 소설을 읽어 주었습니다. 교사가 책을 읽는 동안 학생들은 온갖 버릇없는 짓들을 계속했습니다. 소설을 끝까지 읽고 나자 종교 수업도 끝이 났고, 학생들은 모두 바깥으로 나갔습니다. 이 체험을 하면서 그 기숙사 학교 옆에 있던 거세된 숫양의 우리가 연상되었습니다. 몇 걸음 떨어지지 않은 곳에 이 학생들이 살고 있었습니다. 당연히 이런 것들을 너무 심하게 비난해서는 안 됩니다. 좋은 의지가 그 근저에 상당히 놓여 있지만, 그래도 그것은 미래의 문화를 위해서 발생되어야 할 것에 대한 완전한 오인에 근거합니다.

오늘날 소위 말하는 사회주의적 강령을 따르자면, 무엇을 원하고 있습니까? 성인들이 하는 경우와 마찬가지로 어린이들을 그렇게 서로 교제하도록 합니다. 그러나 그것은 교육에서 할 수 있는 가장 그릇된 것입니다. 성인들이 상호 간의 교제에서 발달시켜야 하는 것에 비해 어린이들은 영혼력에서, 체력에서도 역시 완전히 다른 것을 발달시켜야 한다는 점을 분명하게 의식해야만 합니다. 영혼의 깊은 저변에 자리 잡고 있는 것들로 교육과 수업이 파고 들어갈 수 있어야만 합니다. 그렇지 않으면 더 이상 나아갈 수가 없습니다. 그래서 수업과 교육으로부터 과연 무엇이 인간의 의지적 천성에 작용하는지를 질문해 보아야만 합니다. 이 질문이 한번은 심각하게 다루어져야만 합니다.

어제의 강의를 생각해 보시면, 모든 지적인 것은 노쇠한 의지, 이미 노년기에 이른 의지라는 점을 기억하실 것입니다. 지적인 의미에서의 모든 일상적인 가르침, 모든 일상적인 경고, 교육을 위해서 개념으로 설명하는 모든 것은, 교육받을 연령기의 아이들에게는 전혀 효과를 미칠 수가 없습니다. 이제 모든 것을 다시 한 번 정리해 봅시다. 감성은 생성 중인, 아직 완성되지 않은 의지입니다. 그러나 의지 안에 전체 인간이 살고 있으며, 그래서 어린이의 경우에 잠재의식적인 결심들을 참작해야만 합니다. 우리가 좋게 고안해 냈다고 여기는 모든 것으로 어린이의 의지에 영향을 미칠 수 있다는 믿음을 경계합시다. 어떻게 하면, 어린이의 감성에 올바른 영향을 미칠 수 있을까 하는 질문을 해야만 합니다. 그것은 반복적인 행위를 하도록 함으로써만 가능합니다. 어린이에게 무엇이 옳다고 한 번 말하는 것으로 의지적 자극이 제대로 발휘되도록 할 수는 없습니다. 오늘과 내일, 그리고 모레, 그렇게 계속해서 아이가 어떤 것을 하도록 하십시오. 아이에게 경고나 교훈을 주려는 것이 목적이 아니라,

어린이 안에 올바른 것에 대한 감성이 일깨워진다고 여러분이 믿는 그것으로 아이를 이끌어서 그것을 반복적으로 행하도록 하십시오. 그런 행위가 습관으로 고양되도록 해야만 합니다. 무의식적인 습관에 더 많이 머무를수록 감성의 발달에 더 좋은 것입니다. 일이 행해져야 하기 때문에, 행해지지 않으면 안 되기 때문에 행위를 헌신적으로 반복해서 한다는 점을 아이가 더욱 많이 의식할수록, 그 행위가 더욱더 진정한 의지적 자극으로 고양됩니다. 말하자면 무의식적인 반복은 감성을 육성하며, 완전히 의식적인 반복은 고유한 의지적 자극을 육성합니다. 완전히 의식적인 자극이 결단력을 높이기 때문입니다. 보통 잠재의식 속에만 머무르는 결단력은 여러분이 아이에게 의식적인 것을 반복하도록 함으로써 자극됩니다. 지적인 삶에서 특별히 중요한 것을 의지 양성에서 중시해서는 안 됩니다. 지적인 삶에서 아이에게 어떤 것을 가르칠 때에 아이가 그것을 더 잘 이해할수록, 우리는 그 가르침이 더 나은 것이라는 점을 항상 참작합니다. 그래서 일회성 교육에 치중합니다. 가르치는 내용을 그저 이해해서 기억해야만 합니다. 그러나 그렇게 한 번 배워서 보존할 수 있는 것은 감성과 의지에 영향을 미치지 않습니다. 항상 반복해서 행해야 하는 것, 인간 관계를 통해서 명령된 것을 올바르게 실행해야 할 것으로서 인식하는 것이 감성과 의지에 영향을 미칩니다.

과거의 소박한 부권주의적 교육 형태가 이 점을 역시 그 소박한 관습에 따라 적용했습니다. 순박한 생활 습관이었습니다. 그렇게 적용된 모든 것에 교육적으로 상당히 좋은 점이 존재합니다. 왜 날마다 주기도문을 외우게 했을까요? 오늘날의 사람이 날마다 똑같은 이야기를 읽어야 한다면 너무 지겨워서 아예 그것을 하지 않을 것입니다. 오늘날의 인간은 일회성에 길들여져 있습니다. 과거의 사람들은 항상 동일한 주기도문을 날마다 반복해서 외웠을 뿐만 아니라 한 권의 책을 일주일에 적어도 한 번씩 반복해서 읽는 것도 배울 정도였습니다. 그로 인해서 과거의 사람들은 오늘날의 교육에서 배출되는 사람보다 의지적으로 더욱 강한 면을 지녔습니다. 반복에, 의식적인 반복에 의지 양성이 기인하기 때문입니다. 이 점이 고려되어야만 합니다. 그렇기 때문에 의지도 역시 교육해야 한다고 추상적으로 말하는 것만으로는 충분하지 않습니다. 그렇게 말하는 사람은 의지 육성을 위해서 좋은 생각을 해내고, 의지를 계발해 내는 데 기여하도록 어떤 세련된 방법으로 어린이를 가르치면 된다고 믿게 됩니다. 그러나 실제로 그것은 아무 쓸모가 없습니다. 도덕적으로 경고하고 싶어지는 그런 허약하고 신경과민적인 인간이 될 뿐입니다. 예를 들어서 너는 오늘 이 일과 저 일을 하고, 너희 둘은 그 일들을 내일과 모레에 해야 한다고 어린이들에게 지시할 때에 그들은 내적으로 강한 인간이 됩니다. 학교에서는 한 사람이 지시해야만 한다는 사실을 어린이가 인정하기 때문에, 그 권위성을 좇아서 그 일을 행하는 것입니다. 그러므로 아이에게 날마다 일정한 일을 부여하고, 경우에 따라서는 한 학년 내내 그 일을 날마다 실행하도록 하십시오. 그것이 바로 의지 육성에 매우 효과적으로 작용하는 것입니다. 우선은 그것이 학생들 간에 접촉을 하도록 합니다. 그리고 수업하는 교사의 권위를 강화하고 의지에 효과적으로 영향을 미치는 반복적 행위로 이끌어 갑니다.

왜 예술적인 요소가 의지 육성에 특별한 영향을 미칩니까? 예술적 요소는 첫째로 그 연습에 있어서 반복에 근거하기 때문입니다. 두 번째로는 인간이 예술을 통해서 습득하는 것이 항상 기쁨을 수반하기 때문입니다. 예술적인 것은 일회성에 그치는 것이 아니라 항상 반복해서 즐길 수 있습니다. 예술 그 자체에 이미 인간을 일회적으로만 고무시키는 것이 아니라, 항상 반복해서 직접적으로 즐거움을 가져다주는 성향이 포함되어 있습니다. 그렇기 때문에 우리가 수업에서 원하는 것을 사실은 예술적인 요소와 연관된 상태에서 행할 수 있습니다. 그 점에 관해서 내일 좀 더 언급하고자 합니다.

오늘은 의지의 육성이 어떻게 지적인 육성에서의 경우와는 다르게 영향을 미쳐야만 하는지를 제시했습니다.

다섯 번째 강의 >>>> 영적인 관점에서의 고찰
세 가지 영혼 활동의 어우러짐

··· 인식적인 것과 의지적인 것의 관계
··· 시각에서의 반감적인 과정과 공감적인 과정
··· 사고와 의지의 상호 작용의 불가피성
··· 억제된 인식과 억제된 의지로서의 감성
··· 의지와 사고에서 숨겨진 상태의 반감과 공감
··· 피와 신경의 접촉에 의한 감성의 생성
··· 바그너와 한슬리크의 논쟁
··· 현대 심리학적 감각론의 폐해
··· 칸트주의의 오류

다섯 번째 강의

1919년 8월 26일, 슈투트가르트

의지가 인간의 유기체에 편입되어 있는 경우에 한해서 의지의 본성에 대해 어제 말씀드렸습니다. 이제 인간의 나머지 본성을 관조하기 위해서 우리가 알게 된, 인간에 대한 의지의 관계가 열매를 맺도록 해야 합니다.

인간의 본성에 대한 지금까지의 논의에서 본인이 한편으로는 지적인 것에, 인식 활동에, 다른 한편으로는 주로 의지 활동에 주목해 온 것을 관찰하셨을 것입니다. 인식 활동이 어떻게 인간의 신경계와 연관되어 있는지, 의지의 강도가 어떻게 피의 활동과 연관되어 있는지도 설명드렸습니다. 이러한 관점들을 깊이 생각해 본다면, 과연 이런 것들이 세 번째 영혼 능력, 즉 감성 활동과는 어떤 관계에 있는가 하는 질문을 하게 됩니다. 지금까지 우리는 이 점을 거의 고려하지 않았습니다. 그러나 오늘 바로 이 감성 활동을 주목함으로써 인간 천성의 다른 양면, 즉 인식적인 면과 의지적인 면을 좀 더 집중적으로 이해할 수 있는 가능성을 얻게 될 것입니다.

본인이 이미 다양한 맥락에서 거론해 온 또 다른 점을 분명히 해야만 합니다. 살아 있는 전체 영혼 안에서 하나의 활동은 항상 다른 것으로 전이되기 때문에 영혼 능력을 사고, 감성, 의지 이렇게 조잡하게 병렬해서 제시할 수는 없습니다. 일단 의지의 측면을 고찰해 보십시오. 여러분이 표상으로, 즉 인식적인 활동으로 관철하지 않은 것은 원해질 수도 없다는 점을 의식하실 수 있을 것입니다. 단지 피상적인 자아 성찰이라 하더라도, 여러분의 의도에 집중하려고 해 보십시오. 의지 행위에 어쩐지 항상 표상이 내재해 있음을 발견하실 것입니다. 의지 행위에 표상이 내재하지 않는다면, 여러분은 절대로 인간이 될 수 없습니다. 의지에서 솟아나는 행위를 표상의 행위로 관철하지 않는다면, 여러분의 의지에서 흘러나오는 모든 것을 둔하고 본능적인 행위 그대로 실행하게 됩니다.

모든 의지 활동에 표상이 박혀 있는 것과 마찬가지로 모든 사고 속에 역시 의지가 내재합니다. 여기서도 역시 상당히 피상적이라 하더라도 자기 관찰을 해 보면 여러분이 사고를 할 때에, 그 사고 형상 안으로 의지가 흘러 들어오도록 한다는 인식을 얻게 됩니다. 어떻게 여러분이 스스로 사고를 형성하는지, 하나의 사고를 다른 것과 어떻게 연결하는지, 여러분이 어떻게 판단과 결론에 이르는지, 그 모든 것에 의지 행위가 흘러 들어갑니다.

그러므로 사실 의지 행위는 주로 의지 행위이지만 그 저변에는 사고 행위가 흐르고 있으며, 사고 행위는 주로 사고 행위이지만 그 저변에는 의지 행위가 흐르고 있다고 말할 수 있습니다. 바로 하나의 행위가 다른 것으로 범람하기 때문에 소심한 병렬은 개별적인 영혼 활동의 관찰을 불가능하게 합니다. 여러분이 영혼에서 인식할 수 있는 것, 즉 영혼 활동의 합류를 영혼 활동이 드러나는 신체에서도 역시 명백하게 보게 됩니다. 예를 들어서 인간의 눈을 고찰해 봅시다. 눈을 그 전체성으로 관찰해 보면, 안구 안으로 신경이 계속 이어집니다. 그러나 안구 안으로는 혈관도 역시 들어와 있습니다. 인간의 안구 안으로 신경이 계속됨으로써 사고 활동, 인식 활동이 눈 안으로 흘러 들어옵니다. 혈관이 안구 안으로 계속됨으로써 의지 활동이 눈 안으로 흘러 들어옵니다. 이렇게 감각 활동의 말단부에 이르기까지 역시 신체 내부에도 의지적인 것과 표상 혹은 인식적인 것이 상호 간에 연결되어 있습니다. 이 점은 모든 감각 기관에 해당하며, 역시 의지에 봉사하는 운동 기관을 위해서도 마찬가지입니다. 우리의 의지에, 우리의 움직임 속에 신경을 통해서 인식적인 것이, 혈관을 통해서 의지적인 것이 통하고 있습니다.

그러나 이제 우리는 인식 활동의 특이한 양식을 알아야만 합니다. 그 점에 대해서 이미 주의를 환기시킨 바 있지만, 그래도 인식의 면, 표상의 면으로 기울어지는 인간의 행위에 있어서 그 전체적인 복합성 속에 놓인 모든 것을 완전히 인식해야만 합니다. 인식 속에, 표상 속에 사실 반감이 살고 있다고 이미 언급했습니다. 정말 기이하지만, 표상의 경향을 띠는 모든 것이 반감으로 관철되어 있습니다. "그래, 내가 어떤 것을 바라볼 때에, 내가 바라보면서 반감을 실행하고 있는 것은 아니다."라고 말할 것입니다. 아닙니다. 여러분은 반감을 실행합니다! 대상물을 보면서 여러분은 반감을 실행하는 것입니다. 여러분의 눈에 단지 신경 활동만 존재한다면, 여러분의 눈으로 바라보는 모든 대상물이 여러분에게는 구역질 나는 혐오가 될 것입니다. 그것이 여러분에게는 반감적으로 될 것입니다. 공감 속에 존재하는 의지 행위가 안구 활동 속으로 역시 쏟아져 들어오기 때문에, 혈액이 신체적으로 여러분의 눈 안으로 뻗쳐 들어오기 때문에, 단지 그로 인해서 반감에 대한 느낌이 여러분의 의식을 위해서 감각적인 관조 속에서 말소되는 것입니다. 공감과 반감 간의 평형을 통해서 객관적이고 균등한 시각 행위가 발생합니다. 공감과 반감이 균형을 이루는 데에서 시각 활동이 생깁니다. 그리고 공감과 반감이 이렇게 뒤섞여서 일한다는 점이 우리에게는 전혀 의식되지 않습니다.

이와 관련해서 이미 주지한 바와 같이 괴테의 『색채학』을, 특히 그 중에서 생리학적-교수법적인 부분을 연구해 보면, 괴테가 시각의 더 심오한 활동을 다루기 때문에 미묘한 색조를 관찰하는 데에 있어서 공감과 반감이 즉각적으로 전면에 드러난다는 점을 알게 됩니다. 감각 기관의 활동을 조금만 파고 들어가 보면 공감과 반감이 감각 활동 속에 나타나는 것을 즉시 발견하게 됩니다. 역시 감각 활동 속에도 반감적인 것은 사실상 인식의 부분에, 즉 표상의 부분, 신경 부분에 기인하며, 공감적인 것은 의지의 부분, 혈액의 부분에 기인합니다.

본인이 일반적인 인지학 강연을 하면서 이미 자주 강조해 왔는데, 눈의 배치에 관한 한 인간과 동물 간에 아주 중요한 차이가 있습니다. 인간에 비해서 동물의 눈 안에 훨씬 더 많은 혈액 활동이 존재한다는 점이 매우 특이합니다. 어떤 동물의 경우에는 심지어 검상돌기나 방실과 같이 혈액 활동에 종속된 기관을 발견할 수 있습니다. 인간에 비해서 동물이 안구 속으로 훨씬 더 많은 혈액 활동을 들여보내며, 나머지 다른 감각에서도 역시 마찬가지라는 점을 여러분이 이 점에서 추측할 수 있습니다. 달리 말하자면, 동물은 감각 기관 속에 주위 환경에 대해서 인간보다 훨씬 더 공감을, 즉 본능적인 공감을 발달시킵니다. 인간은 실제로 동물에 비해서 주위 환경에 보다 더 반감을 지닙니다. 단지 일상생활에서 그것이 의식에 떠오르지 않을 뿐입니다. 반감은 주위 환경의 관찰이 우리에게 남기는 인상에 대해서 우리가 혐오감으로 반응을 할 정도로 고조될 경우에만 의식됩니다. 반감은 모든 감각적인 지각의 고조된 인상일 뿐이며, 여러분은 그 외적인 인상에 구토감으로 반응합니다. 불쾌한 냄새가 나는 곳에 가면, 그 악취가 나는 공간에 구역질을 느낍니다. 바로 이 구역질이 모든 감각 활동에서 발생하는 것의 고조 외에는 아무것도 아닙니다. 단지 일상적인 감각에서는 혐오감에 의한 감각의 동반이 의식의 경계 아래에 머무를 뿐입니다. 인간이 주변 환경에 대해서 동물에 비해서 더 많은 반감을 지니지 않는다면, 지금처럼 우리를 주변 환경으로부터 이렇게 강하게 격리하지는 않을 겁니다. 동물은 주변 환경에 대해서 훨씬 더 많은 공감을 지니기 때문에 주변 환경에 동화되어 있으며, 그로 인해서 기후나 계절에 대해서 인간보다 훨씬 더 의존적입니다. 인간이 주변 환경에 대해서 훨씬 더 반감을 지니기 때문에, 바로 그렇기 때문에 인간은 개별적인 인격으로 존재합니다. 의식의 저변에 놓인 반감을 통해서 우리 자신을 주변 환경으로부터 분리해 낼 수 있다는 상황이, 바로 이 사실이 우리의 독립된 개인성 의식을 생기게 합니다.

이로써 인간을 전체적으로 이해하기 위해서 상당히 결정적인 역할을 하는 것을 언급했습니다. 신체적으로 표현하자면 사고와 신경 활동이, 그리고 의지와 혈액 활동이 인식 활동 혹은 표상 활동에서 어떻게 합류하는지를 보았습니다.

그런 식으로 의지 활동에서도 역시 표상하는 것과 사실상의 의지 행위가 합류합니다. 우리가 어떤 것을 원하면, 항상 그 원하는 것에 대한 공감을 발달시킵니다. 그러나 우리가 원한다는 그 공감 속에 들여보내지는 반감을 통해서 우리를 한 개인으로서 그 행위로부터, 그 원하는 것으로부터 격리할 수 없다면, 그것은 항상 아주 본능적인 원함에 머물기 마련입니다. 일단 원하는 것에 대한 공감이 전체로서 압도적이며, 이 공감과의 균형은 우리가 반감을 들여보냄으로써 이루어질 뿐입니다. 그로 인해서 공감이 그 자체로는 의식의 저변에 존재하면서, 그 공감에서 아주 조금만 우리가 원하는 것으로 스며들 뿐입니다. 우리가 단순히 이성으로 실천하는 행위에서라기보다는 정말 열정적으로, 마음을 다해서 사랑으로 실행하는 소수의 행위에서는 공감이 의지 속에 강렬하게 우세한 위치를 차지하며, 우리 의식의 문턱을 넘어서 튀어 올라와서 우리의 의지 자체가 우리를 공감으로 침윤시키는 것처럼 보입니다. 그렇지 않은 경우에 의지는 객관적인 것으로서 우리를 환경과 연결하며 그렇게 객관적인 것으로서 우리에게 드러납니다. 단지 예외적으로, 가끔씩 환경에 대한 우리의 반감이 인식에서 우리의 의식에 들어설 수 있는 것과 마찬가지로, 환경에 대해서 항상 존재하는 공감이 단지 예외의 경우에만, 열정적인 경우에만, 혼신을 다한 사랑의 경우에만 의식에 드러날 수 있습니다. 그렇지 않다면 우리는 모든 본능적인 것을 실행하게 됩니다. 우리는 절대로 세상이 우리에게 객관적으로 요구하는 것에, 예를 들어서 사회생활에 편입할 수 없을 것입니다. 우리는 바로 의지를 사고하면서 관철해야만 하며, 그로써 이 의지가 우리를 전체 인류로, 그리고 세계 과정으로 동화시킵니다.

여기서 말씀드린 이 모든 사실을 일상생활에서 의식하게 될 경우에 어떤 파괴적인 황폐화가 인간 영혼에 발생될지를 숙고해 본다면, 아마도 어떤 일이 거기에 일어날지 분명하게 알 수 있을 것입니다. 이 모든 것이 일상생활에서 인간의 영혼에 지속적으로 의식된다면, 인간의 모든 행위를 동행하는 그 반감의 상당한 부분이 의식될 것입니다. 그렇다면 정말 혐오스러울 것입니다. 인간이 세상을 살아가면서 지속적으로 반감의 분위기를 느끼게 됩니다. 그러나 세상은 지혜롭게 이루어져서, 우리의 행위를 위한 힘으로서의 반감이 사실 불가피하지만, 그것을 의식하지는 않습니다. 그것을 의식의 저변에 머물도록 합니다.

이제 인간 천성의 진기한 신비로, 네, 사실 모든 인간이 감지하는 신비, 그러나 교사와 교육자들이 완전히 의식해야 할 그 신비로 눈을 돌려 보십시오. 인간은 우선 어린이로서는 어떻든 간에 단순히 공감에서 행위합니다. 정말 이상하게 들릴지라도 어린이가 행동하고 뛰어노는 것은 그 행동과 뛰어노는 것에 대한 공감으로 인해서 하는 것입니다. 공감이 세상에 태어나게 되면 그것은 강한 사랑, 강한 열망입니다. 그러나 그것은 그 상태에 머무를 수 없으며, 표상으로 관철되어야만 하며, 표상에 의해서 어느 정도까지는 지속적으로 규명되어야 합니다. 그것은 우리의 단순한 본능에 이상, 도덕적 이상을 편입함으로써 포괄적인 방식으로 발생합니다. 여러분은 이제 이 영역에서 반감이 사실 무엇을 의미하는지 좀 더 파악하실 수 있을 것입니다. 아주 어린 아이들에게서 볼 수 있는 본능적 충동이 우리의 삶 전체를 통해서 단지 어린 아이들의 경우에서와 마찬가지로 공감적으로 머문다면, 우리는 본능의 영향 안에서 동물적으로 발달하게 됩니다. 이 본능이 우리에게 반감적으로 되어야만 하며, 우리가 반감을 그 본능 안에 쏟아 부어야만 합니다. 우리가 반감을 본능 안에 쏟아 붓게 되면, 그것을 우리는 본능에 대해서 반감적인 도덕적 이상을 통해서 행하며, 우선적으로 출생과 죽음 사이의 삶을 위해서 반감이 아동적인 본능의 공감에 들어서게 됩니다. 그래서 도덕적 발달은 항상 금욕적인 것입니다. 단지 이 금욕적이라는 것이 올바른 의미에서 파악되어야만 합니다. 그것은 항상 동물적인 것을 극복하기 위한 연습입니다.

이 모든 것이 우리에게, 인간의 실질적인 활동에서 의지가 어느 정도로까지 단순히 의지일 뿐만 아니라, 역시 표상에 의해, 인식하는 행위에 의해서 관철되는지를 알려줍니다.

그런데 인식과 사고, 그리고 의지의 한 중간에 인간의 감성 행위가 존재합니다. 제가 지금 의지와 사고로 전제한 것을 상상해 보신다면, 일정한 중간의 경계에서 한 쪽으로는 공감이라고 하는 모든 것, 즉 의지가 흘러나오고 있으며, 다른 쪽으로는 반감이라고 하는 모든 것, 즉 사고가 흘러나오고 있다고 말할 수 있습니다. 그러나 의지의 공감 역시 거꾸로 사고에 영향을 미치며, 사고의 반감 역시 의지 속으로 영향을 미칩니다. 이렇게 한 면에서 주로 발달시키는 것을 역시 다른 면에도 영향을 미침으로써 인간은 하나의 전체가 됩니다. 그 중간에, 사고와 의지의 중간에 감성이 놓여 있으며, 감성은 한편으로는 사고와, 다른 한편으로는 의지와 유사합니다. 전체적인 인간 영혼에서 인식하고 사고하는 행위와 의지 행위를 엄격하게 따로 구분할 수 없듯이, 감성 속에서 의지적 요소로부터 사고적인 요소를 구분한다는 것은 거의 불가능합니다. 감성 속에서 의지 요소와 사고 요소는 완전히 융합하여 존재합니다.

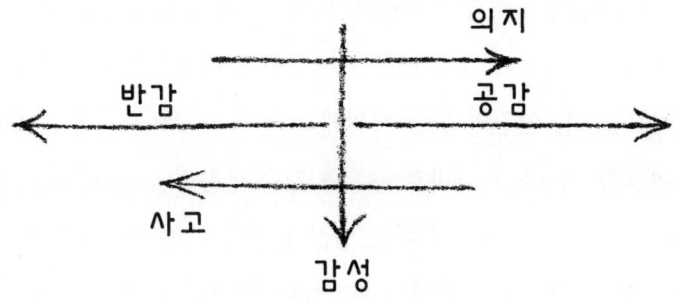

여기서도 여러분은 아주 피상적이나마 단순한 자기 관찰을 통해서 지금 말씀드린 것의 방향을 납득하실 수 있습니다. 지금 제시한 것이 이미 여러분에게 그 정당성을 주시하도록 합니다. 일상생활에서는 객관적으로 발생하는 의지가 열광적인 행위로, 사랑의 행위로까지 고조된다고 설명했습니다. 바로 그런 것들에서 여러분은, 일상적으로는 외부 삶의 불가피성에 의해서 생성되는 의지가 명백하게 감성으로 흘러 들어간다는 점을 알게 됩니다. 여러분이 어떤 열정적인 것, 혹은 애정이 가득 찬 것을 행한다면, 여러분은 의지에서 흘러나오는 것을 주관적인 느낌으로 관철함으로써 그것을 행하는 것입니다. 여러분이 정확하게 주시하신다면, 괴테의『색채학』을 통해서 감각 활동에서도 역시 어떻게 감성이 융합되는지를 알아볼 수 있습니다. 감각 활동이 구토로까지 혹은 다른 면에서 향기로운 꽃향기를 들이마시도록 고조되는 경우, 여러분은 역시 감성 활동이 감각 활동으로 전이되는 상황에 있습니다.

그러나 감성 활동은 사고 행위로도 역시 유입됩니다. 세계관에 대한 역사 속에 철학적 논쟁거리가 많이 있었습니다만, 언젠가 하이델베르크에서 심리학자 프란츠 브렌타노와 논리학자인 지그바르트 간에 적어도 외적으로 매우 흥미로운 철학적 논쟁이 벌어졌습니다. 이 양자는 인간의 판단 행위에 무엇이 존재하는지에 대해서 서로 논쟁했습니다. 지그바르트는 "인간은 선량해야 한다."라고 판단을 할 때에, 그런 판단 속에는 항상 감성이 함께 발언하고 있으며, 감성이 그 결정을 내린다고 주장합니다. 그러나 브렌타노에 의하면, 정서 속에 존재하는 판단 행위와 감성 행위는 완전히 상이한 것이라서 감성이 판단 행위에 개입한다고 믿게 되면, 판단 기능, 판단 행위를 절대로 파악할 수 없다고 합니다. 감성이 판단 행위에 영향을 미침으로써 사실은 객관적이어야 할 우리의 판단에 주관적인 것이 개입된다고 주장합니다.

이런 논쟁은 단지 심리학자든 논리학자든 그들이 이르러야 할 학식, 즉 영혼 활동이 합류한다는 점에 아직 도달하지 않았다는 점만 분명히 보여 줄 뿐입니다. 여기서 진정으로 관찰해야만 할 것을 고찰해 봅시다. 한편으로 우리는 아주 당연히 객관적인 것을 결정해야 할 판단력을 지니고 있습니다. 인간이 선량해야 한다는 것이 우리의 주관적인 느낌에 의존해서는 안 되겠지요. 판단의 내용은 역시 객관적이어야만 합니다. 그러나 우리가 판단을 내리게 되면, 완전히 다른 것 역시 문제가 됩니다. 객관적으로 올바른 것이라 해도 바로 그 때문에 우리의 영혼에 의식되는 것은 아닙니다. 우리는 그것들을 우리의 영혼 안에 의식적으로 받아들여야만 합니다. 감성 행위의 동참이 없이는 어떤 판단도 우리의 영혼에 의식적으로 받아들일 수 없습니다. 그렇기 때문에 브렌타노와 지그바르트는 다음과 같이 말함으로써, 즉 판단의 객관적인 내용은 감성 행위의 바깥에 확립되어 있지만, 주관적인 인간의 영혼 안에 판단의 정당성에 대한 확신이 이루어지도록 하기 위해서는 감성 행위가 발달되어야만 한다는 점에서 의견을 일치시켜야만 했다고 말할 수밖에 없습니다.

이런 사실들에서, 오늘날 행해지는 철학적 고찰이 불투명한 방식으로 정확한 개념에 이른다는 것이 얼마나 어려운 일인지 알게 됩니다. 우선 그런 정확한 개념으로 비상해야만 하며, 정신 과학 외에는 오늘날 그 정확한 개념에 이르기 위한 다른 교육이 없습니다. 외적인 과학은 그들만 정확한 개념을 지닌다고 생각하고 인지학적 정신 과학이 제시하는 것에 대해서는 거만한 태도로 언급합니다. 인지학적인 측면에서 제시된 개념들이 단순한 언어유희가 아니라 실재에서 도출된 것들이기 때문에, 오늘날 상용되는 것들에 비해서 훨씬 정확하고 분명하다는 것을 상상할 수 없기 때문입니다.

감성적 요소를 한편으로는 인식 속에서, 즉 표상 속에서, 다른 한편으로는 의지적인 것에서 추적해 보면 여러분은 감성이 인식과 의지 사이에서 중간의 영혼 행위로 존재하며, 그 본성에 따라 양 방향으로 발산하고 있다고 말할 것입니다. 감성은 아직 완전하게 형성되지 않은 인식이며, 마찬가지로 역시 완전하게 이루어지지 않은 의지입니다. 억제된 인식 그리고 억제된 의지가 감성입니다. 그러므로 느낌은 여러분이 이미 보셨듯이 인식과 의지 속에서는 숨겨진 상태에 있었던 공감과 반감으로 구성됩니다. 공감과 반감이 신체적으로 신경 활동과 혈액 활동에 함께 작용함으로써 인식과 의지 속에도 존재합니다. 그러나 그것들은 인식과 의지 속에서는 숨겨진 상태에 있으며, 느낌에서 비로소 확실하게 드러납니다.

그렇다면 감성의 신체적인 표현은 어떻게 나타나겠습니까? 여러분은 인간의 신체 전반에서 혈관과 신경이 어떤 식으로든지 서로 접촉하고 있다는 것을 발견합니다. 혈관이 신경과 접촉하는 바로 그곳에 사실 감성이 생깁니다. 그러나 예를 들어서 감각 속에서는 혈액과 신경이 너무나 섬세해서 단지 우리가 감성을 더 이상 느끼지 않을 뿐입니다. 우리의 모든 시각과 청각에 약한 감성이 스며들어 있지만 우리가 그것을 감지하지는 못합니다. 감각 기관이 나머지 신체로부터 한계지어져서 분리되어 있는 만큼 우리는 그것을 덜 느낍니다. 눈이 나머지 유기체로부터 거의 완전히 분리되어서 두부의 눈구멍 속에 깊이 파묻혀 있기 때문에 시각 활동, 즉 안구 활동에서 우리는 감성적인 공감과 반감을 거의 감지하지 못합니다. 눈 안으로 뻗쳐 들어오는 신경과 혈관은 매우 섬세합니다. 눈 속에서는 감성적 감각이 매우 억제되어 있습니다. 청각의 경우에는 감성적인 것의 억제가 덜합니다. 시각 활동에 비해서 청각 활동은 유기체의 전체 활동과 훨씬 더 유기적인 관계에 있습니다. 시각 기관과는 전혀 다른 성질을 지니는 수많은 기관들이 귀 안에 존재함에서, 귀는 여러모로 보아서 전체 유기체 내부에서 발생하는 것에 대한 충실한 모사입니다. 그러므로 귀 안에서 감각 활동으로 발생하는 것은 상당히 강하게 감성 행위의 영향을 받습니다. 이 점에서 바로 들은 것을 상당히 잘 이해하는 사람조차도 그 들은 것에서 특히 그것이 예술적인 것일 경우에 그 안에서 단순한 인식과 감성적인 것을 실제로 명확하게 구별하기가 힘든 것입니다. 여기에, 직접적인 예술 작업에도 큰 역할을 한 근대의 매우 흥미로운 현상이 근거합니다.

리하르트 바그너의 『뉘른베르크의 명가수』에 등장하는 베크메사라는 인물을 모두 알고 있습니다. 베크메사는 과연 무엇을 그려 내고자 합니까? 그는 전체 인간의 감성적 요소가 어떻게 청각 활동의 인식적인 것에 영향을 미치는가를 완전히 망각하면서 음악적으로 파악하는 인간의 역할을 맡고 있습니다. 바그너는 자신의 의견을 발터라는 등장 인물을 통해서 보여 주면서, 완전히 일방적으로 주로 감성적인 것이 음악 속에 생동해야만 한다는 생각을 관철하고 있습니다. 음악적인 청각 활동에서 감성적인 것과 인식적인 것이 상호 작용한다는 올바른 견해에 반해서, 하나의 잘못된 견해에서, 정확히 말해서 두 가지 잘못된 견해로 인해서 발터와 베크메사라는 등장 인물을 통해서 서로 대립하여 제시되는 것이 역사적인 상황 속에서 보자면, 바그너의 예술이 등장할 당시에, 바그너의 예술이 유명해지려 할 당시에 빈 출신의 에두아르트 한슬리크라는 대립적인 인물을 만남으로써 드러납니다. 한슬리크는 바그너의 예술에서 감성의 영역에서 솟아나는 모든 것을 비음악적인 것으로 간주했습니다. 예술 분야에서 한슬리크의 『음악적인 미에 관해서』만큼 심리학적으로 흥미로운 저서는 거의 없습니다. 한슬리크는 그 저서에서 모든 것을 감성적인 것으로부터 음악에 대입하려는 자는 진정한 음악가도 아니며, 진실한 음악적 감각을 지니지 않는다고 합니다. 음과 음 사이의 객관적인 연결 속에서 모든 감성적인 것을 절제하고 음과 음을 구성하는 아라베스크에서 음악의 고유한 신경을 인식하는 자만이 유일하게 진정한 음악가라고 설파합니다. 최상의 음악적인 것은 단지 음상(音像)에서만, 음의 아라베스크에서만 존재해야 한다는 점을 한슬리크는 그의 저서 『음악적인 미에 관해서』에서 놀라울 정도의 순수함으로 주장하고 있습니다. 감성 요소에서 음을 만들어 낸다는 바로 그 바그너주의의 핵심에 온갖 조소를 쏟아 붓고 있습니다. 음악 분야에서 한슬리크와 바그너 간에 그런 식의 논쟁이 성립할 수 있었던 것 자체가 바로 현대에 있어서 영혼 활동에 대한 관념이 심리적으로 완전히 불분명한 것이었다는 점을 증명합니다. 그렇지 않았더라면 한슬리크에게서 드러나는 일방적인 경향이 전혀 발생할 수가 없었을 것입니다. 그러나 그 일방성을 간파하면서 한슬리크의 뛰어난 철학적 논쟁을 주시해 보면 『음악적인 미에 관해서』라는 논술이 매우 정신적이라는 점을 인정하게 됩니다.

이 점에서 여러분은, 우선은 감성적 존재로서 살고 있는 전체 인간으로부터 한 감각의 경우에는 조금 더, 다른 감각의 경우에는 조금 적게 주변부로, 인식적으로 파고 들어간다는 점을 이해하게 됩니다.

이 사실이 다름 아니라 바로 여러분의 교육적인 인식을 위해서, 현대의 과학적 사고에 커다란 재난을 초래한 것으로 여러분의 주의를 돌리도록 해야만 할 것입니다. 여러분이 개혁의 행위로 이끌어 가야 할 것에 대해서 준비하면서 이곳에서 함께 토론하지 않는다면, 현재 존재하는 교육학에서, 이미 성립된 심리학과 논리학에서, 그리고 현재의 교육적 상태에서 여러분은 학교에서 실행해야 할 것들을 조립해 내어야만 합니다. 여러분은 이미 통용되고 있는 것들을 학교 활동에 개입시키지 않을 수 없습니다. 그러나 오늘날 통용되고 있는 것은 심리학과 관련해서 애초에 커다란 폐단에 시달리고 있습니다. 그 심리학에 소위 말하는 감각론이라는 것이 있습니다. 감각 활동이 무엇에 근거하는지를 조사해 보면, 시각, 청각, 후각 등등의 감각 활동을 얻게 됩니다. 모든 것을 '감각 활동'이라는 일반적인 추상으로 요약하고 있습니다. 이것이 바로 커다란 실수이며, 적지 않은 오류입니다. 우선 오늘날 생리학이나 심리학에서 이미 알려진 감각만 고려해 보면, 일단 신체적인 것만 주시해 본다면, 시각이라는 것이 사실 청각과는 완전히 다른 것이라는 점을 관찰하게 됩니다. 눈과 귀는 완전히 다른 존재입니다. 전혀 연구되지 않은 촉각 기관 역시 시각과 청각의 경우와 마찬가지로 그렇게 만족할 만한 방식으로 설명하고 있지 않습니다. 그러나 일단 시각과 청각을 살펴봅시다. 이 양자는 전혀 상이한 활동이기 때문에 보는 것과 듣는 것을 하나의 '일반적인 감각 활동'으로 총괄한다는 것은 일종의 회색 이론입니다. 이 점을 제대로 정립하려면, 우선은 구체적인 관조 능력을 가지고 눈의 활동에 대해서, 귀의 활동에 대해서, 후각 기관의 활동에 대해서 등등으로 언급했어야만 합니다. 그러면 커다란 다양성을 발견했을 것이며, 오늘날 심리학이 취급하는 일반적인 감각 심리학을 세우려는 흥미가 사라졌을 것입니다.

『진리와 과학』, 그리고 『자유의 철학』에서 행한 논쟁을 통해서 본인이 정의를 내리고자 노력했던 그 영역에 머물게 되면, 인간 영혼의 고찰에서 오로지 한 가지 인식으로만 이르게 됩니다. 그렇게 되면 추상화에 빠지지 않으면서도 합일적인 영혼에 대해서 말할 수 있습니다. 그 영역에서 인간은 안정된 지반 위에 서게 됩니다. 그 영역에서, 인간이 세상에 익숙해지기는 하지만, 세상이 완전한 실재는 지니지 않는다는 사실로부터 출발하게 됩니다. 『진리와 과학』과 『자유의 철학』에서 그 점을 읽을 수 있습니다. 인간은 처음부터 실재 전부를 소유하지 않습니다. 인간이 그것을 점차적으로 발달시키며, 그 발달 속에서 이전에는 아직 실재가 아니었던 것이 사고와 관조의 융합을 통해서 비로소 진정한 실재로 되어 갑니다. 인간이 실재를 비로소 정복해 나갑니다. 이 관계에서 보아 오늘날 모든 것에 깊이 박혀 있는 칸트주의가 경악할 만한 재난을 초래했습니다. 그러면 칸트주의가 과연 무엇을 주장합니까? 칸트는 처음부터 주변 세계를 우선은 우리가 관조 대상물로 지니고 있으며, 우리 내부에는 단지 그 세계의 반영 형상만 살고 있다고 독단적으로 주장합니다. 칸트는 그의 다른 모든 추론에 이런 식으로 이르게 합니다. 칸트는 인간이 지각한 환경이 무엇인지 명확하게 알고 있지 않습니다. 실재는 주변 환경이나 현상에 존재하는 것이 아닙니다. 실재는 우리가 그것을 차츰차츰 정복해 감으로써 드러나게 되며, 우리에게 다가오는 그 최종적인 것이 비로소 실재입니다. 근본적으로 보자면 인간이 더 이상 발음해 낼 수 없는 한 순간, 죽음의 문턱을 들어서는 그 순간에 일별하는 것이 올바른 실재라고 할 수 있습니다.

새로운 정신 문화에 너무나 많은 오류적인 요소가 흘러 들어와서 교육학의 영역에서 너무나 통절하게 작용하고 있습니다. 그렇기 때문에 우리는 그 잘못된 개념이 존재하는 곳에 올바른 것을 대입하려고 노력해야만 합니다. 우리가 수업을 위해서 행하고자 하는 것을, 그렇게 함으로써 역시 올바른 방식으로 실행할 수 있을 것입니다.

여섯 번째 강의 〉〉〉〉 정신적인 관점에서의 고찰
의식 상태 – 잠, 꿈, 깨어 있음

··· 완전히 깨어 있는 상태의 사고하는 인식
··· 반의식적으로 꿈꾸는 상태의 감성
··· 무의식적으로 잠자는 상태의 의지
··· 세계의 형상 속에 존재하는 자아의 깨어 있는 삶
··· 영혼 활동 안에서의 자아의 삶:
    사고하는 인식 속에서 깨어 있으면서 형상적
    감성 속에서 꿈꾸면서 영감적
    의지 속에서 무의식적으로 잠자면서 직관적
··· 괴테의 『파우스트』 2부와 직관
··· 직관적 의지, 형상적 인식에 대한 영감적 감성의 관계

여섯 번째 강의

1919년 8월 27일, 슈투트가르트

지금까지는 어린이 교육을 위해서 필수적으로 알아야 하는 한도 내에서 인간을 영적인 관점에서 파악해 보고자 했습니다. 정신적, 영적 그리고 신체적인 세 가지 관점을 구별해야만 하며, 완성된 인간학을 얻기 위해서 인간을 이 세 관점으로부터 고찰하겠습니다. 일상적인 삶에서 영적인 것이 가장 가깝게 인간에게 놓여 있기 때문에 우선 영적인 고찰을 실행하는 것이 당연합니다. 인간을 파악하는 데에 있어서 그 주요 개념으로 공감과 반감을 사용하였는데, 그것이 영적인 것을 겨냥한다는 점을 여러분이 이미 간파하셨을 것입니다. 영적인 것에서 직접 신체적인 것으로 건너가기에는 적당치 않다는 사실이 곧 증명될 것입니다. 정신 과학적 고찰에 따르면 신체적인 것은 그것이 정신적인 것, 그리고 역시 영적인 것의 현시로 이해될 경우에만 파악이 가능하기 때문입니다. 그러므로 일반적으로 그려 본 이 영적인 고찰에 이제 정신적인 관점으로부터의 인간 고찰을 부가하겠습니다. 그런 다음에 비로소 오늘날 소위 말하는 인류학으로, 외적인 물체적 세계에서 드러나는 인간 존재의 고찰에 접근해 보겠습니다.

어떤 관점으로부터 인간을 합목적적으로 고찰하려면, 여러분은 항상 되풀이해서 사고 속에서 진행되는 인식 내부, 감성 내부 그리고 의지 내부의 영혼 활동의 지체로 되돌아가야만 합니다. 지금까지 우리는 사고 혹은 인식, 그리고 감성과 의지를 반감과 공감의 분위기로 조명해 보았습니다. 이 의지, 감성, 인식을 이제 일단 정신적인 관점에서 주시해 봅시다.

정신적인 관점에서도 역시 의지, 감성 그리고 사고하는 인식 간에 차이가 존재한다는 것을 발견하실 것입니다. 다음 사항을 고찰해 보십시오. 여러분이 사고하면서 인식하게 되면, ─ 형상적인 것이 우리가 개념에 도달하도록 돕기 때문에 제가 여기서 형상적으로 표현해도 된다면, ─ 사고하면서 인식할 때에 여러분은 어느 정도까지는 빛 속에 살고 있다고 느낍니다. 여러분의 자아와 함께 인식의 활동 그 내부에 존재함을 느끼고 인식합니다. 인식이라고 말해지는 그 모든 활동의 부분과 지체, 그 모든 것의 내부에 여러분의 자아가 행하는 것이 존재합니다. 다시 말씀드리자면, 여러분의 자아가 행하는 것이 인식 행위 그 안에 존재합니다. 개념적으로 표현하자면 여러분은 전적으로 빛 속에 존재하며, 완전히 의식적인 행위 안에 살고 있습니다. 인식하는 경우에 여러분이 완전히 의식적인 활동을 하지 않는다면 상당히 곤란해집니다. 어떤 판단을 내리는 동안에 여러분의 자아에 무의식적으로 어떤 것이 발생하고, 이 과정의 결과가 여러분의 판단이 된다고 느낄 수밖에 없다고 생각해 보십시오! "그 사람은 좋은 사람이다."라고 말한다고, 즉 판단을 내린다고 가정해 봅시다. 이 판단을 내리기 위해서 필요한 것, 즉 주어가 되는 '그 사람'과 술어가 되는 '좋은 사람이다.'라는 것을 의식해야만 합니다. 한 과정의 부분이 바로 여러분에게 전적으로 현존하고 있으며, 그것이 바로 여러분을 위해서 의식의 빛으로 관통됩니다. 여러분이 판단을 내리는 동안에 악마나 자연의 섭리가 '그 사람'을 '선함'과 두루 뭉실 섞어 놓은 것이라고 가정해야만 한다면, 그럴 경우에 여러분은 이 인식하는 사고 행위 속에 완전하게 의식적으로 존재하지 않을 것이며, 여러분은 그 판단에서 어떤 것과 항상 무의식 속에 존재하게 됩니다. 사고하는 의식의 경우에 그 활발한 활동 속에서 여러분이 완전한 의식을 지니고 그 안에 존재한다는 점, 그것이 바로 사고하는 의식의 본질입니다.

의지의 경우에는 그렇지 않습니다. 가장 단순한 의지인 걸어가는 것을 실행할 경우에 여러분은 사실 이 걷는다는 표상에서만 완전히 의식적입니다. 한 발자국씩 앞으로 움직여 나아가는 동안에 근육 속에서 무엇이 일어나는지, 신체의 조직 내부와 기관에서 무엇이 발생하는지 여러분은 전혀 모릅니다. 걸음을 위한 의지에 필수적인 그 모든 장치를 의식적으로 실행해야 한다면 세상에서 배워야 할 것이 얼마나 될지 한 번 생각해 보십시오! 여러분이 걷기 위해서 애쓰는 동안 소모되는 영양 성분에 대해서, 다리의 근육과 다른 신체의 근육에서 일으키는 수많은 활동에 대해서 정확하게 알아야만 합니다. 섭취한 음식물에서 얼마나 많이 소비되는지 여러분은 절대로 계산하지 않습니다. 그 모든 것이 여러분의 신체 내부에서 아주, 아주 무의식적으로 발생한다는 점은 잘 알려진 사실입니다. 의지의 경우에는 우리의 행위 속으로 끊임없이 깊은 무의식이 섞여 들어옵니다. 이는 우리가 의지의 본성을 우리 자신의 유기체에서 고찰하는 경우에만 해당되는 것이 아닙니다. 우리의 의지를 외부 세계에 연장해서 그것을 완수하는 경우에도 역시 결코 완전하게 의식의 빛으로 지배하지 않습니다.

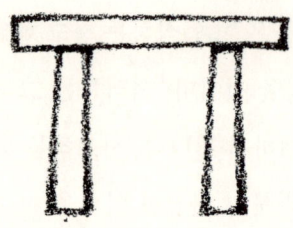

두 개의 기둥처럼 생긴 말뚝이 있다고 가정해 봅시다. 그 위에 세 번째 말뚝을 가로로 얹는다고 생각해 보십시오. 여러분이 그렇게 행한 것에서 완전히 의식적인 인식하는 행위로 살고 있는 것을 정확하게 구분해 보십시오. "그 사람은 좋은 사람이다."라는 판단을 내릴 때에 여러분은 여러분의 인식과 함께 완전히 그 활동 안에 존재합니다. 바로 그런 경우에서와 같이 말뚝을 가로로 얹는 행위에서 여러분의 완전히 의식적인 활동 안에 살고 있는 것을 구별해 보십시오.

여러분이 전혀 알지 못하지만, 그럼에도 불구하고 여러분의 전적인 의지와 관계했던 것 속에서, 인식하는 활동으로 살고 있는 것을 정확하게 구별하십시오. 왜 이 두 개의 기둥이 특정한 힘에 의해서 그 위에 놓인 들보를 떠받치고 있습니까? 이 점에 대해서 물리학은 오늘날까지 단지 가설만 세울 뿐입니다. 사람들이 왜 두 개의 말뚝이 그 위의 들보를 떠받치고 있는지 알고 있다고 믿는다면, 그것은 단지 그들의 그릇된 상상에 불과합니다. 응집력, 점착력, 인력, 반발력 등의 모든 개념들은 근본적으로 피상적인 지식을 위한 가설에 불과합니다. 실행을 하면서 우리는 외적인 가설들로 계산합니다. 들보를 떠받쳐야 할 양 기둥이 일정한 두께를 지니면 부러지지 않을 것이라는 점을 가설로 계산합니다. 그렇지만 우리가 앞으로 걸어가려고 애쓰는 경우에 우리의 움직임을 거의 통찰할 수 없는 것과 마찬가지로, 그것에 연관된 과정 전체는 투시할 수 없습니다. 그런 식으로 우리의 의지 속에 의식이 미치지 않는 요소가 섞여 들어옵니다. 의지는 넓은 의미에서 그 자체 내부에 무의식적인 것을 지니고 있습니다.

그리고 감성은 의지와 사고하는 인식의 중간에 존재합니다. 감성에 있어서도 역시 부분적으로는 의식으로, 부분적으로는 무의식으로 관통되어 있습니다. 감성 역시 이런 식으로 인식하는 사고의 특성에 관여하는 반면, 다른 한편으로는 느끼는 혹은 느껴진 의지의 특성에 관여하고 있습니다. 그렇다면 정신적인 관점에서 보면 여기에 실제로 무엇이 존재합니까?

정신적인 관점으로부터 이미 성격화한 사실을 여러분은 다음과 같은 방식으로 파악할 수 있어야만 일을 제대로 할 수 있습니다. 일상적인 삶에서 우리는 깨어 있음에 대해서, 깨어 있는 의식 상태에 대해서 말들 합니다. 그런데 사실 우리는 이 깨어 있는 의식 상태를 오직 인식하는 사고의 행위에서만 지니고 있습니다. 그러므로 인간이 어느 정도로 깨어 있는지에 대해서 아주 정확하게 거론하려면, 인간이 어떤 것에 대해서 사고하는 인식자인 한에서, 사고하는 인식자인 동안에만 그 사람이 정말로 깨어 있다고 말해야만 합니다.

그렇다면 의지는 어떤 상태에 있습니까? 여러분 모두 수면 중의 의식 상태에 대해서 알고 있습니다. 그것을 무의식 상태라고 해도 상관없습니다. 아시다시피, 우리가 잠을 자는 동안, 즉 잠이 들어서 깨어날 때까지 경험하는 것이 우리의 의식 속에 존재하지 않습니다. 무의식적인 것으로서 우리의 의지를 관통하는 것도 바로 그것과 똑같은 식입니다. 깨어 있음에도 불구하고 인간으로서 의지적인 존재인 한에서 우리는 잠을 자고 있는 것입니다. 우리는 잠들어 있는 인간을, 즉 의지적인 인간을 항상 함께 데리고 다니며, 깨어서 사고하면서 인식하는 인간이 그를 동행하는 것입니다. 의지적 존재인 한 우리는 깨어나서 잠이 들 때까지 계속해서 잠을 자고 있습니다. 우리 안에 어떤 것이 항상 잠을 자고 있는데, 그것이 말하자면 의지의 내적인 본성입니다. 수면 중에 일어나는 과정들을 우리가 의식할 수 없는 것처럼, 의지의 본성 역시 의식할 수 없습니다. 인간이 의지적 존재인 경우에 수면이 인간의 깨어 있는 상태로 활동해 들어온다는 점을 모르고는 인간을 완전히 인식할 수 없습니다.

감성은 그 중간에 존재합니다. 이제 감성 속에서 의식은 과연 어떤 상태에 있는지에 대해서 질문을 하게 됩니다. 감성은 깨어 있음과 잠의 중간에 위치합니다. 여러분의 영혼 안에 살고 있는 감성은 꿈이라고 알고 있는 것과 마찬가지입니다. 꿈은 단지 여러분이 기억할 뿐이며, 감성은 직접적으로 체험합니다. 느낌을 인지한 경우에 지니는 내면의 심신 상태와 영혼의 정서는 여러분이 꿈에 대해서 지니는 것과 전혀 다른 것이 아닙니다. 깨어 있는 동안, 사고하면서 인식하는 한 여러분은 깨어 있는 인간일 뿐만 아니라 의지적 존재인 한 잠자고 있는 인간이며, 느끼는 동안에 여러분은 역시 꿈을 꾸고 있는 것입니다. 이런 식으로 우리가 깨어 있는 동안에 이 세 가지 의식 상태가, 즉 깨어 있음은 고유한 의미에서 사고하는 인식 속에서, 꿈은 감성 속에서 그리고 잠은 의지 속에서 실제로 우리를 범람합니다. 일상적으로 꿈이 없는 잠은 정신적인 관점에서 보자면, 인간이 평상적인 일과의 수행에 자신의 의지를 완전히 몰입하는 것과 마찬가지로, 영혼 존재 전체로 잠에 몰두하는 것과 완전히 동일한 것입니다. 실제로 잠을 자는 동안에 우리는 우리의 영혼 존재 전체로 잠을 자고 있는 것이며, 깨어 있는 동안에는 단지 우리의 의지만 잠을 자고 있다는 것이 그 차이일 뿐입니다. 일상적인 삶에서 말하는 꿈이라는 것은 우리 전체가 꿈이라고 말하는 그 영혼 상태에 몰두하는 것이며, 깨어 있는 동안 우리는 느끼는 인간으로서만 이 꿈과 같은 영혼 상태에 몰두하는 것입니다.

교육적인 견지에서 사실을 이런 식으로 주시해 보면, 의식의 깨어 있음에 관련해서 어린이들은 다른 상태에 있다는 점이 전혀 놀라운 사실이 아님을 알게 됩니다. 선천적으로 감성 생활이 우세한 어린이는 몽상적입니다. 즉 어린 시절에 완전한 사고가 아직 깨어나지 않은 경우에 그 어린이는 쉽게 몽상적인 성격을 지니는 것입니다. 이 점이, 그런 어린이에게 강한 감성으로 영향을 미쳐야 할 이유를 제시합니다. 그러면 여러분은 이 강한 감성이 그 어린이에게 밝은 인식을 깨울 것이라고 기대를 할 수 있습니다. 삶의 리듬에 의하면 모든 수면은 어느 정도의 시간이 지나면 깨어나려는 경향을 지니기 때문입니다.

감성 생활 속에 몽상적인 것을 품어 키우는 아이들에게 강한 감성으로 접근하게 되면, 어린이 내부로 전치된 이 강한 감성이 일정 시간이 지난 후에 저절로 사고로 깨어나게 됩니다. 좀 더 안으로 짓누르는 듯한 경향을 지녀서 감성 생활에 대해서조차 무딘 아이들은 강한 의지적 경향을 지닌다는 점을 보시게 됩니다. 이 점을 염두에 두신다면, 어린이의 삶에서 존재하는 몇 가지 수수께끼를 여러분은 인식하면서 당면할 수 있습니다. 여러분이 학교에서 완전히 우둔해 보이는 아이를 만날 수 있습니다. 그 경우에 즉시 "그 멍청한 아이, 저능한 녀석"이라고 판단을 내리고, 그런 아이를 실험적 심리학으로 조사하고 기억력 시험과 심리학적 교육학의 실험실에서 오늘날 이미 행해지고 있는 모든 것을 실시한 다음에 전반적으로 둔감한 경향을 지닌 아이는 정신박약아 학교에 가야 한다든지 혹은 오늘날 애호되는 특수 장애 학교에 보내야 한다고 말씀하신다면, 그런 판단으로는 어린이의 본성에 접근할 수 없습니다. 이런 아이는 선천적으로 아주 강한 의지를 지녔을지도 모르고, 필시 후일의 삶에서 담즙질의 성격으로 인해 단호하게 행위를 하는 사람이 될지도 모르는 일입니다. 그러나 의지는 우선 수면 상태에 있습니다. 이 어린이들의 경우에 사고하는 인식이 나중에 비로소 드러날 것이라고 판단된다면, 역시 그에 알맞은 방식으로 다루어야 하며, 그렇게 함으로써 그 어린이가 후일에 자신의 활동을 강한 실행력으로 완수할 수 있는 자질을 기를 수 있습니다. 처음에는 정말 저능아처럼 보이는 아이가 사실은 전혀 그렇지 않을 수도 있습니다. 그런 아이들의 경우에 의지를 깨워 줄 수 있는 시각을 지녀야만 합니다. 모든 잠은 언젠가는 깨어나려는 경향을 지니고 있습니다. 그렇기 때문에 그 어린이의 깨어 있는 수면 상태에 영향을 미쳐서, 매우 강하기는 하지만 아직은 잠을 자고 있는 의지로서의 수면이 후일의 연령기에 차츰차츰 깨어날 수 있도록 해야만 합니다. 그런 아이들은 가능한 한 그들의 인식 능력이나 이해력에 근거해서 가르치기보다는, 아이가 말을 하면서 동시에 걷는 식으로 그들의 의지에 영향을 미치는 것들을 상당히 강하게 두들겨서 깨우는 방법으로 다루어야 합니다. 그런 아이들이 많지는 않겠지만, 그런 아이들을 반에서 앞으로 나오도록 해서, 다른 아이들 앞에서 한 문장을 발음하면서 각 단어를 몸의 움직임과 병행하도록 합니다. 그런 방법이 다른 아이들에게는 고무적이고 그 아이를 위해서는 형성적입니다. 예를 들어서 "그(한 걸음) 사람은(한 걸음) 좋은(한 걸음) 사람이다.(한 걸음)"라고 말입니다. 이런 식으로 여러분은 의지 안에 존재하는 전체 인간을 인식하는 지적인 인간과 연결하여서 차츰차츰 그런 아이들의 의지가 사고로 깨어나도록 도와줄 수 있습니다. 깨어 있는 인간 내부에서 다양한 의식 상태들이 깨어 있음, 꿈의 상태 그리고 잠과 관계된다는 그 인식이, 형성되어 가는 인간에 대한 우리의 과제에 관해서 진정한 인식을 제시합니다.

 여기서 이제 다음과 같은 질문을 해 볼 수 있습니다. 인간에 있어서 사실상의 중심인 자아는 이 다양한 상태와 어떤 관계에 놓여 있는가? 일단 우리가 세계, 우주라고 명명하는 것이 행위의 총계라는 속일 수 없는 사실을 선행 조건으로 세운다면 이 질문에 가장 간단하게 대답할 수 있습니다. 우리에게 행위는 기본 요소적인 삶의 다양한 영역에서 그 실체로 드러납니다. 이 기본 요소적인 삶에 힘이 관장하고 있습니다. 예를 들어서 이 삶의 힘이 우리 주변에서 발휘하고 있습니다. 기본 요소적인 힘과 삶의 힘 사이에 온기와 불이 영향을 미치는 모든 것이 발생합니다. 우리가 불에 의해서 매우 많은 것이 발생하는 환경에 놓여 있다는 점을 고려해 보십시오.

지구의 특정 지역에서, 예를 들자면 남부 이태리[7]에서는 여러분이 그저 종이 뭉치에 불을 붙이기만 해도 동시에 땅에서 엄청난 연기가 나기 시작합니다. 종이 뭉치에 불이 붙어서 생기는 온기가 그 장소의 공기를 엷게 하여 평상시에는 지구 표면의 저층에서 지배하는 힘이 위로 타오르는 연기를 따라서 바깥으로 올라오게 됩니다. 그로 인해 종이 뭉치에 불을 붙여서 땅에 던지는 순간 연기로 뒤덮이는 상태가 됩니다. 이는 나폴리 지역을 방문하는 여행객이라면 누구나 한 번은 시도해 보는 것입니다. 세상을 피상적으로 관찰하지 않으려면, 모든 곳이 힘으로 관통된 환경 속에 우리가 살고 있다고 스스로 시인해야만 한다는 점을 한 예를 통해서 제시했습니다.

그런데 온기보다 고차적인 힘이 있습니다. 그 힘도 역시 우리의 주변 환경 속에 존재합니다. 물체적인 인간으로서 세상에 돌아다니

---

7) 이태리 나폴리만의 휴화산 지역을 말함. 대지의 분기공(fumaroli)을 통해서 올라오는 유황성 증기로 인해 불을 붙이면 갑자기 불길이 증가하는 현상으로 유명하다.

는 동안 우리는 항상 그 힘을 관통하고 있습니다. 네, 일상적인 인식 속에서 우리가 전혀 모르고 있지만, 실제로 우리의 신체는 그 힘과 연결되어 있다는 것을 견딜 수 있도록 구성되어 있습니다. 그래서 우리는 신체를 지니고 세상을 살아갈 수 있는 것입니다.

인간의 진화에서 가장 어린 상태인 우리의 자아가 직접적으로 그 힘에 드러나야 한다면, 우리는 우리의 자아와 함께 이 세계의 힘을 통해서 살아갈 수 없습니다. 이 자아는 자신의 주변 속에 존재하는 것에, 그 자신 스스로도 존재하는 것에 자신을 바칠 수 없습니다. 이 자아는 세계의 힘에 스스로를 들이부어야만 하는 상황으로부터 아직은 보호되어야만 합니다. 언젠가는 자아가 스스로 세계의 힘으로 부상할 수 있을 정도로 발달될 것입니다. 그러나 지금은 아직 그런 상태가 되지 않았습니다. 그러므로 완전하게 깨어난 자아를 위해서 우리는 주변 환경인 실제의 세계가 아니라, 세계의 형상으로만 전이되어야 하는 것이 불가피합니다. 그렇기 때문에 사고하는 인식에서 우리는, 이미 영적인 시각에서 설명한 바와 같이, 단지 세계의 형상만 지닙니다.

이제 정신적인 시각으로부터 고찰해 봅시다. 사고하는 인식에서 우리는 형상 속에 살고 있습니다. 우리 인간은 현재의 진화 과정에서 출생과 죽음 사이에 완전히 깨어 있는 자아는 실제의 우주 속에서가 아니라 단지 우주의 형상 속에서만 살고 있습니다. 그러므로 우리가 깨어나면 우리의 신체가 우리에게 우선은 우주의 형상을 생성해야만 합니다. 그렇게 되면 우리의 자아가 이 우주의 형상 속에서 살게 됩니다.

신체와 영혼의 관계를 확립하기 위해서 심리학자들은 엄청난 노력을 합니다. 신체와 영혼 간의 상호 작용, 심리 물리학적인 병립설 등등, 여러 가지에 대해서 아직 논하고 있습니다. 이 모든 것들은 근본적으로 보아서 유아적인 개념에 불과합니다. 영혼과 신체 사이의 과정은 다음과 같기 때문입니다. 자아가 아침에 깨어나는 상태로 전이하게 되면, 그것은 신체의 물리적인 과정이 아니라, 외부의 과정에 의해서 신체의 가장 깊은 내면에 이르기까지 생성되는 형상의 세계로 들어서는 것입니다. 이로 인해서 자아에 사고하는 인식이 전달됩니다.

감성의 경우에는 사실이 다릅니다. 감성에서는 자아가 단순히 형상으로만이 아니라 실제의 신체로 틈입(闖入)합니다. 그러나 이 틈입이 완전히 의식적이라면 — 이 점을 여러분은 영적으로 받아들이십시오. — 여러분은 문자 그대로 영적으로 연소되고 맙니다. 여러분이 사고를 하는 경우에 발생하는 것, 즉 신체가 여러분에게 만들어 주는 그 형상으로 자아와 함께 틈입하는 경우와 동일한 것이 감성에서 발생한다면 여러분은 영적으로 타버리고 맙니다. 그것은 참을 수 없는 것입니다. 감성을 의미하는 이 틈입을 여러분은 단지 꿈의 상태에서, 약화된 의식 상태에서만 체험할 수 있습니다. 감성의 경우에 여러분의 신체 속에서 실제로 발생하는 것은 단지 꿈의 상태에서만 참아 낼 수 있습니다.

의지의 경우에 일어나는 것을 여러분은 단지 수면 상태에서만 체험할 수 있습니다. 일상적인 생활에서 여러분의 의지와 함께 발생하는 모든 것을 체험해야 한다면, 그것은 정말 엄청나게 무서운 일이 될 것입니다. 이미 암시했듯이, 음식물이 유기체에 공급하는 힘이 걸어가는 동안 여러분의 다리에서 어떻게 연소되는지를 정말 체험해야 한다면, 여러분은 상상할 수 없는 고통을 겪게 될 것입니다. 그것을 전혀 체험할 수 없고, 경우에 따라서 단지 수면 상태에서 체험한다는 점은 사실 다행스러운 일입니다. 이것을 깨어 있는 상태에서 체험한다는 것은 상상할 수 없는 고통, 엄청난 아픔을 의미하기 때문입니다. 의지에서 깨어 있는 상태에 이를 수 있다면, 평상시에는 의지 속의 수면 상태에 의해서 마취되어서 잠재적으로 머무는 고통이 의식으로 들어선다고 말할 수 있습니다.

여러분께 여기서 일상적인 삶에서 깨어 있는 상태라고 명명하는 자아의 삶을 완전히 깨어 있음, 꿈꾸듯이 깨어 있음, 수면 상태의 깨어 있음을 포함하는 것이라고 성격화하는 것을 이해하실 것입니다. 자아가 일상적으로 깨어 있는 상태에서 신체 속에서 사는 동안에 실제로 경험하는 것을 성격화한다면, 이 자아는 신체 속에서 깨어 있는 동안에는 사고하는 인식 속에서 살고 있는 것입니다. 그때에 자아는 완전히 깨어 있습니다. 그러나 자아는 그 속에서 단지 형상 속에 살고 있으며, 인간이 출생과 죽음 사이의 삶에서 본인의 저서 『고차 세계의 인식으로 가는 길』에 암시한 것과 같은 수련을 하지 않게 되면, 사고하는 인식을 통해서 지속적으로 단지 형상 속에서만 살게 됩니다.

그리고 자아는 깨어나면서 역시 감성을 규정하는 과정으로 잠수합니다. 느끼면서 산다는 것은 우리가 완전히 깨어나 있지 않고 꿈을 꾸는 듯한 상태에서 깨어 있다는 것입니다. 그러면 꿈을 꾸듯이 깨어 있는 상태에서 느끼면서 겪는 것을 우리는 실제로 어떻게 경험합니까? 그것을 우리는 항상 영감, 영감으로 고취된 표상, 무의식적인 영감으로 고취된 표상이라고 부르는 것에서 실제로 체험합니다. 예술가의 감성에서 깨어 있는 의식으로 떠오르는 그 모든 것의 진원지가 거기에 있습니다. 바로 그곳에서 일단 이루어집니다. 깨어 있는 사람들에게서 종종 기묘한 착상으로 깨어난 의식 속으로 떠올라서 형상이 되는 그 모든 것 역시 그곳에서 이루어집니다.

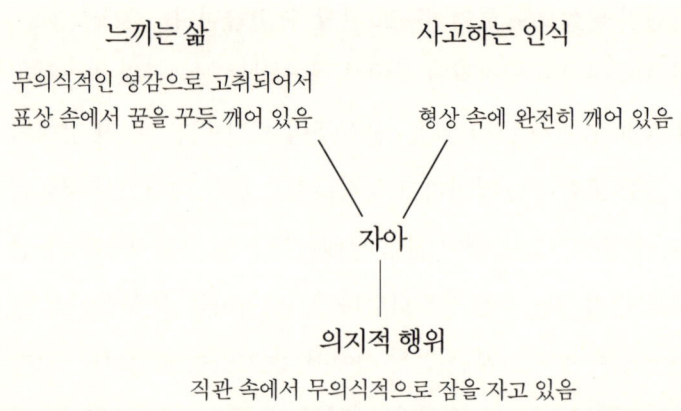

본인의 저서 『고차 세계의 인식으로 가는 길』에서 영감이라고 부르는 것은 모든 인간에게서 감성 생활의 저변에 무의식적으로 영감에서 존재하는 것이 투명하게 완전한 의식으로 부상된 체험입니다. 특별히 소질이 있는 사람들이 그들의 영감에 대해 말한다면, 그것은 사실 세계가 그들의 감성 생활 속으로 심어 준 것이 그들의 소질을 통해서 완전히 깨어난 의식 상태로 올라오도록 한 것을 언급하

는 것입니다. 사고 내용이 세계 내용인 것과 마찬가지로 그것도 역시 세계 내용입니다. 그러나 출생과 죽음 사이의 삶에서는 이 무의식적인 영감이, 우리가 단지 꿈을 꾸면서 체험할 수 있는 그런 세계 과정만 반영합니다. 그렇지 않으면 우리의 자아가 이 과정 속에서 타버리거나 문자 그대로 질식되고 맙니다. 이 질식이 비정상적인 상태에 있는 사람들에게서 가끔 시작됩니다. 여러분이 가위에 눌렸다고 생각해 보십시오. 여러분과 외부의 공기 사이에 일어나느 상태가 있습니다. 그런데 이 상호 관계에서 모든 것이 정상적이지 않은 사람의 경우에, 그 상태가 비정상적인 방식으로 다른 어떤 것으로 전이하려고 합니다. 여러분의 자아-의식으로 전이되려는 상태에서 그것이 정상적인 표상으로서가 아니라 여러분을 괴롭히는 표상으로서, 즉 가위에 눌리는 것으로 의식되는 것입니다. 가위에 눌린 상태의 비정상적인 호흡이 괴로운 것처럼, 인간이 호흡을 완전히 의식하면서 체험해야 한다면, 전반적인 호흡이 너무나 고통스러운 일이 될 것입니다. 호흡을 느끼면서 체험하겠지만, 그것은 너무나 고통스러운 일이 됩니다. 그렇기 때문에 그것이 약화되어서 신체적 과정으로서가 아니라, 단지 꿈을 꾸듯이 감성 속에서만 체험하는 것입니다.

그리고 의지에서 일어나는 것들은 이미 암시했듯이 말할 수 없이 큰 고통이 될 것입니다. 그러므로 세 번째로 말할 수 있는 것은 의지적 행위에서 자아는 잠을 자고 있다는 점입니다. 의지적 행위에서는 완전히 약화된 의식으로, 말하자면 잠을 자고 있는 의식 속에서, 무의식적인 직관 속에서 체험하는 것을 겪을 수 있을 뿐입니다. 무의식적인 직관을 인간은 항상 지니고는 있지만, 그것은 인간의 의지 속에서 살고 있습니다. 인간은 자신의 의지 속에서는 잠을 자고 있습니다. 그렇기 때문에 인간은 직관을 일상적인 삶으로 이끌어 올릴 수가 없는 것입니다. 직관은 삶의 우연한 경우에만 표면으로 부상하며, 그런 경우에 인간은 정신 세계를 아주 흐릿하게 체험하게 됩니다.

 인간의 일상적인 삶에 아주 독특한 것이 존재합니다. 사고하는 인식 속에서 완전히 깨어 있는 상태의 완전한 의식을 모두 알고 있습니다. 말하자면 우리는 의식의 투명성 속에 존재하며 그것에 대해서 분명히 알고 있습니다. 사람들이 종종 세상에 대해서 어떤 것을 사색하면서 자신들이 직관을 지니고 있다고 합니다. 사람들은 이 직관으로부터 불분명하게 느낀 것들을 이끌어 냅니다. 그 사람들이 말하는 것이 어떤 때는 매우 비정상적인 것일 수도 있지만, 그것은 무의식적으로 규정된 것일 수도 있습니다. 시인이 자신의 직관에 대해서 말한다면, 그가 직관을 그에게서 가장 가까운 곳에 존재하는 진원지에서, 즉 영감으로 고취된 감성 생활의 표상에서 직접적으로 이끌어 내는 것이 아니라, 잠을 자고 있는 의지의 영역으로부터 완전히 무의식적인 직관을 끌어올린다는 것이 전적으로 맞습니다.

 이 사실을 통찰하게 되면 삶의 표면적인 우연에서조차 깊은 법칙성을 볼 수 있습니다. 괴테의 『파우스트』 2부를 읽어 보면, 어떻게 그 이상한 시문들이 그런 양식으로 창조될 수 있었는지 근본적으로 알고 싶어집니다. 『파우스트』 2부의 대부분을 괴테는 고령에 이르러서 저술했는데, 괴테는 그의 비서 존에게 책상에 앉아 자신이 말하는 것을 받아쓰도록 했습니다. 괴테가 책상에 앉아서 스스로 써야 했다면 필경 그렇게 이상하게 연금술적인 언어가『파우스트』2부에 드러나지 않았을 것입니다. 괴테는 구술을 하는 동안 바이마르에 있는 그의 작은 방을 끊임없이 오르내렸습니다. 이 오르내림은『파우스트』2부의 구상의 한 부분에 속합니다. 괴테가 무의식적인 의지 행위를 걸어가면서 발달시키는 동안 그의 직관으로부터 어떤 것이 솟아올라서 외적인 활동으로 표현되었으며, 그것을 다른 사람을 시켜서 종이에 옮겨 적도록 한 것입니다.

신체 내부에서의 자아의 삶에 관해서 다음과 같은 방식의 도식을 만들어 보십시오.

1. 깨어 있음 - 형상적인 인식
2. 꿈꾸고 있음 - 영감으로 고취된 감성
3. 잠을 자고 있음 - 직관하는 혹은 직관된 의지

그러나 이 도식에서 여러분은 사람들이 본능적으로 언급하는 직관이 왜 그것에 좀 더 가까이 존재하는 영감으로 고취된 감성에서보다 일상의 형상적인 인식으로 더 쉽게 드러나는지에 대해서 제대로 이해할 수가 없습니다. 위의 도식은 잘못된 것이니까, 이 도식을 제대로 그리자면, 다음과 같은 방식으로 그려 보면 사실을 쉽게 이해할 수 있습니다. 화살표 1의 방향으로 형상적인 인식이 영감으로 내려가서, 그것이 직관에서(화살표 2) 다시 올라옵니다. 그러나 화살

표 1로 암시된 이 인식은 신체 내부로 내려갑니다. 이제 주의 깊게 관찰해 보십시오. 우선 아주 조용하게 앉거나 서서 사고하는 인식에, 바깥 세상의 관찰에 집중해 보십시오. 그럴 경우에 여러분은 형상 속에서 살고 있습니다. 그 외에 자아가 그 과정에서 체험하는 것은 신체 내부로 내려갑니다. 일단은 감성으로 그리고 의지로 내려

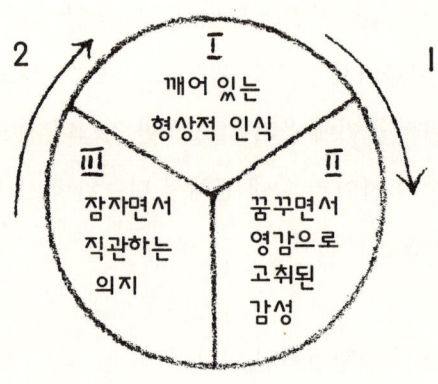

갑니다. 감성 속에 존재하는 것이 무엇인지 여러분은 고려하지 않습니다. 의지 속에 존재하는 것 역시 여러분은 일단 간과합니다. 단지 여러분이 걸어가기 시작하거나, 활동하기 시작하게 되면 외적으로 우선은 감성이 아니라 의지를 고찰합니다. 그리고 신체 내부로 다시금 올라올 때에 꿈을 꾸는 듯 영감에 고취된 감성보다는 바로 거기에서 화살표 2의 방향에서 발생하는 직관적 의지가 형상적 의식에 더 가깝게 이를 수 있습니다. 그래서 사람들이 불분명한 직관을 지니고 있다고 말하는 것을 자주 듣게 되는 것입니다. 이런 경우에는, 본인의 저서 『고차 세계의 인식으로 가는 길』에서 직관이라

고 명명되는 것이 일상적인 의식의 피상적인 직관과 혼동하고 있는 것입니다.

이제 여러분은 인간적 신체의 형상에 대해서 어떤 것을 이해하시게 됩니다. 이제 잠깐 동안 세상을 고찰하면서 걸어간다고 생각해 보십시오. 여러분의 하체가 두 발로 걸어야 하는 것이 아니고, 여러분의 머리에 다리가 직접 달려서 걸어가야 한다고 생각해 보십시오. 그렇게 되면 여러분의 세계 고찰과 여러분의 의지가 하나로 뒤섞이게 되고, 결과적으로 여러분은 잠을 자면서 갈 수 밖에 없게 됩니다. 여러분의 머리가 어깨 위에, 나머지 신체 위에 얹혀 있음으로 해서 그것이 그 위에서 쉬고 있습니다. 머리는 조용히 쉬고 있으며, 여러분이 단지 신체의 다른 부분을 움직이는 동안 머리를 떠받쳐서 나르는 것입니다. 머리는 신체 위에서 조용히 정지되어 있어야만 합니다. 그렇지 않다면 사고하는 인식을 위한 기관이 될 수 없습니다. 머리는 잠을 자는 의지를 멀리해야만 합니다. 여러분이 머리를 움직이는 순간에, 머리를 상대적인 정지 상태에서 끌어내어서 스스로 움직이게 하는 그 순간에, 잠이 들어 버릴 것이기 때문입니다. 머리는 고유한 의지를 신체가 실행토록 하며, 이 신체 속에서 머리는 흡사 마차 속에 들어앉아서 그 마차에 의해서 운반되도록 하는 것과 마찬가지입니다. 오로지 그렇게 함으로써만 머리는 마차 속에서처럼 신체라는 차량에 의해서 운반되도록 하며, 이 운반 도중에, 정지 상태에서 행동하는 동안에 인간은 깨어 있는 상태에서 활동하는 것입니다. 사실을 이렇게 비교해야만 여러분은 인간 신체의 형상을 진정으로 이해할 수 있습니다.

일곱 번째 강의 〉〉〉〉 정신적인 관점에서의 고찰
감성적 의지에서 감성적 사고로

··· 정신적 능력의 감퇴와 신체의 관계
··· 어린이의 느끼는 의지와 노인의 느끼는 사고
··· 교육의 과제: 의지로부터의 감성의 해방
··· 감각의 본성
··· 신체의 감각 영역
··· 인간의 공간적 형상에서 본 의식 상태
··· 신경과 영적-정신적인 것의 관계
··· 인간의 시간적인 것으로 본 잠과 깨어 있음, 기억과 망각

일곱 번째 강의

1919년 8월 28일, 슈투트가르트

여러분에게 중요한 과제는 인간의 본성이 실제로 무엇인지를 통찰하는 것입니다. 지금까지의 과정에서 우리는 일반적인 교육학을 통해서 인간의 본성을 우선은 영적인 관점에서, 그리고 정신적인 관점에서 파악해 보고자 했습니다. 오늘은 정신적인 관점으로부터의 고찰을 계속하겠습니다. 의심의 여지가 없이 우리는 교육학에 대한, 그리고 역시 영적인 것과 심리학적인 것에 대한 통념적인 개념들을 적용해야만 합니다. 여러분들 역시 시간이 허락된다면 흥미를 가지고 언젠가는 교육학적, 심리학적 문헌들의 가르침을 분석해야만 하기 때문입니다.

인간을 영적인 관점에서 고찰할 때에는 세계 법칙성 안에서 반감과 공감을 발견하려는 데에 그 중점을 두어야 합니다. 그러나 인간을 정신적인 관점에서 고찰하는 경우에는 의식의 상태를 발견하는 것에 그 중점을 두어야만 합니다. 어제 이미 인간 내부에서 지배하는 세 가지 의식의 상태를, 즉 완전히 깨어 있는 상태, 꿈 그리고 수면 상태를 다루었습니다. 어떻게 완전히 깨어 있는 상태가 실제로는 단지 사고하는 인식 속에서만 존재하며, 꿈은 감성 속에, 그리고 의지 속에서는 잠이 관장하는지 알아보았습니다.

모든 파악은 사실 하나를 다른 것과 연결하는 것입니다. 이 세상에서 어떤 한 가지를 다른 것에 연관시키지 않고는 아무것도 파악할 수 없습니다. 이 방법적인 의견을 미리 말씀드립니다. 인식하면서 세계와 관계를 형성함에 있어서 우리는 우선 관찰을 합니다. 일상적인 생활에서 하듯이 우리의 감각을 통해서 관찰하거나 혹은 조금 발달시켜서 형상 속에서, 영감 속에서 그리고 직관 속에서 할 수 있듯이 영혼이나 정신으로 관찰합니다. 정신적인 관찰 역시 관찰이며, 우리가 파악하는 모든 관찰을 보충하는 데에 필수적입니다. 그러나 우리가 우주 속에서, 우리의 주변 환경 속에서 하나를 다른 것과 연관시킬 때에만 파악이 가능합니다. 인간의 전체적인 삶의 과정을 주시할 때에만, 여러분은 신체, 영혼, 정신에 대한 올바른 개념을 얻게 됩니다. 제가 이제 암시하는 식으로 연관시킬 때에는 항상 가장 초기 단계만을 파악하고 얻게 된다는 점을 여러분은 반드시 고려하셔야만 합니다. 이런 식으로 얻은 개념을 여러분이 계속해서 완성시켜야만 합니다.

이제 막 세상에 태어난 아기를 관찰해 보십시오. 아기의 겉모습을, 아기의 움직임을, 삶의 표현과 울음소리를, 옹알이 등등을 관찰해 보면 여러분은 좀 더 인간의 신체에 해당하는 그림을 얻게 됩니다. 그러나 여러분은 이 인간 신체의 형상을 중년과 노년에 연관시켜야만 완성할 수 있습니다. 중년의 인간은 좀 더 영적이며, 노년에는 대부분 정신적입니다. 노년의 인간이 정신적이라는 점은 반박의 여지가 있습니다. 많은 노인들이 정신적으로 완전히 박약해지지 않느냐고 말하는 사람들이 당연히 있습니다. 나이가 든 사람이 다시 정신적 능력에서 보면 박약해진다는 주장은 특히 정신적-영적인 것에 대한 유물론자들의 반박이며, 그들은 칸트 같은 위대한 정신도 노년에는 백치처럼 되었을 것이라고 고집불통으로 설교하고 있습니다. 유물론자들의 이 이론과 사실은 정당합니다. 그렇지만 그들은 증명하려고 하는 것을 증명하지 못할 뿐입니다. 칸트 역시 죽음의 문턱에서는 그의 아동기 때보다 현명했기 때문입니다. 단지 아동기에는 그의 신체가 예지에서 오는 모든 것을 수용할 능력이 있었을 뿐이며, 그로 인해서 신체가 물체적인 삶에서 의식될 수 있었던 것입니다. 노년기에 이르면 정신이 제공하는 것을 신체가 수용할 능력이 없어집니다. 신체가 정신의 도구 역할을 더 이상 제대로 할 수가 없게 됩니다. 그래서 칸트는 노년에 그의 정신 속에 살고 있는 것을 더 이상 의식할 수가 없게 된 것입니다. 방금 특성화한 반박의 피상적인 적용성에도 불구하고, 인간이 노년기에 현명하고 정신적이 되며 정신 세계에 가까워진다는 점에 대해서 분명히 알고 계셔야만 합니다. 그러므로 고령에 이르기까지 정신을 위한 유연성과 생명력을 유지하는 노인들에게서는 정신적인 것의 성격으로 보아 그 초기 단계에 있음을 인식해야 합니다. 그런 가능성 역시 있기는 합니다.

베를린에 두 교수가 있었습니다. 그 중 한 교수는 헤겔파 철학자 미헬렛으로 이미 구십이 넘었습니다. 그는 상당히 총명해서 명예 교수가 되었지만 나이가 많이 든 당시에도 강의를 했습니다. 다른 교수는 그리스 철학 역사가였던 첼러였습니다. 첼러는 미헬렛에 비하면 청년이었지요. 겨우 칠십 세였으니까요. 그런데 그가 늙어서 너무 힘들어 한다는 둥, 더 이상 강의를 할 수 없다는 둥, 무엇보다도 자신의 강의를 제한하고 싶다는 등의 소문들이 사방에 퍼졌습니다. 미헬렛은 거기에 대해 이렇게 말했습니다. "첼러를 도무지 이해할 수가 없어. 나는 아직도 온종일 강의를 할 수 있는데, 첼러는 그 젊은 나이에 강의가 너무 힘들다고 항상 불평을 하다니……!"

보시다시피, 단지 한두 가지의 예만으로도, 여기서 말하고 있는 노년의 정신에 대한 근거들이 이미 확증된다고 여길 것입니다. 사실이 그렇습니다.

이에 반해서 중년의 인간을 관찰해 보면, 영적인 것을 관찰하기 위한 초보 단계라는 사실을 알게 됩니다. 그렇기 때문에 중년의 사람들이 영적인 것을 더욱 부인할 수 있습니다. 중년의 인간은 아주 무정하거나 혹은 활기에 가득 차 보일 수 있습니다. 영적인 것은 인간의 자유에, 그리고 역시 교육에 속하기 때문입니다. 그래서 어떤 중년의 사람이 매우 무정하다는 점은 사실 중년이 영적이라는 점을 부정하는 것은 아닙니다. 무의식적으로 발버둥을 치면서 활동하는 어린이의 신체적 성격을 평안하고 조용한 노년의 신체적 성격과 비교해 보면, 한편으로는 특히 어린이에게서 노골적으로 드러나는 신체를, 다른 한편으로는 노인에게서 특정한 의미에서 신체로서 스스로 부인하면서 물러나고 있는 그런 신체가 있습니다.

이 고찰을 영적인 것에 좀 더 적용시켜 보면, 인간이 내부에 사고하는 인식, 감성과 의지를 지니고 있다고 말할 것입니다. 어린이를 보십시오. 그러면 어린이가 우리에게 영적으로 제시하는 그 형상 안에서 의지와 감성 간의 밀접한 관계를 보게 됩니다. 어린이의 경우에 의지와 감성이 유착되었다고 말할 수 있습니다. 팔다리를 버둥거리고 내뻗칠 때에 아기는 그 순간 자신의 감성에 해당하는 바로 그 운동을 하고 있는 것입니다. 어린이는 느낌으로부터 움직임을 구분할 능력이 없습니다.

노인의 경우에는 다릅니다. 노인에게서는 반대로 드러납니다. 사고하는 인식과 감성이 유착되며, 의지가 일종의 독립적인 방식으로 드러납니다. 삶의 경로에서 감성은 우선 의지에 결합되어 있다가 삶이 흐름에 따라서 차츰차츰 의지에서 떨어져 나가는 방식으로 이루어집니다. 바로 이 점에서, 즉 의지로부터 감성을 떼어 내는 것에 우리가 교육을 통해서 다양하게 해야 할 것들이 존재합니다. 그러면 후일의 삶에서 남성이나 여성으로서 그 분리된 감성을 사고하는 인식과 연결시킬 수 있어서 살아가는 데에 손색이 없게 됩니다. 왜 우리는 노인이 삶의 경험을 말해 주는 것을 경청합니까? 삶을 통해서 노인은 자신의 개인적인 느낌을 개념과 관념에 연결했기 때문입니다. 노인은 우리에게 이론이 아니라 그가 개인적으로 느낌에 결합시킬 수 있었던 개념과 관념을 말하기 때문입니다. 자신의 느낌을 정말로 사고하는 인식에 연결한 노인의 경우에, 바로 그래서 개념과 관념들이 온기에 차 있으며, 실재로 가득 차서 구체적이고 개인적으로 들리는 것입니다. 아직 남성과 여성이라는 연령대에 머무르는 사람들의 경우에 개념과 관념들이 이론적이고 추상적이며 학문적으로 들리는 반면에 말입니다. 인간의 영적인 능력이, 어린이의 느끼는 의지에서 노년의 느끼는 사고로 발달하는 일정한 과정을 거쳐야 하는 것은 실로 인간의 삶에 속하는 것입니다. 그 사이에 인간의 삶이 존재하며, 그 사실을 심리학적으로 주시할 능력이 있어야만 이 인간적인 삶을 위해서 제대로 교육을 하게 됩니다.

이제 우리가 한 가지 주의해야 할 것은 모든 세계 관찰에서 가장 먼저 떠오르는 것, 모든 심리학 역시 세계 관찰에서 최초로 나타난다고 설명하는 것이 바로 감각이라는 점입니다. 우리 감각 중의 어떤 하나가 주변 환경과 접촉하게 되면 우리가 느끼게 됩니다. 색채, 음향, 온기, 냉기 등을 느낍니다. 주변 환경과의 상호 교류 속에 감각이 나타납니다.

통례적인 심리학에서 일반적으로 서술하는 식으로는 감각이 실제로 무엇인지에 대한 올바른 표상을 얻을 수 없습니다. 심리학은 감각에 대해서 다음과 같이 설명합니다. 즉 바깥에 특정한 물리적 과정이 발생해서 빛 에테르나 공기의 진동이 우리의 감각 기관에 흘러와서 자극한다고 합니다. 자극에 대해서 말들을 하고, 그렇게 만들어 낸 표현을 향해서 뛰어오르기는 하지만, 그것을 이해시키려고 하지는 않습니다. 그 자극이 우리의 감각 기관을 통해서 우리의 영혼 안에 감각을 불러일으킵니다. 이 감각은 물리적 과정에서, 예를 들어 청각의 경우에 공기 파장의 진동을 통해서 생기는 완전히 질적인 것입니다. 그것이 어떻게 이루어지는가에 대해서 심리학과 현재의 과학은 아직 어떤 정보도 제공할 수 없습니다. 심리학에 그렇게 쓰여 있습니다.

    이런 심리학적인 고찰을 통해서라기보다는, 감각 자체의 성질을 통찰함으로써 영혼의 힘 중에서 어떤 것이 감각에 가장 유사한지에 대한 질문의 답을 찾을 수 있다면 사실의 근사치를 이해할 수 있을 것입니다. 심리학자들은 이 사실을 대수롭지 않게 여깁니다. 그들은 감각을 아예 인식이라고 단정하면서, 우리가 우선은 감각한 다음에 지각하고, 표상을 해서 개념을 형성한다는 식으로 설명합니다. 그 과정이 우선은 그렇게 보이는 듯합니다. 단지 어느 본성이 과연 감각인지에 대해서는 전혀 고려하지 않습니다.

    자기 관찰에 비교해서 감각을 잘 통찰해 보면, 감각이 감성적인 성향을 지닌 의지적 성질이라는 것을 알게 됩니다. 감각은 우선 사고하는 인식이 아니라 느끼는 의지 혹은 의지적인 감성과 유사합니다. 현재 존재하는 수많은 심리학자들을 당연히 모두 알 수가 없기 때문에 얼마나 많은 심리학자들이 감각의 의지적 감성이나 감성적 의지와의 유사성에 대해서 무엇을 통찰하고 있는지 알 수도 없습니다. 감각이 의지와 유사하다고 말하는 것은, 정확한 설명이 아닙니다. 감각은 의지적 감성과 감성적 의지와 유사하기 때문입니다. 올바른 관찰에 아주 탁월했던 한 심리학자, 빈에 살고 있는 모리츠 베네딕트가 자신의 심리학에서 감각이 감성과 유사하다는 것을 인식했습니다.

그러나 그의 심리학은 다른 심리학자들로부터 주목을 받지 못했습니다. 그의 심리학이 약간 독특하기는 합니다. 우선은 그의 전문 분야는 범죄 인류학입니다. 그런 그가 이제 심리학에 대해서 서술합니다. 두 번째로 그는 자연 과학자인데, 교육에 있어서의 시 문학의 중요성에 대해서 설명하면서, 교육에 그것을 어떻게 적용할 수 있는지 보여 주기 위해서 심지어는 시 문학을 분석하기까지 했습니다. 약간 기묘한 일이지요. 이 심리학자는 과학자이길 바라면서 심리학자들이 시인으로부터 어떤 것을 배울 수 있다고 여기니 말입니다. 세 번째로 그는 유태인 과학자로서 심리학에 대해서 쓴 것을 하필이면 한 신부에게, 당시 빈 대학교 신학과의 가톨릭 철학자였던 라우렌츠 뮬너에게 헌사합니다. 이 세 가지 사실로 인해서 전문 심리학자들이 그를 진지한 학자로 받아들일 수가 없었습니다. 그러나 그의 심리학을 통독해 보면 참으로 적확한 착상을 하나하나 세부적인 것에서 너무나 많이 발견하게 됩니다. 심리학의 전체적인 구성과 베네딕트의 전반적인 유물론적 사고방식을 거부할 수밖에 없다고 하더라도 여러분은 그것들에서 많은 것을 얻을 수 있습니다. 이런 식으로 세상에서 최상의 것을 그것이 존재하는 곳에서 찾아야만 합니다. 한 인간이 개별적인 것에서 올바른 관찰자라면, 베네딕트의 경우에서 발견되는 그런 전체 성향에 구역질이 난다고 해서 개별적인 것에 대한 그의 탁월한 관찰을 거부할 필요는 없습니다.

감각은 말하자면 인간의 내부에 나타나는 것으로 의지적 감성 혹은 감성적 의지입니다. 그러므로 외적으로 인간의 감각 영역이 펼쳐지는 곳, ― 조야하게 표현하자면 감각 기관을 우리가 신체의 외부에 지니고 있습니다. ― 바로 그곳에 인간에 있어서 감성적인 의지, 의지적인 감성이 특정한 방식으로 존재합니다. 인간을 도식적으로 그려 보면, 인간의 외적인 표면에, ― 이 모든 것이 도식적으로 의도되고 있다는 점을 고려하시기 바랍니다. ― 감각의 영역을 지니며, 바로 거기에 의지적 감성, 감성적인 의지가 존재합니다.(165쪽 그림 참조) 이 신체 표면이 감각 영역인 한에서, 이 감성적인 의지, 의지적인 감성이 존재하는 그 표면에서 우리는 과연 무엇을 합니까? 반은 잠을 자고 있으며 반은 꿈을 꾸는 그런 활동을 합니다. 꿈꾸는 잠, 잠자는 꿈이라고 부를 수도 있습니다. 우리는 밤에만 잠을 자는 것이 아니라 우리 신체의 주변에서, 외부의 표면에서 지속적으로 잠을 자고 있습니다. 감각이 있는 영역에서 우리는 단지 잠을 자면서 꿈을 꾸거나, 꿈을 꾸면서 잠을 자기 때문에 우리는 인간으로 그 감각을 완전히 통찰할 수 없는 것입니다. 우리가 아침에 깨어날 때 꿈을 의식으로 완전히 끌어 낼 수 없는 것과 마찬가지 이유에서 역시 감각을 파악할 수 없다는 점을 심리학자들은 전혀 눈치 채지 못하고 있습니다. 보시다시피 잠과 꿈에 대한 개념은 우리가 일상생활에서 적용하는 것과는 완전히 다른 의미를 또한 지니고 있습니다. 일상생활에서 잠에 대한 인식이란, 밤이 되면 잠자리에 들어서 잠이 든다는 정도에 그칩니다. 잠이 훨씬 더 널리 퍼져 있다는 것, 우리의 신체 표면에서 끊임없이 행해지고 있다는 것을 전혀 모르고 있습니다. 단지 신체 표면에서는 꿈이 잠 속으로 끊임없이 섞여 들 뿐입니다. 이 '꿈들'이 바로 이해와 사고하는 인식으로 파악되기 전의 감각 기관의 감각입니다.

어린이의 경우에도 역시 의지 영역과 감성 영역을 그들의 감각 기관에서 찾아야만 합니다. 그렇기 때문에 우리가 아이를 지적으로 교육할 때에 의지에도 역시 지속적으로 영향을 미쳐야 한다고 그렇게 열심히 강조를 하는 것입니다. 어린이가 숙지해야만 하는 것, 지각해야만 하는 그 모든 것 속에서 우리는 의지와 감성을 육성해야만 하기 때문입니다. 그렇지 않으면 우리는 실제로 어린이의 감각을 부인하게 됩니다. 삶의 후반기에 이른 사람, 즉 노인에게나 감각은 이미 변형된 것이라고 파악할 수 있고, 또 우리는 그런 식으로 그에게 말할 수 있습니다. 노인의 경우에는 감각이 감성적인 의지에서 감성적인 사고 혹은 사고하는 감성으로 이미 전이되었습니다. 즉 감각이 이미 다른 어떤 것이 되어 버린 상태입니다. 감각이 좀 더 사고의 성격을 띠며 부산한 의지적 성격이 없이 훨씬 평온해집니다. 노인의 경우에 비로소 감각이 개념에, 관념의 성격에 접근했다고 말할 수 있습니다.

감각 속의 이 미묘한 차이를 심리학자들은 구분하지 않습니다. 그들에게는 감각은 그저 감각이기 때문에 노인의 감각이나 아이의 감각이나 마찬가지인 것으로 여깁니다. 이는 면도칼을 보고 말하기를 칼은 모두 다 칼이고 면도칼도 칼이니까 그것으로 고기를 썰 수 있다는 것과 유사한 논리입니다. 이는 단어의 설명에서 개념을 얻는 것입니다. 그러나 절대로 그래서는 안 되며 사실로부터 개념을 취해야 합니다. 느낌에서 우리는 그것이 역시 살아 있으며, 삶 속에서 발달을 거치며, 어린이의 경우에 그것은 의지적 성격을, 노인의 경우에 좀 더 이성적이고 지적인 성격을 띤다는 것을 발견할 수 있습니다. 당연히 모든 것을 말로 설명하는 것이 더 쉽기 때문에 그렇게 많은 언어 해석가가 존재합니다. 그런 것들이 사람에게 종종 상당한 악영향을 미칠 수도 있습니다.

한 번은 제가 잠시 헤어졌던 한 학교 친구를 만날 기회가 있었습니다. 함께 초등학교를 다닌 후에 저는 실업학교를 들어갔습니다. 그 친구는 사범학교로, 그것도 헝가리의 사범학교로 진학했는데, 당시 70년대(1870년대)에는 대단한 일이었습니다. 몇 년 후에 만나서 우리는 빛에 관한 이야기를 나누었습니다. 저는 정통 물리학에서 배울 수 있는 것, 즉 빛이 에테르 내부의 진동 등과 관련한다는 것쯤은 이미 알고 있었습니다. 적어도 그것을 빛의 원인으로 간주할 수 있었습니다. 제 동창생이 말하기를 자기네도 빛이 무엇이라는 것을 배웠는데, 빛이 바로 시각의 원인이라는 것입니다! 말장난입니다. 이렇게 개념이 단순한 단어 해석이 되고 맙니다. 제 동창생이 나중에 스스로 교사가 되어서 퇴직할 때까지 수많은 학생들을 가르쳤다는 점을 고려해 보면 학생들이 무엇을 배웠을지 상상을 할 수 있습니다. 우리는 단어를 떠나서 사물의 정신에 이르러야만 합니다. 어떤 것을 파악하고자 할 때에 우리는 당장에 단어를 생각해서는 안 되며, 실제적인 관계를 찾아내어야만 합니다. 프리츠 마우트너가 서술한 언어 역사에 관한 저서에서 '정신, Geist'이라는 단어의 근원을 찾아보고 '정신'이라는 단어가 최초에 어떻게 나타났는지를 찾아보면, 그것이 '거품, Gisch'과 '가스,

Gas'의 유사어임을 발견하게 됩니다. 이 유사성이 존재합니다. 그러나 그것을 기초로 해서 무엇인가 형성해 보려고 해도, 특별한 것이 나오질 않습니다. 그런데 바로 이 방법이 가끔은 모조되곤 합니다. 성서 연구에 이 방법이 광범위하게 모조되어 적용되었습니다. 그래서 성서가 바로 대부분의 사람들로부터, 특히 현재의 신학자들로부터 가장 심하게 오해되는 책입니다.

여기서 문제는 우리가 모든 면에서 사실에 근거해서 일을 처리한다는 점, 즉 단어의 역사에서가 아니라 어린이의 신체적 삶을 노년기의 신체적 삶과 비교함으로써 정신에 대한 개념을 얻으려고 노력해야 한다는 점입니다. 사실의 상호-연관을 통해서 우리는 신체의 개념을 얻습니다.

감각이 어린이의 경우에 의지적인 감성이나 감성적인 의지로 아직 육체의 주변에서 생성된다는 사실을, 어린이의 경우에 이 육체의 주변이 인간의 내부에 비교해서 좀 더 꿈을 꾸면서 잠을 자고 있다는 점을 알고 있어야만, 감각에 대한 실재적인 개념을 얻습니다. 그러므로 여러분은 사고하는 인식에서 깨어 있을 뿐만 아니라, 사실은 오로지 신체의 내부에서 완전히 깨어 있는 것입니다. 육체의 주변에서, 신체의 표면에서 감각은 계속해서 잠을 잡니다. 신체의 주변, 더 정확히 말하자면 신체의 표면에서 일어나는 것이 비슷한 방식으로 머릿속에서도 일어나며, 인간의 내부로 깊이 들어갈수록, 즉 근육이나 혈액과 같은 것으로 들어갈수록 더욱 강하게 일어납니다. 인간은 그 내부에서도 역시 잠을 자면서 꿈을 꿉니다. 표면에서도 인간은 잠을 자고 꿈을 꾸며, 내부로 들

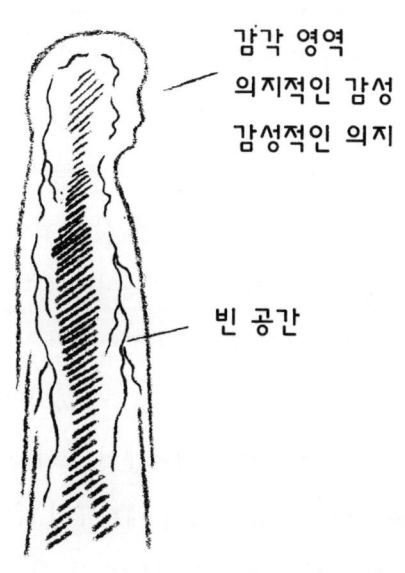

어갈수록 역시 마찬가지로 잠을 자면서 꿈을 꿉니다. 그렇기 때문에 우리의 내부에는 좀 더 영적-의지적인 감성, 감성적인 의지가 머물게 되며, 우리의 소망 등등이 꿈을 꾸는 잠 속에 존재합니다. 그렇다면 우리는 도대체 어디에서 완전히 깨어 있습니까? 우리가 완전히 깨어 있다면 그것은 바로 중간 지역에서입니다.

이제 우리는 정신적인 관점에서 출발해서, 깨어 있음과 잠을 잔다는 사실을 인간에게 공간적으로 적용하고 인간의 형상에 관련시키고 있습니다. 이런 경우에 우리는 인간이 정신적인 관점으로 보아서 출생과 죽음 사이의 삶을 살아가면서 자신의 표면과 그 내부 기관에서는 잠을 자고 있으며, 단지 중간 지역에서만 실제로 완전히 깨어 있을 수 있다고 설명할 수 있습니다. 그렇다면 이 중간 지역에서 가장 잘 발달된 기관은 무엇입니까? 특히 머릿속의 기관, 바로 우리가 신경, 신경 기관이라고 하는 것입니다. 이 신경 기관의 지선은 신체의 표면과 내면으로 뻗쳐 있습니다. 거기에 신경이 지나가며, 그 중간에 뇌, 척수 신경 그리고 복수 신경 등과 같은 중간 지역이 있습니다. 바로 그 중간 지역에서 우리는 사실 제대로 완전히 깨어 있을 수 있는 계기를 갖게 됩니다. 신경이 가장 발달된 바로 그곳에서 우리는 가장 깨어 있습니다. 그런데 신경은 정신과 아주 특이한 관계에 있습니다. 신경은 신체의 기능을 통해서 지속적으로 사멸되려는 경향을, 광물화되려는 경향을 지닌 기관 체계입니다. 살아 있는 사람에게서 그의 신경 체계를 나머지 분비선, 근육, 혈액 그리고 골격 체계에서 떼어 낼 수 있다면, — 그 골격 체계는 신경 체계에 덧붙여 둘 수도 있습니다. — 그것이 바로 살아 있는 사람 내부의 시체, 지속적으로 죽은 부분에 해당합니다. 신경 체계 내부에서 인간의 죽음이 끊임없이 진행되고 있습니다. 신경 체계는 정신적-영적인 것에 직접적인 관계가 전혀 없는 유일한 기관입니다. 피, 근육 등등은 정신적-영적인 것이 항상 직접적인 관계를 지닙니다. 단지 신경 체계만 정신적-영적인 것과 직접적으로 아무 관계도 지니지 않습니다. 신경 체계는 인간의 유기체로부터 끊임없이 스스로 소외시킴으로써만, 끊임없이 사멸하기 때문에 거기에 존재하지 않음으로써만 정신적-영적인 것과 관계합니다. 다른 부위는 살아 있고 그렇기 때문에 정신적-영적인 것에서 직접적인 관계를 형성합니다. 신경 체계는 계속해서 죽어갑니다. 인간에게 "내가 어떤 방해도 되지 않을 테니, 나의 삶이 네게 전혀 존재하지 않을 테니, 너를 발달시킬 수 있다."

라고 끊임없이 말합니다. 그것이 바로 신경의 특이성입니다. 심리학이나 생리학에서는 감각, 사고, 정신적-영적인 것을 매개하는 기관이 무조건 신경 체계라고 설명합니다. 그러나 무엇을 통해서 신경 기관이 이 매개하는 기관이 됩니까? 바로 신경 기관이 끊임없이 삶에서 빠져 나옴으로써, 사고와 감각에 어떤 장애가 되지 않음으로써, 사고와 감각에 대해서 어떤 관계도 모색하지 않음으로써, 정신적-영적인 것에 관련하여 신경이 존재했던 그곳에 인간을 비워 둠으로써 신경은 매개 기관이 되는 것입니다. 정신적-영적인 것을 위해서 신경이 있는 그곳이 바로 빈 공간이 됩니다. 그래서 정신적-영적인 것이 빈 공간이 된 그곳에 들어갈 수 있습니다. 신경이 정신적-영적인 것을 전혀 염두에 두지 않고, 생리학자와 심리학자들이 신경 체계의 활동이라고 여기는 것들을 전혀 실행하지 않는다는 점에 우리는 사실 감사해야만 합니다. 생리학자와 심리학자들의 설명대로 신경이 단 오 분만이라도 실행하게 되면, 우리는 그 오 분 안에 세상과 우리 자신에 대해서 전혀 모르게 될 것입니다. 우리는 그저 잠이 들고 맙니다. 신경이 잠을 매개하는 기관, 감성적인 의지와 의지적인 감성을 매개하는 그런 기관처럼 작용하게 되기 때문입니다.

생리학과 심리학에서 진실이라고 하는 것을 고려해 보면 오늘날의 상황이 상당히 어려운 것은 사실입니다. 사람들은 제가 세상을 뒤죽박죽으로 만든다고 항상 말들 합니다. 그러나 진실은 그들이 물구나무서기를 하고 있으며, 정신 과학을 통해서 그들을 제대로 세워야만 합니다. 심리학자들은 신경이, 특히 두뇌가 사고 기관이라고 합니다. 진실은, 두뇌와 신경 체계가 계속해서 인간의 유기체에서 자신을 소외시키기 때문에, 그로 인해서 사고하는 인식이 전개될 수 있도록 함으로써만 사고하는 인식과 관계하고 있습니다.

이제 여러분의 이해력을 완전히 집중해서 아주 정확하게 관찰할 필요가 있습니다. 감각 영역이 있는 인간의 주변에서, 끊임없이 세계 사건으로 개입되고 있는 실재적인 과정이 발생합니다. 빛이 눈을 통해서 인간에 작용한다고 가정해 봅시다. 안구 속에, 즉 감각 영역 내부에 실재의 과정이, 생리적-화학적 과정이 발생합니다. 그 과정이 인간 신체의 내부로 계속됩니다. 그 과정이 그 내부에까지(165쪽의 그림에서 어둡게 사선으로 그어진 부분) 이르러서 다시금 생리적-화학적 과정이 발생합니다. 이제 여러분이 밝게 조명된 면을 마주 보고 서 있으며, 광선이 이 밝은 면으로부터 여러분의 눈으로 쏟아진다고 생각해 보십시오. 눈 안에 생리적-화학적 과정이 발생해서 인간의 내부에 존재하는 근육-혈액 체계로 이어집니다. 그 사이에 빈 공간이 남아 있습니다. 신경 조직에 의해서 남겨진 이 빈 공간에는 눈 속에서나 인간의 내부에서와 같은 그런 독립적인 과정이 전혀 발생하지 않으며, 바로 그곳으로 외부에 존재하는 것, 즉 자연의 성질, 색채의 성질 자체 등이 들어앉게 됩니다. 우리는 감각 기관이 있는 육체의 표면에서, 눈이나 귀 혹은 온기 흡수 기관 등등에 의존적인 실재의 과정을 체험합니다. 유사한 과정이 인간의 내부에도 역시 존재합니다. 그러나 신경이 퍼져 있는 그 사이에는 그렇지 않습니다. 신경이 자리를 비우는 그곳에서 우리는 바깥에 존재하는 것과 살 수 있게 됩니다. 눈은 여러분에게 빛과 색채를 변화시킵니다. 그러나 여러분이 신경을 지니는 곳, 삶과 관계해서 여러분이 비어 있는 곳에서는 빛과 색채가 변화하지 않으며, 그곳에서 여러분은 빛과 색채와 함께 살고 있습니다. 여러분은 감각 영역에 관련해서만 외부 세계로부터 격리되어 있습니다. 그러나 내부에서 여러분은 그릇 속에서처럼 외부의 과정과 함께 살고 있습니다. 거기에서 여러분 스스로 빛이 되고, 여러분 스스로 음이 되며, 신경이 피와 근육과는 달리 전혀 방해를 하지 않기 때문에 바로 그곳에 과정이 펼쳐집니다.

그것이 과연 어떤 의미를 지니는지 이제 분명히 느낄 수 있습니다. 우리는 삶과의 관계에서 보아 우리 내부에 존재하는 빈 공간과 관련된 곳에 우리는 깨어 있습니다. 반면에 외부의 표면에서와 내부에서 잠을 자면서 꿈을 꾸고, 꿈을 꾸면서 잠을 자고 있습니다. 외부와 내부 사이에 존재하는 바로 그 지역에서만 우리는 완전히 깨어나 있습니다. 이로써 공간에 관련해서 말씀드렸습니다.

그러나 우리가 인간을 정신적인 관점에서 관찰하려면, 인간의 시간적인 것을 깨어 있음, 잠, 그리고 꿈에 관련시켜야만 합니다.

여러분이 어떤 것을 배웁니다. 그 배운 것을 수용한다는 것은 그것이 여러분의 완전히 깨어 있는 상태로 들어선다는 것입니다. 여러분이 배우느라고 바쁜 동안, 여러분이 그것에 대해서 사고하는 동안 그것은 완전히 깨어 있는 상태에서 존재합니다. 그 다음에 여러분은 완전히 다른 삶으로 갑니다. 다른 것이 흥미로워져서 여러분의 주의를 끌게 됩니다. 그전에 배웠던 것, 그전에 다루었던 것들은 그럼 이제 무엇을 합니까? 그것들은 잠이 들고, 여러분이 다시 기억해 내면 다시 깨어납니다. 심리학에서 기억과 망각이라는 것에 대한 모든 단어 놀이를 진정한 개념으로 대체하면 이 모든 것들을 제대로 파악할 수 있습니다. 기억이 무엇입니까? 그것은 표상 복합체의 깨어남입니다. 망각은 무엇입니까? 바로 표상 복합체가 잠이 든 것입니다. 여기서 여러분은 단순한 단어 해석에 그치지 않고 실재를 실제로 체험한 것이라고 할 수 있습니다. 여러분이 항상 깨어나고 잠이 드는 것을 반영하면, 여러분 스스로 잠이 드는 것을 체험하고, 타인이 잠드는 것을 지켜보면 바로 실재의 과정을 지켜보는 것입니다. 망각을, 이 내적인 영혼 활동을 어떤 단어가 아니라 사실의 과정에 연관시키고, 그 두 가지를 비교하게 되면, 망각이 단지 다른 영역에서 잠이 드는 것이고, 기억 역시 단지 다른 영역에서 깨어나는 것이라고 말할 것입니다.

실재를 실재와 비교함으로써만 정신적인 세계 파악에 이를 수 있습니다. 적어도 초기 단계에서 신체와 정신을 실제로 상호 관련지을 수 있기 위해서 아동기를 노년기에 비교하는 것처럼, 그렇게 여러분은 기억과 망각을 잠이 들고 깨어나는 사실에 관련시켜서 비교할 수 있습니다.

실재로, 사실로 들어가도록 순응하는 자세, 그것이 바로 인류의 미래를 위해서 더할 나위 없이 중요한 사실이 될 것입니다. 오늘날의 사람들은 사실에서가 아니라 오로지 단어로만 생각합니다. 우리가 기억에 대해서 말할 때에 지닐 수 있는 그 사실, 깨어

남이라는 그 사실이 오늘날의 사람들에게 무엇이 생각나게 합니까? 그 기억을 정의하기 위해서 단어의 주변에서 온갖 가능한 것들이 말해지지만, 현실에서나 사실 자체에서 그것을 발견해 낼 수 있다는 생각에는 미치지 못합니다.

그렇기 때문에 추상적인 개념에서가 아니라 전적으로 진정한 사실에서 이끌어 낸 삼지성과 같은 것을 사람들에게 전하게 되면, 그들이 사실에서 사물을 이끌어 내는 데에 전혀 익숙지 않기 때문에 우선은 삼지성과 같은 것을 이해하지 못한다는 것을 여러분은 이해하실 것입니다. 사람들은 사실에서 사물을 이끌어 내는 것에 어떤 개념도 연결하지 않습니다. 사회주의 지도자들이 그 이론에서 가장 못하는 것이 바로 사실에서 사물을 도출해 내는 것에 개념을 연결하는 것입니다. 사회주의 지도자들은 단어 논리가 얼마나 최악으로 퇴폐할 수 있는지를 보여 줍니다. 그 사람들은 사실로부터 어떤 것을 이해하고 있다고 철석같이 믿고 있습니다. 그러나 말하기 시작하면 그들은 텅 빈 말 껍데기만 뱉어 냅니다. 이것은 소위 오늘날의 시대 흐름의 본성에 관한 여담이었습니다. 그러나 교육자는 그가 살고 있는 시대 역시 파악해야 합니다. 왜냐하면, 이 시대를 넘어서서 교육하도록 맡겨지는 아이들을 이해해야만 하기 때문입니다.

여덟 번째 강의 >>>> 정신적인 관점에서의 고찰
기억과 망각, 열두 감각론

- … 기억의 과정
- … 기억력과 의지력의 교육
- … 분류와 통합적 관조를 통한 인간 본성의 이해
- … 타인을 지각함과 자신을 지각함의 차이
- … 열두 감각
  - 의지 감각: 촉각, 생명 감각, 운동 감각, 균형 감각
  - 감성 감각: 후각, 미각, 시각, 온 감각
  - 인식 감각: 자아-감각, 사고 감각, 청각, 언어 감각
- … 열두 감각을 통한 세계의 해체 – 판단을 통한 세계의 통합
- … 의식 상태(잠, 꿈, 깨어 있음)를 통한 정신 활동의 고찰
- … 삶의 상태(공감과 반감)를 통한 영혼 활동의 고찰
- … 형태 상태(구형, 기운 달 모양, 선)를 통한 신체의 고찰

여덟 번째 강의

1919년 8월 29일, 슈투트가르트

　기억과 기억력 등과 같은 것들을 외적인 관찰을 위해서 더욱 투명한 과정에, 즉 잠과 깨어남에 연관시킬 때에만 그것들을 제대로 이해할 수 있다는 점을 어제 설명했습니다. 정신적인 관념의 형성에 있어서도 역시, 알려지지 않은 것을 알고 있는 것에 더욱더 많이 접근시키는 것이 교육적 추구가 되어야만 한다는 점을 여러분이 이를 통해서 인식하게 됩니다.

　잠과 깨어남은 사실 기억과 망각보다 더욱 애매한 것이고 그래서 기억과 망각을 취급하는 데 잠과 꿈을 통해서 얻을 수 있는 것이 그렇게 많지 않다고 말할 수도 있습니다. 그럼에도 불구하고, 제대로 잠을 이루지 못해서 잃게 되는 것을 찬찬히 관찰해 보면, 망각이 기억과 제대로 된 관계를 지닐 수 없을 경우에 인간의 전반적인 영혼 생활이 얼마나 어지러울 것인지에 대한 인식을 얻게 됩니다. 일상생활에서 자아의식이 점점 더 허약해지지 않도록 하려면, 제대로 잠을 이루지 못해서 자아의식이 외부 세계의 인상과 외부 세계로부터 자아에 다가오는 모든 가능한 것들에 너무 희생되지 않게 하려면, 적당한 시간의 잠이 필수적이라는 점을 알 수 있습니다. 비교적 가벼운 수면 부족이나 불면이 어떤 상태를 초래하는지 잘 알 수 있습니다. 밤에 잠을 이루지 못했다고 가정해 보십시오. 너무 부지런해서 밤을 일에 바치느라 잠을 제대로 자지 못한 경우는 제외하겠습니다. 그 경우에는 상황이 다릅니다. 어떤 신체적인 상태라든지 모기 때문에, 간단히 말해서 영적으로 좀 더 외부로부터 여러분의 잠이 방해되었다고 가정해 봅시다. 그런 다음날, 여러분에게 인상을 남기는 것들이 평상시보다 매우 불쾌한 방식으로 접촉된다고 여길 것입니다. 여러분의 자아가 수면 부족으로 매우 민감해진 것입니다.

인간의 영적인 삶을 부당한 방식으로 다루게 되면 망각과 기억 역시 그렇게 됩니다. 그런데 언제 우리가 그런 경우에 이르게 됩니까? 우리가 기억과 망각을 자의로 조절할 수 없으면 그렇게 됩니다. 일생 동안 헤매고 다니는 성향을 지닌 사람들이 상당히 많이 있으며, 이런 성향은 이미 유아기에 드러납니다. 그런 사람은 외적인 것이 만드는 인상을 충분히 추적하는 것이 아니라 그저 잠시 몰두했다가 그냥 지나쳐 버리고 맙니다. 말하자면 자신의 자아를 통해서 그 인상을 제대로 연결하지 않습니다. 외적인 삶에 제대로 몰두하지 않고 제멋대로 올라오는 표상 속에서 헤매고 있는 것입니다. 이러저러한 것을 제대로 이해하는 데에 필요한 표상의 보물을 적당한 계기에 자의로 이끌어 올리려 하지 않고, 내부에서 솟아오르려고 하는 표상이 저절로 드러나도록 내버려 둡니다. 그러니 금세 이 표상이, 그리고 곧 다른 표상이 생겨나서 거기에 자아가 어떤 영향을 전혀 미칠 수 없습니다. 여러 면에서 많은 사람들의 영혼 상태가 그러하며, 특히 아동기에 이런 식으로 나타난다고 할 수 있습니다.

기억과 망각에 있어서 잠과 꿈이 깨어 있는 삶으로도 영향을 미친다는 점을 알고 있으면 기억과 망각을 점점 더 넓게 자의의 범위로 이끌어 갈 수 있습니다. 그러면 과연 기억이 어디에서 오는지 물어보게 되기 때문입니다. 그것은, 우리가 잠을 자고 있는 의지가 하나의 표상을 저변의 무의식 속에서 잡아서 의식으로 이끌어 올리는 것입니다. 인간의 자아와 아스트랄 체가 잠이 들어 깨어날 때까지 신체와 에테르 체를 떠나가서, 그 신체와 에테르 체를 새로운 활력으로 북돋아 주기 위해서 정신 세계에서 힘을 모으듯이, 그렇게 기억의 과정으로부터 실현되는 것은 잠자는 의지의 힘에서 오는 것입니다. 그러나 의지가 항상 잠을 자고 있기 때문에 여러분은 어린이가 자신의 의지를 적용할 수 있도록 그렇게 직접적으로 영향을 미칠 수가 없습니다. 어린이가 자신의 의지를 이용하도록 어린이에게 영향을 미치고자 한다면, 그것은 어린이가 얌전하게 잠을 자야만 아침에 일어날 때 그 얌전함을 일상생활로 가져올 수 있다고 경고하는 것과 다름이 없습니다. 그러니까 의지 속에 자고 있는 이 부분이 기억을 조절하기 위해서 직접적으로 개별적인 행위에서 정신을 차릴 것이라고 기대할 수는 없습니다. 기억을 조절하도록 매번의 행위에서 직접적으로 정신을 차릴 것이라고는 기대할 수 없지만, 한 인간이 신체적, 영적, 정신적인 생활 습관을 발달시키도록 해서 의지가 개별적인 행위에서 그렇게 활동할 수 있도록 인간을 전체적으로 교육시킬 수는 있습니다.

특별한 취급 방식을 통해서 어린이에게 예를 들어 동물의 세계에 대한 적극적인 관심을 깨운다고 가정해 봅시다. 동물의 세계에 대한 관심을 당연히 하루아침에 깨울 수는 없습니다. 동물에 대한 관심이 점차적으로 생겨서 깨어나도록 전체 수업을 구성해야 합니다. 어린이가 그런 수업을 마치게 됩니다. 그 수업이 어린이에게서 더욱더 생기 넘치는 흥미를 일깨울수록, 바로 그만큼 수업이 의지로 전이됩니다. 그리고 이 의지가 평상시에 기억을 위해서 동물의 표상이 필요할 때에 무의식으로부터, 망각으로부터 그 표상을 이끌어 올릴 수 있는 특성을 일반적으로 얻게 됩니다. 인간의 습관적인 것에, 버릇에 작용함으로써만 인간의 의지를, 그리고 그와 함께 역시 기억력을 정상적으로 발달시킬 수 있습니다. 달리 말하자면 어린이에게 강한 흥미를 일깨우는 그 모든 것이 왜 어린이의 기억력을 실질적으로 강화시키는지를 알기 위해서는 이런 식으로 통찰할 수밖에 없다고 말할 수 있습니다. 기억력은 단순히 지적인 기억 연습과 같은 것을 통해서가 아니라 감성과 의지로부터 발달시켜야만 합니다.

제가 논의한 것에서 여러분은 세상에서, 특히 인간 세상에서 어떻게 모든 것이 특정한 의미에서 분리되어 있는지, 그 분리된 것을 어떻게 다시 상호 작용시킬 수 있는지를 알게 됩니다. 영적인 것을 분리시켜서 사고 혹은 사고하는 인식, 감성과 의지로 분리시키지 않는다면, 우리는 인간을 그의 영적인 것에 대해서 전혀 이해할 수가 없습니다. 그러나 사고하는 인식, 감성과 의지가 어디에도 순수하게 분리되어서 존재하지 않으며, 이 세 부분이 상호 간에 밀접하게 합일되어서 작용합니다. 신체에 이르기까지 인간의 전반적인 본성이 이런 상태에 있습니다.

인간은 머리 부분에서 주로 머리이지만, 사실은 인간 전체가 머리라는 점을 이미 암시했습니다. 가슴 부분에서 인간은 주로 가슴이지만 사실은 인간 전체가 가슴입니다. 머리도 가슴의 성격을 한 부분으로 지니고 있으며, 인간의 사지도 그와 다를 바가 없습니다. 인간의 사지 역시 사지에서 주로 사지일 뿐 사실은 전체 인간이 사지로 역시 머리와 가슴의 성질을 한 부분으로 지니고 있습니다. 사지가 피부 호흡 등에 관여하고 있는 것과 같이 말입니다.

실재에, 특히 인간 천성의 실재에 접근하고자 한다면, 통합성 속에서 모든 체계적인 분류가 시작되어야 한다는 점을 분명히 숙지해야만 합니다. 단지 추상적인 통합성만 고려하게 되면 아무것도 알아낼 수 없습니다. 밤에는 고양이가 모두 회색으로 보이듯이 분류하지 않으면 세계가 항상 불분명하게 남아 있습니다. 그래서 모든 것을 추상적인 통합성으로 파악하는 사람에게는 세계가 막연하게만 보입니다. 그런데 단지 분류해서 나누고 모든 것을 따로따로 떼어 버리면 절대로 진정한 인식에 이를 수가 없습니다. 그렇게 되면 단지 여러 가지를 파악하기는 하지만 인식은 얻을 수 없기 때문입니다.

이런 식으로 인간 내부의 모든 것은 부분적으로는 인식하는 성질을, 부분적으로는 느끼는 성질을, 그리고 부분적으로는 의지적인 성질을 지닙니다. 인식하는 것이란 주로 인식하는 것일 뿐 감성적인 것과 의지적인 것 역시 내포하고 있습니다. 느끼는 것 역시 주로 느끼는 것이지만 인식하는 것과 의지적인 성격을 함께 지니고 있으며, 의지 역시 마찬가지입니다. 이것을 우리가 어제 감각 영역으로 성격화한 것에 적용할 수 있습니다. 제가 지금 언급할 내용을 정말로 파악하려고 원해야만 합니다. 하잘것없는 것에 신경을 쓰는 옹졸한 태도를 버리지 않으면 어제 말씀드렸던 것과는 극단적으로 모순된다는 생각이 들 것입니다. 그러나 실재는 모순으로 이루어집니다. 우리가 세상에서 모순을 통찰하지 않으면 실재를 파악할 수 없습니다.

인간은 모두 열두 감각을 지닙니다. 통례적인 과학이 단지 다섯 가지나 여섯 가지 혹은 일곱 가지의 감각을 구별해 내는 것은 그것들이 특별히 두드러지게 드러나고, 열두 감각을 완성시키는 나머지들은 별로 현저하게 드러나지 않기 때문입니다. 이미 자주 이 열두 감각에 대해서 언급했지만, 오늘 다시 한 번 여러분께 설명을 드리겠습니다. 통례적으로 청각, 온 감각, 시각, 미각, 후각, 촉각 등이 말해지는데, 그 중에서도 온 감각과 촉각은 심지어 하나로 묶어서 생각합니다. 이는 흡사 '연기'와 '먼지'가 외적으로 보아서 유사하기 때문에 하나로 여기는 것과 다를 바가 없습니다. 온 감각과 촉각이, 인간이 세상과 관계를 맺기 위한 두 가지 완전히 다른 양상이라는 점은 더 이상 언급할 여지가 없습니다. 이 감각들과 기껏해야 균형 감각을 오늘날의 심리학자들은 구별하고 있을 뿐입니다. 어떤 사람들은 거기에 다른 감각 한두 개 정도를 더 첨가하기는 하지만 감각 생리학과 감각 심리학을 완성시키지는 못합니다. 인간이 타인의 자아를 지각할 때에, 그가 시각을 통해서 색채를 지각할 경우에 주변 환경과 지니게 되는 그런 유사한 관계를 전혀 고려하지 않기 때문입니다.

오늘날 사람들은 모든 것을 뒤죽박죽 섞어서 혼동을 하는 경향이 있습니다. 자아-표상에 대해서 생각하면서 사람들은 일단 자기 자신의 영혼 존재에 대해서 생각하고, 보통 그것으로 만족합니다. 심지어는 심리학자 역시 거의 그렇게 합니다. 내가 나 자신에서 체험하는 것을 총괄함으로써 결국 '자아'로서 경험하는 것의 합계라고 표현하는 것이, 내가 한 인간을 만나서 그 인간과 관계를 맺는 양식을 통해서 그 인간을 '자아'라고 표현하는 것과 전적으로 다른 것임을 전혀 고려하지 않습니다. 그것은 완전히 다른 두 가지 정신적-영적인 활동입니다. 나의 활동을 포괄적으로 종합하여 '자아'로 요약한다면 나는 순수하게 내면적인 어떤 것을 지닙니다. 다른 한편으로, 내가 타인을 만나서 그 사람도 역시 내 자아와 같은 어떤 것이라고 그에 대한 나의 관계를 표현할 경우에는, 나와 그 타인 사이의 상호 작용 속에서 융합되는 행위를 면전에 지니는 것입니다. 그래서 나의 내부에서 나 자신의 자아를 지각하는 것은, 내가 타인을 자아로서 인식하는 경우와는 다른 것이라고 말해야 합니다. 시각에 색채 지각이, 청각에 음향 지각이 기인하는 것과 마찬가지로, 타인의 자아에 대한 지각은 자아-감각에 기인합니다. '자아-지각'의 경우에는 자아-지각 기관이 보는 경우에서와 같이 그렇게 쉽게 인식되지 않습니다. 그러나 색채를 지각하는 경우에 '본다'라는 단어를 사용하듯이 '자아한다, Ichen' 라는 단어를 타인의 자아를 지각하는 데에 사용할 수 있습니다. 색채 지각 기관은 인간 외부의 표면에 존재합니다. 자아의 지각을 위한 기관은 인간 전체에 퍼져 있으며 아주 섬세한 실체성으로 이루어져 있어서 사람들이 자아-지각 기관이라고 말하지 않는 것입니다. 이 자아-지각 기관은 내가 나 자신의 자아를 체험토록 하는 것과는 다릅니다. 자신의 자아를 체험하는 것과 타인에게서 그 사람의 자아를 지각하는 것에는 엄청난 차이가 있습니다. 타인에게서 자아를 지각하는 것은 근본적으로 인식 과정, 적어도 인식에 유사한 과정이며, 자신의 자아를 체험하는 것은 그에 반해서 의지 과정이기 때문입니다.

이제 사소한 것을 따지는 편협한 사람은 기분이 좋아서 이렇게 말할 것입니다. "당신은 지난 강의에서 말하기를 모든 지각 행위가 주로 의지 행위라고 하더니, 오늘은 자아-감각이라는 것을 만들어 내어서 그것이 주로 인식-감각이라고 하는군요." 그러나 본인이 『자유의 철학』 개정판에서 설명한 것처럼 자아-감각을 성격화해 보면, 여러분은 이 자아-감각이 실제로 상당히 복잡하게 일하고 있다는 점을 이해하실 것입니다. 그렇다면 과연 타인의 자아를 지각한다는 것은 무엇에 기인합니까? 오늘날 추상적인 철학자들은 정말 특이한 것들에 대해서 언급합니다. 타인에게서 그들의 외적인 형상을 보고 그들의 소리를 듣고 그래서 스스로를 그 타인과 같은 것으로 조망하고 그 사람의 내부에 생각하고 느끼고 원하는, 즉 영적이고 정신적인 인간이라는 존재가 자리 잡고 있다는 것을 알게 된다고 말합니다. 그렇게 유추를 통해서 결론을 내리기를 나 자신의 내부에 사고하고, 느끼고, 원하는 존재가 있듯이 다른 사람의 내부도 그렇다고 합니다. 나 자신으로부터의 유추법이 타인에게 행해지는 것입니다. 그러나 이런 유추법보다 우둔한 것은 없습니다. 한 인간과 다른 인간 사이의 상호 관계는 그 자체로서 완전히 다른 것을 포함하고 있습니다. 여러분이 어떤 사람을 대하면 다음과 같은 것이 일어납니다. 상대방을 잠깐 지각합니다. 그러면 그 사람이 여러분에게 인상을 남깁니다. 이 인상이 내부에서 여러분을 방해합니다. 여러분과 사실 동등한 존재인 그 사람이 여러분에게 마치 공격하는 듯한 인상을 준다고 느낍니다. 그 결과로 여러분은 내면적으로 방어를 합니다. 여러분은 이 공격에 대항하면서 내적으로 그 사람에게 호전적이 됩니다. 여러분의 그 호전적인 상태가 무기력하게 되고, 그 호전성이 다시 멈춥니다. 그러면 그 사람이 다시 여러분에게 인상을 줄 수 있습니다. 그렇게 함으로써 여러분의 공격력을 다시 충전할 시간을 얻게 되어서 다시 공격을 실행합니다. 여러분이 다시 무기력해지면 상대방이 여러분에게 또 다시 인상을 주는 식으로 연속됩니다. 이것이 바로 한 인간이 타인을 '자아'로 지각하면서 대면하는 경우에 성립되는 관계입니다. 상대방에 대한 헌신 – 내적인 방어, 상대방에 대한 헌신 – 내적인 방어, 즉 공감 – 반감, 공감 – 반감이 반복하는 것입니다. 여기서 저는 감성적인 삶이 아니라 지각하는 대면에 대해서 설명하고 있습니다. 거기에서는 영혼이 진동합니다. 공감 – 반감, 공감 – 반감, 공감 – 반감으로 영혼이 진동합니다. 그것을 여러분은 『자유의 철학』 개정판에서 읽을 수 있습니다.

그러나 이 경우에 또 다른 어떤 것이 있습니다. 공감이 형성되는 동안에 여러분은 타인 속으로 잠이 들고, 반감이 형성되는 동안에 여러분은 깨어난다는 것입니다. 이것은 우리가 타인을 대면하게 되면 깨어남과 잠드는 그 사이에 진동으로 아주 짧은 시간 동안에 교대됩니다. 이런 것이 실행될 수 있는 것은 바로 자아-감각 기관이 있기 때문입니다. 자아-감각 기관은 깨어 있는 상태가 아니라 잠을 자고 있는 의지 속에서 타인의 자아를 탐색하고, 잠을 자면서 실행한 그 정보를 재빠르게 인식으로, 즉 신경 조직으로 전이하도록 형성되어 있습니다. 이렇게 사실을 제대로 관찰해 보면, 타인의 지각에서 중심은 역시 의지이지만, 바로 그 의지가 깨어난 상태가 아니라 잠을 자고 있는 상태에서 전개됩니다. 우리는 타인의 자아를 지각할 때에 끊임없이 잠을 자는 순간들을 자아냅니다. 그 사이에 놓인 것이 이미 인식이며, 이 인식이 신경 조직이 살고 있는 영역으로 순식간에 밀어내지는 것입니다. 그래서 타인을 지각하는 것을 인식 과정이라고 할 수 있지만, 이 인식 과정이 사실은 잠을 자는 의지 과정의 변형이라는 점을 알아야만 합니다. 그렇게 이 감각 과정 역시 의지 과정이기는 하지만, 단지 우리가 그것을 의지 과정으로 인식하지 못할 따름입니다. 우리의 잠을 자면서 체험하는 인식을 삶에서 모두 의식하지는 않습니다.

다음 감각이 있습니다. 자아-감각과 모든 다른 감각과는 별도로 제가 사고 감각이라고 부르는 것을 고찰해 봅시다. 사고 감각은 자신의 사고를 지각하는 것이 아니라 다른 사람의 사고를 지각하기 위한 것입니다. 이 점에 대해서도 심리학자들은 역시 완전히 기이한 표상을 전개합니다. 무엇보다도 사람들은 언어와 사고의 공속성에 의해 너무 영향을 받아서 항상 언어로 사고를 수용한다고 믿습니다. 그것은 어처구니없는 생각입니다. 여러분은 음성에서와 마찬가지로 외부의 공간적인 몸짓에 존재하는 사고 역시 사고 감각으로 지각할 수 있기 때문입니다. 음성어는 단지 사고를 매개할 뿐입니다. 여러분은 사고를 그 자체로 고유한 감각을 통해서 지각할 수밖에 없습니다. 언젠가 모든 소리에 대한 오이리트미 표현이 형성되면 인간은 오직 오이리트미로 자신을 표현하여서, 여러분은 음성어를 들으면서 수용하듯이 그 오이리트미의 움직임에서 역시 사고를 읽어 낼 수 있습니다. 간단히 말하자면 사고 감각은 음향 감각에서, 음성어에서 작용하는 것과는 다르다는 것입니다. 그리고 고유한 언어-감각이 있습니다.

계속해서 청각, 온 감각, 시각, 미각, 후각 그리고 균형 감각이 있습니다. 우리가 균형을 잡고 있다는 것에 대해서 감각적인 유형의 의식을 통해서 알고 있습니다. 우리는 그런 유형의 의식을 지니고 있습니다. 특정한, 내면적인 감각적 지각을 통해서 어떻게 전후좌우에 관계하고 넘어지지 않도록 균형을 잡는지를 압니다. 우리의 균형 감각 기관이 파괴되면 쓰러지고 맙니다. 눈이 파괴될 경우에 색채와 관계할 수 없듯이 균형 감각 기관이 파괴되면 균형을 잡을 수 없게 됩니다. 균형의 지각을 위한 감각이 있듯이 우리 자신의 움직임을 위한 감각 역시 있습니다. 이 감각으로 우리가 정지 상태에 있는지 혹은 움직이고 있는지, 우리가 근육을 구부리는지 펴는지를 구분합니다. 그러니까 균형 감각 외에 운동 감각이 있으며, 거기에 더해서 가장 넓은 의미에서 우리 삶의 조화를 지각하는 생명 감각이 있습니다. 상당히 많은 사람들이 이 생명 감각에 매우 의존적이기까지 합니다. 너무 과식을 했는지, 너무 조금 먹었는지를 지각하고 그로 인해서 기분이 좋은지, 나쁜지를 느끼거나, 피곤한지 그렇지 않은지를 지각함으로써 기분이 좋은지 나쁜지를 느낍니다. 간단히 말해서 자신의 신체 상태를 지각한 것이 생명 감각에 반영됩니다. 이렇게 열두 가지의 감각표가 생깁니다. 인간은 실제로 열두 가지의 감각들을 지닙니다.

감각에서의 인식적인 것이 비밀스러운 방식으로 의지에 접촉하고 있다는 점을 우리가 알고 있기 때문에, 몇몇 감각의 인식적인 것에 대해서 옹졸한 비난을 할 가능성을 이미 제거하였으므로, 이제 이 감각들을 분류해 보겠습니다. 여기에 우선 네 가지 감각, 즉 촉각, 생명 감각, 운동 감각, 균형 감각이 있습니다. 이 감각들은 주로 의지 행위에 의해서 관철됩니다. 이 감각을 통한 지각 속으로 의지가 영향을 미칩니다. 여러분이 서 있는 상태에서 움직일 경우에 그 움직임에 대한 지각 속으로 의지가 어떻게 작용해 들어가는지 한번 느껴 보십시오! 평온한 의지가 역시 균형의 지각으로 영향을 미칩니다. 생명 감각으로는 의지가 매우 강하게 영향을 미칩니다. 촉각에도 영향을 미칩니다. 여러분이 어떤 것을 만지면 그것은 근본적으로 여러분의 의지와 환경 간의 대결이기 때문입니다. 간단히 말하자면 균형 감각, 운동 감각, 생명 감각과 촉각은 좁은 의미에서 보아 의지 감각이라고 할 수 있습니다. 촉각의 경우를 보자면, 인간이 어떤 것을 만지고 있을 때 예를 들어서 자신의 손이 움직이고 있는 것을 외적으로 볼 수 있으며, 그래서 촉각이 존재한다는 것이 분명히 그에게 드러납니다. 생명 감각, 운동 감각, 균형 감각의 경우에 그것들의 존재가 그렇게 쉽사리 드러나지 않습니다. 그러나 그것들이 특별한 의미에서 의지 감각이기 때문에, 인간이 보통 의지에서 잠을 자는 것처럼 그렇게 이 감각에서는 잠을 자고 맙니다. 대부분의 심리학에서는 이 감각들을 전혀 찾아볼 수 없습니다. 과학은 많은 것과 관련해서 외적인 인간이 잠을 자면 기분 좋게 함께 잠이 들고 말기 때문입니다.

그 다음의 감각들, 즉 후각, 미각, 시각, 온 감각은 주로 감성 감각입니다. 순진한 의식은 특히나 냄새를 맡고 맛을 보는 것에서 감성과의 유사성을 느낍니다. 시각과 온 감각을 그렇게 느끼지 않는 것에는 특별한 이유가 있습니다. 온 감각의 경우에는 그것이 감성과 매우 유사하다는 점을 고려하지 않고 촉각과 혼동합니다. 말하자면 혼합도 제대로 하지 못하면서, 그렇다고 제대로 구분하지도 못합니다. 온 감각이 단지 감성적인 것인 반면에 촉각은 사실 훨씬 더 의지적인 것입니다. 시각 역시 감성 감각이라는 것을 알아차리지 못하는 이유는 사람들이 괴테의 『색채학』에서 볼 수 있는 그런 관찰을 시도하지 않기 때문입니다. 괴테의 『색채학』은 감성에 대한 색채의 모든 유사성과 그것들이 결국은 의지의 자극으로 이어진다는 점을 분명하게 상술하고 있습니다. 그런데 왜 인간은 시각에서 사실은 주로 감성이 존재한다는 것을 거의 인지할 수 없습니까?

우리가 사물을 볼 때에 근본적으로 항상, 사물이 우리에게 색채뿐만 아니라 그 색채의 경계선 즉 선과 형태도 보여 줍니다. 채색된 것과 형태를 동시에 지각하는 경우에 거기에서 어떻게 실제로 지각하는지에 대해서 우리는 보통 주의를 기울이지 않습니다. 채색된 원을 지각할 때에 사람들은 색채도 보고, 원의 둥긂 즉 원형도 본다고 대충 말들 합니다. 이렇게 두 가지 완전히 상이한 것들이 뒤섞여서 혼합됩니다. 눈의 고유한 활동을 통해서, 눈의 독립적인 활동을 통해서 여러분은 우선 오직 색채만 봅니다. 원의 둥근 형태는, 여러분의 무의식 속에서 운동 감각을 이용해서 에테르 체와 아스트랄 체 안에 원 모양의 선회를 실행하고 그 다음에 그것을 인식으로 이끌어 올려서 보게 되는 것입니다. 그리고 운동 감각을 통해서 여러분이 수용한 원이 인식으로 올라오게 되면, 그 인식된 원이 비로소 지각된 색과 연결됩니다. 그러니까 여러분이 몸 전체에 퍼져 있는 운동 신경에 호소해서, 여러분의 전체적인 신체에서 형태를 이끌어 냅니다. 바로 그것을 제가 이미 언급했던 그 어떤 것으로 옷을 입힙니다. 즉 인간이 사실은 우주 속에서 기하학의 형태를 완성해서 그것을 인식으로 이끌어 올린다는 설명과 관계되는 것으로 옷을 입힙니다.

오늘날의 공인된 과학은 색채 보기와 운동 감각의 도움에 의한 형태 지각 사이에 생기는 차이를 관찰할 수 있을 정도로 섬세한 방식으로 도저히 비상할 수 없으며, 오히려 모든 것을 이리저리 혼합하고 있습니다. 그렇게 뒤죽박죽 섞어서는 미래의 교육을 할 수가 없습니다. 운동 감각을 통한 우회로에서 인간 전체가 자신의 존재와 함께 보는 행위 안으로 쏟아 붓는다는 것을 모른다면 어떻게 보는 행위를 교육할 수 있겠습니까? 그러나 이제 약간 다른 것이 나타납니다. 채색된 형태를 지각하면서 보는 행위를 관찰합니다. 이 보는 행위, 채색된 형태의 지각은 복잡한 행위입니다. 그러나 여러분이 통합적인 인간이기 때문에, 두 우회로에서 지각하는 것, 즉 눈에 의한 길과 운동 감각에 의한 길은 다시금 하나로 통합할 수 있습니다. 하나의 완전히 다른 경로에서 붉은 색을, 완전히 다른 또 하나의 경로에서 원형을 지각하지 않는다면 여러분은 그 붉은 원을 그저 둔하게 바라볼 수밖에 없습니다. 그러나 두 면으로부터, 즉 눈을 통해서 색채를, 운동 감각의 도움으로 형태를 지각하고, 이 양자를 함께 연결하도록 삶 속에서 내적으로 요구되기 때문에 여러분이 그저 막연하게 바라보지 않습니다. 거기에서 여러분은 판단을 내립니다. 이제 판단을 여러분 자신의 신체 속에 일어나는 생동하는 과정으로 파악할 수 있습니다. 그 과정은 감각이 세계를 부분적으로 분석해서 여러분에게 가져다주기 때문에 생기는 것입니다. 열두 가지 다양한 부분으로 세계가 여러분이 체험한 것을 가져다주고, 여러분은 판단 속에서 사물을 다시 함께 조립합니다. 그 개별적 부분이 개별적인 존재로 머무르려고 하지 않기 때문입니다. 원형은 운동 감각에 도착한 그런 식의 단순한 원형으로 머무르려 하지 않습니다. 색채 역시 눈에서 지각된 그런 단순한 색채로 머무르려 하지 않습니다. 사물이 여러분에게 그것들을 통합하도록 강요하며 여러분은 그것들을 연결하겠다고 내적으로 승낙을 표명합니다. 여기에서 판단 기능이 여러분 전체 인간의 한 표현이 됩니다.

　이제 여러분은 우리의 세계에 대한 관계의 더욱 깊은 의미를 통찰할 수 있습니다. 열두 감각을 지니지 않았더라면 우리는 둔감하게 주변을 들여다보기만 할 뿐 내적인 판단은 체험할 수 없을 것입니다. 우리가 열두 감각을 지니고 있기 때문에 그 분리된 것을 연결할 수 있는 가능성 역시 상당히 많이 가지고 있는 것입니다. 자아-감각이 체험하는 것을 우리는 열한 개의 다른 감각들로 연결할 수 있으며, 이것은 다른 모든 감각에도 역시 해당됩니다. 이로써 감각을 연결하기 위해서 수많은 조합 형태를 얻게 됩니다. 그러나 그 외에도 자아-감각을 사고 감각과 언어 감각 두 가지와 함께 동시에 연결하는 식으로 관계의 가능성이 무수하게 존재합니다. 여기에서 얼마나 비밀스러운 방식으로 인간이 세계와 연결되어 있는지 볼 수 있습니다. 열두 감각을 통해서 사물을 그 구성 요소로 나누고, 인간이 그 구성 요소로부터 사물을 재결합할 수 있는 입장이 될 수 있어야만 합니다. 그럼으로써 인간이 사물의 내적인 삶에 관여합니다. 그렇기 때문에 하나의 감각을 다른 감각에서와 마찬가지로 균등하게 육성함으로써 많은 것들이 발달되도록 인간을 교육하는 것이 얼마나 중요한지를 이해하게 됩니다. 그래야만 아주 의식적이고 체계적으로 감각 간의, 그리고 지각 간의 관계를 찾아낼 수 있기 때문입니다.

 자아-감각, 사고 감각, 청각 그리고 언어 감각은 인식 감각이라는 점을 덧붙여 말씀드립니다. 이 감각들 안에서 의지는 잠을 자고 있는 의지, 그 표현에서만 인식 활동과 함께 진동하고 있는, 정말로 잠을 자고 있는 의지이기 때문입니다. 이렇게 인간의 자아-영역 속에 이미 의지, 감성, 인식이 살고 있으며, 이들은 깨어 있음과 잠의 도움으로 살고 있습니다.

 여러분이 인간의 정신을 고찰할 때에 항상 세 관점에서 관찰함으로써만 인간을 인식할 수 있다는 점을 명백히 하십시오. 정신! 정신! 정신! 이라고 아무리 말해도 전혀 소용이 없습니다. 대부분의 사람들이 정신에 대해서 말들 하지만 정신으로부터 주어진 것을 취급할 줄은 모릅니다. 의식 상태를 다루어야만 정신을 제대로 취급할 수 있습니다. 정신은 깨어 있음, 잠 그리고 꿈과 같은 의식 상태를 통해서만 파악될 수 있습니다. 영적인 것은 공감과 반감, 다시 말해서 삶의 상태를 통해서 파악됩니다. 영혼은 심지어 끊임없이 무의식 속에서 그렇게 하고 있습니다. 우리는 사실 영혼을 아스트랄 체 속에 지니고 있으며, 삶은 에테르 체 속에 존재합니다. 이 양자 사이에 내면에서 끊임없는 교류가 이루어져서 영적인 것이 저절로 에테르 체의 삶의 상태 속으로 드러나게 됩니다. 그리고 신체는 형태의 상태를 통해서 지각됩니다. 제가 어제 머리를 위해서 공 모양을, 몸통을 위해서는 기운 달의 모양을, 사지를 위해서는 선의 형태를 인용하였습니다. 인간 신체에 대한 진정한 형태학에 대해서 좀 더 말씀드릴 기회가 있을 것입니다. 정신이 어떻게 의식 상태 속에서 드러나는지를 묘사하지 않고는 우리가 정신에 대해서 올바르게 말할 수 없습니다. 영혼이 공감과 반감 사이에서 어떻게 드러나는지 보여 주지 않으면 영혼에 대해서 제대로 말할 수 없습니다. 그리고 신체를 그 진정한 형태에서 파악하지 않고는 신체에 대해서 올바르게 말할 수 없습니다. 이에 대해서 내일 다시 계속해서 말씀드리겠습니다.

아홉 번째 강의 〉〉〉〉 정신적인 관점에서의 고찰
논리적 사고의 세 단계 – 결론, 판단, 개념

··· 완전히 깨어 있는 삶에서의 결론
··· 꿈꾸는 상태에서의 판단
··· 잠자는 상태에서의 개념
··· 결론 내리기를 통한 영혼 습관의 육성
··· 개념이 신체 형성에 미치는 영향
··· 유연한 개념과 경직된 개념
··· 어린이의 무의식적인 근본 정서
    세계는 도덕적이다.
    세계는 아름답다.
    세계는 진실이다.

아홉 번째 강의

1919년 8월 30일, 슈투트가르트

　성장하는 인간의 본성에 관해서, 여러분의 의지와 정서로 관철하여서 잘 발달된 앎을 지니게 되면, 여러분은 제대로 된 수업과 좋은 교육을 할 수 있을 것입니다. 성장하는 어린이에 관한 이 의지적인 앎의 결과로 나오는 것을 여러분의 내부에 깨워질 교육적인 본능을 통해서 개별적인 영역에 적용하게 될 것입니다. 그러나 이 앎 역시 완전히 실재적인 것이어야만 합니다. 이 앎은 사실 세계에 대한 진정한 인식에 근거해야만 합니다.

　인간에 관한 진정한 앎에 이르기 위해서 인간을 우선은 영적인 관점에서, 그리고 정신적인 관점에서 주시해 보았습니다. 인간을 정신적으로 이해하기 위해서 필수적으로 다양한 의식 상태를 반영해야 한다는 사실을 명백히 하고자 합니다. 우선은 적어도, 깨어 있는 상태, 꿈 그리고 잠 속에서 우리의 삶이 정신적으로 진행된다는 사실을 알고 있어야만 하며, 개별적인 삶의 표현이 완전히 깨어 있는 상태, 꿈을 꾸는 상태 혹은 잠을 자고 있는 삶의 상태로 성격화된 다는 점을 분명하게 이해해야만 합니다. 이제 차츰차츰 정신으로부터 영혼을 거쳐서 신체로 더 깊이 내려가도록 시도해 보겠습니다. 그렇게 함으로써 인간 전체를 우리 앞에 세울 수 있게 되어, 이 고찰이 결국 성장하는 어린이들의 특정한 위생학에 이를 수 있도록 하겠습니다.

수업과 교육을 위해서 우리가 삶에서 초기의 20년을 하나의 전체로서 고려한다는 점을 여러분은 잘 알고 계십니다. 이 초기의 20년과 관련된 인간의 삶이 다시금 세 부분으로 나누어진다는 점도 역시 알고 계십니다. 이갈이를 하는 시기까지 어린이는 아주 특정한 성격을 지니는데, 그것은 소위 말해서 어린이가 모방하는 존재이기를 원한다는 사실로 표현됩니다. 어린이는 주변에서 보는 모든 것을 모방하고 싶어 합니다. 7세에서 사춘기까지의 어린이는 알고, 느끼고, 원해야 하는 것을 권위에 따르면서 수용하기를 바랍니다. 이 시기에 우리는 바로 그런 어린이와 관계하게 됩니다. 그리고 사춘기에 이르러서야 비로소 자기 자신의 판단으로부터 주변 환경과 관계하려는 인간적인 열망이 생깁니다. 그러므로 초·중등학교 연령의 어린이들을 맡게 되면, 말하자면 그 존재의 내적인 본성으로부터 권위를 좇으려고 하는 바로 "그" 인간을 발달시킨다는 점을 항상 고려해야만 합니다. 바로 이 연령의 어린이에게 우리가 권위를 지킬 위치에 있지 않으면 제대로 교육을 할 수 없습니다.

이제 문제는 인간의 전반적인 삶의 활동을 역시 정신적으로 성격화하면서 조망할 수 있는가 하는 점입니다. 다양한 관점에서 특성화시킨 바와 같이 인간의 전반적인 삶의 활동은 한편으로는 인식하는 사고를, 다른 한편으로는 의지를 포괄하며, 그 사이에 감성이 존재합니다. 출생과 죽음 사이에 이 지구상에서 살아가는 인간은 인식하는 사고로 드러나는 것을 점차적으로 논리로, 즉 논리적으로 사고할 수 있는 능력을 주는 모든 것으로 관철하도록 되어 있습니다. 단지 여러분은 교사로서, 교육자로서 논리에 대해서 알고 있는 것을 스스로 배후에 지니고 있어야 합니다. 논리는 당연하게도 현저하게 과학적인 것이기 때문입니다. 그런 것으로서의 논리는 일단 그것의 전반적인 관계를 통해서만 어린이에게 가르쳐져야 합니다. 그러나 교사 스스로는 역시 논리의 핵심을 완전히 파악하고 있어야만 합니다.

우리가 논리적으로, 다시 말해서 사고하면서 인식을 하는 동안에 이 활동 속에는 항상 세 단계가 존재합니다. 그 첫 번째는, 결론이라 불리는 것이 우리의 사고하는 인식 속에 항상 존재합니다. 일상생활에서 사고는 언어로 표현됩니다. 언어의 구조를 조망해 보면, 여러분이 말하면서 끊임없이 결론을 형성하고 있다는 점을 발견합니다. 결론을 내리는 이 행위는 인간에게 있어서 가장 의식적인 것입니다. 끊임없이 결론을 말하지 않는다면 인간은 언어를 통해서 자신을 표현할 수 없게 됩니다. 끊임없이 결론을 받아들일 수 없다면, 인간은 다른 사람들이 말하는 것을 이해할 수 없게 됩니다. 학계의 논리는 통례적으로 결론을 해체합니다. 바로 그렇게 함으로써 일상생활 속에 결론이 생기는 경우에 한해서 이미 그것을 변조하고 맙니다. 학계의 논리는 우리가 개별적인 사물을 주시하는 즉시 결론을 내린다는 점을 고려하지 않습니다. 동물원에 가서 사자를 본다고 생각해 보십시오. 사자를 지각하면서 가장 먼저 무엇을 합니까? 가장 먼저 사자에서 보는 것을 의식으로 전달하고, 이 '스스로-의식으로-전달하기'를 통해서만 여러분은 사자에 대한 지각을 제대로 다룰 수 있습니다. 동물원에 가기 전에 여러분이 지금 보고 있는 사자처럼 생긴 그런 존재가 '동물'이라는 사실을 이미 배웠습니다. 삶에서 배운 것을 이미 함께 동물원으로 가지고 갑니다. 사자를 보면서 그 사자가 여러분이 동물에 대해서 배운 것과 같다는 점을 발견합니다. 이것을 여러분은 삶의 인식에서 함께 가져온 것과 연결을 하고 나서, 사자가 동물이라고 판단을 내립니다. 이 판단을 형성하게 되면 여러분은 '사자'라는 개별적인 개념을 비로소 이해하게 됩니다. 여러분은 첫 단계에서 결론을, 두 번째 단계에서는 판단을 실행하며, 마지막으로 여러분이 일상생활에서 도달하는 것이 바로 개념입니다. 이 행위를 끊임없이 행하고 있다는 점을 여러분은 당연히 모르고 있습니다. 그러나 이 행위를 하지 않는다면, 언어를 통해서 다른 사람들과 소통하도록 하는 의식적인 삶을 전혀 이끌어 갈 수 없게 됩니다. 일반적으로 인간이 가장 먼저 개념에 이른다고 믿기 마련입니다. 하지만 그것은 사실이 아닙니다. 일상생활에서 최초의 것은 결론입니다. 동물원에 가서 사자의 지각을 나머지 전반적인 경험에서 추출해 내는 것이 아니라, 그 지각을 오히려 전반적인 삶의 경험에 부가하는 것이라면, 우리가 동물원에서 실행하는 최초의 것은 결론을 내리는 것입니다. 동물원에 가서 사자를 보는 것은 단지 개별 행위이며 전체 삶에 속한다는 점을 분명히 해야 합니다. 동물원에 들어가서 사자에게 눈길을 준 그 순간부터 우리가 삶을 시작하는 것이 아닙니다. 사자를 보는 것이 그 이전에 이미 존재했던 삶에 연결되고, 이전의 삶이 그 행위 안에 작용해 들어가서 다시금 우리가 동물원에서 얻은 것을 나머지 삶으로 짊어지고 가는 것입니다. 그러나 우리가 이제 이 전체 과정을 살펴보면, 사자는 가장 먼저 무엇입니까? 그것은 가장 먼저 결론입니다. "사자는 결론이다."라고 말할 수 있습니다. 조금 후에 사자는 판단이고, 그리고 조금 더 후에 사자는 개념이 됩니다.

논리학에서 소위 말해서 좀 오래된 종류를 찾아보면 그 결론들에서 통례적으로 가장 유명한 삼단논법의 결론을, 즉 "인간은 죽는다. 카유스는 인간이다. 따라서 카유스는 죽는다."와 같은 것을 발견할 수 있습니다. 카유스는 논리학에서 널리 인용되는 인물입니다. 그런데 이 세 가지 판단을 도려내는 것, 즉 "모든 인간은 죽는다.", "카유스는 인간이다.", "따라서 카유스는 죽는다."는 것들이 실제로는 논리학 수업에서만 발생합니다. 삶 속에서는 이 세 판단이 서로 함께 엮어져서 하나가 됩니다. 삶은 끊임없이 사고하고 인식하면서 흘러가기 때문에 이 모든 세 가지 판단을 항상 동시에 실행하게 됩니다. 여러분이 '카유스'라는 인간을 대하게 되면, 그에 대해서 생각하는 그것 내부에 이미 세 판단이 내재되어 있습니다. 즉 가장 먼저 결론이 있고, 그 다음에 비로소 그 결론에 내재하는 것, 즉 "따라서 카유스는 죽는다."는 판단을 내립니다. 그리고 마지막으로 여러분이 얻는 것이 개인화된 개념, '죽는 카유스'입니다.

이제 결론, 판단, 개념이라는 이 세 가지가 인식 속에, 즉 인간의 생동하는 정신 속에 존재합니다. 그렇다면 인간의 생동하는 정신 속에서 이 세 가지는 어떤 관계에 있습니까?

결론은 오로지 인간의 생동하는 정신 속에서만 살 수 있으며, 오로지 거기에서만 건강한 삶을 유지할 수 있습니다. 다시 말하자면 결론은 그것이 완전히 깨어 있는 삶에서 실행될 경우에만 전적으로 건강한 것입니다. 곧 아시게 되겠지만, 이 점은 사실 상당히 중요합니다.

완성된 결론을 기억에 주입하려고 노력하게 되면 여러분은 어린이의 영혼을 망치고 맙니다. 제가 지금 수업을 위해서 말씀드리는 것은, 나중에 개별적으로 설명할 것과 마찬가지로 근본적으로 아주 중요한 것입니다. 발도르프 학교에서 여러분은 모든 학년에서 이미 주입식 수업을 받아 온 아이들과 만나게 됩니다. 아이들이 이미 그렇게 배워 온 그 결과를 먼저 결론, 판단, 개념 속에서 발견하실 것입니다. 모든 아이들과 새로 시작할 수 없기 때문에 아이들에게서 지식을 다시금 이끌어 내어야만 합니다. 학교를 처음부터 시작할 수 없고 1학년부터 8학년까지 한꺼번에 시작해야만 한다는 특성을 우리가 마주하고 있습니다. 그러므로 여러분은 이미 박제된 영혼을 만나게 되며, 방법론에서 초기에는 기억에서 완성된 결론을 끌어내려는 시도를 가능한 한 덜해서 어린이들을 괴롭히지 않아야 한다는 점에 각별히 유의해야만 합니다. 이 완성된 결론이 어린이의 영혼에 너무나 강하게 주입되어 있다면, 그것들을 그냥 놓아두고 어린이가 현재의 삶 속에서 결론짓기를 하면서 살아갈 수 있게 노력해야 합니다.

판단 역시 당연하게도 우선은 완전히 깨어 있는 삶에서 발달합니다. 그러나 판단은 이미 꿈을 꾸고 있는 인간 영혼의 저변으로 내려갈 수 있습니다. 결론은 절대로 꿈꾸는 영혼으로 이끌려서는 안 되며, 단지 판단만 꿈꾸는 영혼으로 끌어내릴 수 있습니다. 그러므로 세계에 대해서 판단으로 형성하는 것은 모두 꿈꾸는 영혼으로 끌려 내려갑니다.

그렇다면 이 꿈꾸는 영혼은 도대체 무엇입니까? 그것은 이미 알고 계시듯이 좀 더 감성적인 것입니다. 우리가 삶에서 판단을 내리고 그 다음에 그 판단을 간과하고 삶을 계속 살아가는 경우에 우리는 그 판단을 세상에 품고 다닙니다. 그러나 그것들을 우리의 감성 속에 품고 살아가는 것입니다. 이는 더 나아가서 판단하기가 우리 내부에서 일종의 습관이 된다는 것을 의미합니다. 여러분이 아이들에게 어떻게 판단 내리기를 가르치는지 그 방법에 따라 어린이의 영혼 습관이 형성됩니다. 이 점을 여러분은 철저하게 의식해야만 합니다. 삶에서 판단의 표현은 명제이며, 여러분이 어린이에게 말하는 모든 명제는 어린이의 영혼 습관에 하나의 원자를 더하게 되는 것이기 때문입니다. 그러므로 권위의 소유자인 교사는, 자신이 말하는 것이 어린이의 영혼에 점착한다는 사실을 항상 명심해야 합니다.

판단에서 개념에 이르게 되면, 우리가 개념으로 형성하는 것이 인간 본성의 가장 깊은 곳, 정신적으로 고찰하자면 잠을 자는 영혼으로까지 내려간다는 점을 인정해야만 합니다. 개념이 잠자는 영혼으로까지 내려가고, 이 잠자는 영혼이 바로 신체에 끊임없이 작업을 합니다. 깨어 있는 영혼은 신체에 작용하지 않습니다. 꿈꾸는 영혼은 약간만 신체에 작용해서 신체의 습관적인 몸짓에 내재하는 것을 만들어 냅니다. 그러나 잠자는 영혼은 신체의 형태로까지 영향을 미칩니다. 여러분이 개념을 형성하는 동안, 즉 여러분이 판단한 결과를 인간에게 확립하는 동안 여러분은 잠자는 영혼에까지, 달리 말해서 인간 신체의 내부에 이르기까지 영향을 미치고 있습니다. 인간의 신체를 보면 이미 태어나면서 거의 완성된 형태를 지닙니다. 그래서 영혼은 유전의 흐름을 통해서 인간에게 전해진 것을 좀 더 섬세하게 형성하는 가능성만 지닙니다. 영혼은 그것을 아주 섬세하게 형성합니다. 세상에 살아가면서 사람들을 관찰해 보면, 모두 아주 특정한 인상을 우리에게 남깁니다. 이 인상 속에 무엇이 포함되어 있습니까? 인상은 다른 것들도 있지만, 그 사람의 어린 시절에 교사와 교육자에게서 배운 모든 개념의 결과를 함유합니다. 어린이의 영혼 속으로 쏟아 부은 개념들이 성인이 된 후의 얼굴에서 바깥으로 다시 발산하는 것입니다. 잠을 자는 영혼이 사람의 인상도 역시 확립된 개념에 따라서 형성했기 때문입니다. 여기에서 교육과 수업에 관한 것이 인간에게 미치는 영향을 인식할 수 있습니다. 개념 형성을 통해서 신체에 이르기까지 인간은 그 날인을 얻게 되는 것입니다.

오늘날 가장 눈에 띄는 현상은 뚜렷하지 않은 인상을 지닌 사람들이 있다는 점입니다. 언젠가 헤르만 바르가 베를린에서 강의를 하면서 자신의 인생 경험담을 상당히 재치 있게 이야기했습니다. 라인 강변이나 에센 근처8)에서 지난 세기의 90년(1890년) 당시, 길을 가다가 공장에서 나오는 사람들을 만나게 되면 그 사람들을 따로따로 구분할 수가 없었다는 내용이었습니다. 그곳에서 만나는 사람들은 마치 복사기로 찍어 낸 듯이 한 종류의 인간으로 도저히 서로 간에 구분이 안 된다고 말했습니다. 정말 놀랄 만한 관찰입니다. 바르는 매우 중요한 다른 관찰도 역시 설명했습니다. 90년대에 베를린에서 어느 만찬회에 초대를 받았는데, 자신의 양옆에 앉은 여성들이 자신의 오른쪽과 왼쪽에 앉았다는 사실 외에는 전혀 구분할 수 없었다고 합니다. 다른 곳에 다시 초대받게 된다면 그곳에서 만나는 부인들이 어제나 그저께 함께 초대받았던 사람들인지 도저히 구분을 할 수 없는 경우가 생길 수도 있습니다.

간단히 말하자면 일정한 획일성이 인류를 채색하고 있다는 것입니다. 이 점이 바로 지나간 시대의 교육이 인간 내부에 아무것도 양성하지 않았다는 증거입니다. 교육이 전체 문화생활에 깊은 관여를 하기 때문에, 그런 사실들에서 우리 교육 제도의 변화와 관련해서 무엇이 필수적인지 배워야만 합니다. 그러므로 인간이 살아가면서 오직 한 가지 개별적인 사실만 직면하는 것이 아니라는 점에서, 인간의 개념들은 역시 무의식 속에 살고 있다고 말할 수 있습니다.

개념은 무의식 속에서 살 수 있습니다. 판단은 오로지 반무의식 속에서, 즉 꿈꾸는 삶 속에서만 판단 습관으로서 살 수 있습니다. 결론은 사실 오로지 완전히 깨어 있는 의식, 완전한 의식 속에서만 드러나야 합니다. 이는 결론에 관한 모든 것을 어린이와 논의하고

---

8) 독일의 유명한 산업 지대인 루르 지방(Ruhrgebiet)을 일컬음.

어린이들이 이미 완성된 결론들을 그저 모두 보관토록 하는 것이 아니라, 개념으로 익어 갈 것만 보관토록 하는 것에 각별히 유의해야 한다는 것을 의미합니다. 그렇게 하기 위해서는 무엇이 필수적입니까?

여러분이 개념을 형성하는데 이 개념들이 죽은 것이라고 생각해 보십시오. 그러면 여러분은 인간에게 개념의 시체를 심어 주는 것입니다. 어린이에게 죽은 개념을 새겨 넣어 주면, 그 아이의 신체 내부에 이르기까지 개념의 시체를 심어 주는 것이 됩니다. 그러면 어린이에게 가르쳐야 할 개념은 어떠해야만 합니까? 인간이 그 개념과 함께 살아갈 수 있어야만 한다면 개념은 생동적이어야 합니다. 인간은 살아야 하고, 그래서 개념 역시 함께 살 수 있어야만 합니다. 아홉 살, 열 살 먹은 아이에게 서른 살, 마흔 살 먹어서도 여전히 그대로 지니도록 규정된 개념들을 새겨 넣어 주면, 여러분이 그 아이에게 개념의 시체를 심어 주는 것입니다. 그러한 개념은 인간이 성장하는 동안 그 인간과 함께 성장하지 않기 때문입니다. 시간이 흘러감에 따라 어린이가 함께 변형시킬 수 있는 그런 개념들을 가르쳐야 합니다. 인간이 한번 얻은 것을 나중에 그대로 지니는 것이 아니라, 삶에서 변화하는 그런 개념을 어린이에게 매개해야 한다는 점을 교사는 반드시 고려해야만 합니다. 여러분이 그렇게 한다면 어린이에게 살아 있는 개념을 새겨 주게 됩니다. 그러면 언제 여러분이 죽은 개념을 새겨 넣습니까? 어린이에게 끊임없이 정의를 제시할 때에, 사자는 이러이러한 것이라고들 말하고 그것을 암기시킬 때에 여러분은 어린이에게 죽은 개념을 새겨 넣게 됩니다.

그러면 그 어린이가 서른 살이 되어서도 여러분이 가르친 그 개념을 아주 정확하게 그대로 지니고 있을 것이라고 기대할 수 있습니다. 달리 말해서 수많은 정의 내리기는 바로 살아 있는 수업의 죽음입니다. 그러면 우리가 무엇을 해야만 합니까? 수업 중에 정의를 내려서는 안 됩니다. 성격화하도록 애써야 합니다. 사물을 가능한 한 많은 관점에서 고찰하게 되면 그것이 바로 성격화하는 것입니다. 예를 들어서 동물에 대해서 오늘날 박물학에 쓰인 것을 그대로 아이에게 가르친다면 우리는 아이에게 사실 동물을 정의하는 것입니다. 수업의 모든 부분에서 동물을 다른 면으로부터, 예를 들어서 인간이 어떻게 점차적으로 동물을 알게 되었는지, 어떻게 인간의 노동에 동물을 이용하게 되었는지 등의 측면에서 성격화해야 합니다. 수업에서 해당 단계에 이르면 박물관학적으로 오징어를 설명하고 그 다음 단계가 되면 생쥐를, 그리고 인간을 차례로 설명하기보다는, 오징어, 생쥐, 인간을 병렬해서 상호 간에 연관시키는 식으로 이성적으로 준비된 수업 자체가 이미 성격화의 효과를 지닙니다. 그러면 이 관계들이 다지적이라서 하나의 정의가 아니라 특성 묘사가 생성됩니다. 올바른 수업은 처음부터 정의가 아니라 성격 묘사에 집중합니다.

    교육과 수업이 성장하는 인간 내부의 어떤 것도 죽여서는 안 되며, 인간이 메마르거나 마비되지 않고 생동적으로 머물 수 있도록 진행되어야 함을 항상 의식해야 한다는 것은 대단히 중요한 일입니다. 그러므로 여러분은 어린이에게 가르치는 유동적인 개념과 실제로 변화가 필요 없는 그런 개념들을 ─ 그런 것도 역시 있습니다. ─

세심하게 구분해야만 합니다. 이 변화가 필요없는 개념들은 어린이의 영혼 속에 일종의 골격을 만들어 줄 수 있습니다. 평생 동안 지속하는 어떤 것을 어린이에게 주어야 한다는 점 역시 신중하게 고려해야만 합니다. 삶의 개별적인 것에 대해서, 그렇게 남아 있어서는 안 되는 죽은 개념들을 어린이에게 주어서는 안 됩니다. 삶과 세계의 개별적인 것에 대해서는 어린이와 함께 유기적으로 발달하는 살아 있는 개념을 주어야만 합니다. 그러나 여러분은 그 모든 것을 인간에 연관시켜야만 합니다. 어린이의 이해 속에서 모든 것이 최종적으로 인간에 대한 관념 속에 합류되어야만 합니다. 그리고 인간에 대한 관념이 남아 있어야 합니다.'어린이에게 우화를 이야기해 주고 그것들을 인간에 적용할 때에, 박물학 시간에 오징어와 생쥐를 인간과 연관시킬 때에, 모스 전신의 경우에 접지선을 통해서 생기는 놀라운 것에 대한 느낌을 불러일으킬 때에, 여러분이 어린이에게 주는 그 모든 것들이 바로 전체 세계를 그 개별적인 것에서 인간과 연결하는 것입니다. 그것이 바로 존속할 수 있는 것입니다. 그러나 인간에 관한 개념은 차츰차츰 형성되는 것이지 그것에 대한 완성된 개념을 어린이에게 가르칠 수는 없습니다. 그것이 일단 형성되었으면, 그렇게 머무를 수 있습니다. 인간에 대해서 가능한 한 다방면으로, 가능한 한 많은 것을 내포한 관념을 후일의 삶을 위해서 어린이가 얻을 수 있다는 점은 실로 가장 아름다운 것이기도 합니다.

인간 내부에 살고 있는 것은 삶 속에서 더욱더 변화하려는 경향을 지닙니다. 경외심, 존경심에 대한 개념, 포괄적인 의미에서 기도하는 정서라고 표현할 수 있는 모든 것에 대한 개념이 지니는 것을 어린이에게 가르치십시오. 기도하는 정서로 관철된 표상이 어린이 안에서 고령에 이르기까지 생생하게 지속되며, 그 기도하는 정서의 결과가 나이가 든 다음에 타인에게 다시금 나눌 수 있는 축복의 능력으로 변화합니다. 언젠가 표현하였듯이 어린 시절에 올바르게 기도하지 않았던 사람은 나이가 들어서 진정으로 올바른 축복을 절대로 내릴 수가 없습니다. 어린 시절에 제대로 기도했다면 노인으로서 역시 강한 힘으로 올바르게 축복할 수 있습니다.

그러므로 인간의 가장 내밀한 것과 연관된 개념을 가르친다는 것은 살아 있는 개념으로 인간을 준비해 줌을 의미합니다. 그 생동적인 것이 변형과 변화를 거듭하게 됩니다. 즉 인간의 삶과 함께 스스로 변화합니다.

청소년기의 이 삼지성을 약간 다른 관점에서 한 번 고찰해 봅시다. 이갈이를 하는 시기가 될 때까지 모방하려고 하며, 사춘기에 이르기까지 어린이는 권위 아래에 머물기를 원합니다. 그 다음에 인간은 자신의 판단을 세상에 적용하기를 원합니다.

이 점을 역시 달리 표현할 수도 있습니다. 인간이 영적-정신적 세계로부터 나와서 신체를 두르게 되면, 과연 인간은 무엇을 원하게 됩니까? 정신적인 것 내부에서 겪은 과거를 물체적인 세상에서 실현하고자 합니다. 이갈이를 하기 이전에 인간은 말하자면 아직 전적으로 과거를 기준으로 삼습니다. 정신 세계에서 발달시킨 그 헌신으로 아직 가득 차 있습니다. 바로 그래서 그 시기의 어린이는 타인을 모방함으로써 주변 환경에 완전히 몰두합니다. 그렇다면 이갈이를 하기까지의 어린이에게서 아직 전적으로 무의식적인 근본 정서, 근본 자극은 과연 무엇입니까? 이 근본 정서는 사실 매우 아름다운 것으로, 잘 돌보아져야만 하는 것입니다. 전체 세계는 도덕적이라는 무의식적인 가정에서 나오는 것이 바로 그것입니다. 오늘날의 영혼들이 포괄적으로 그런 것은 아니지만, 인간이 세계에 태어나서 물체적 존재가 되면, 세계는 도덕적이라는 무의식적인 가정으로부터 출발할 수 있는 소질을 타고납니다. 그러므로 이갈이를 하는 시기까지, 그 시기를 넘어서까지도 전반적인 교육을 위해서 세계는 도덕적이라는 그 무의식적인 가정을 고려하는 것이 바람직합니다. 제가 여러분에게 이 점을 고려하여 읽을거리 두 가지를 제시하였습니다. 그 읽을거리들을 위해서 제가 이미 준비 과정을 보여드렸습니다. 그것들은 인간이 도덕적으로 성격화한다고 철저하게 가정하고 있습니다. 양치기 개, 푸줏간 개 그리고 애완견에 대한 그 읽을거리들에서 어떻게 동물의 세계 속에서 인간의 도덕이 반영될 수 있는지를 성격화하고자 했습니다. 그리고 호프만 폰 팔러슬레벤의 제비꽃에 대한 시에서 7세 이상 어린이의 삶으로까지 고루해지지 않으면서 도덕을 가져오도록, 그럼으로써 세계가 도덕적이라는 가정에 다가설 수 있도록 시도해 보았습니다. 어린이가 세계의 도덕성을 믿으며, 바로 그렇게 믿기 때문에 세상을 모방해도 좋다고 믿는 인간이라는 점에, 어린이를 바라보면서 느끼는 고귀함과 장엄함이 있습니다. 어린이는 그렇게 과거 속에 살고 있습니다. 신체적인 과거가 아니라 정신적-영적인 과거를, 출생 이전의 과거를 다양하게 현시하는 자들이 바로 어린이이기 때문입니다.

인간이 어린이로서 이갈이를 하는 시기부터 사춘기까지는 사실 지속적으로 현실에서 살고 있으며, 현재 존재하는 것에 관심을 둡니다. 초·중등학교9)의 수업과 교육은 학생들이 항상 현재에 살고자 한다는 점에 주의를 기울여야 합니다. 그렇다면 인간은 어떻게 현재에 살고 있습니까? 동물적이지 않고 인간적인 방식으로 주변 세계를 즐기는 경우에 인간은 현재에 살고 있는 것입니다. 실제로 초·중등학교의 어린이들은 수업에서 세계를 즐기고자 합니다. 그러므로 동물적이 아니라 고차적인, 인간적인 의미에서 수업이 어린이에게 일종의 즐김이 되도록 해야 하며, 어떤 반감이나 혐오감이 일어나지 않도록 해야 함을 잊지 말아야 합니다. 교육학은 이 영역에서 좋다고 여기는 온갖 것을 시도했습니다. 그러나 그것은 이 영역에서 너무 위험한 것들입니다. 수업을 기쁨과 즐거움의 원천으로 삼는 이 원칙에는 너무 쉽게 비전문성으로 빠질 위험을 지닙니다. 그렇게 되어서는 안 됩니다. 교사가 스스로 비전문성과 고루함으로부터 항상 벗어나려고 할 때에만 구제책을 강구할 수 있습니다. 그것은 교사가 예술에 대한 관계를 정말 생동적으로 가꾸려는 태도를 잊지 않음으로써만 가능합니다. 동물적이 아니고 인간적으로 세계를 즐기고자 함은 하나의 특정한 조건, 즉 세계는 아름답다는 조건

---

9) 원서의 "Volksschule"는 18세기 초반 프로이센 왕인 프리드리히 빌헬름 1세가 세운 일종의 국민 의무 교육 제도였다. 1968년의 교육 제도 개편으로 "Hauptschule"로 대체되었다. 8년제였던 "Volksschule"의 학제가 발도르프 학교에서 "8년 담임제"로, 즉 초·중등 과정을 한 담임이 맡는 방식으로 실천되고 있다. 한국의 중학교 2학년까지 이 과정에 속하므로, 이 부분을 단순하게 초등학교로 이해해서는 안 된다.

으로부터 출발하기 때문입니다. 이갈이를 하는 시기부터 사춘기까지의 어린이는 사실 세상을 아름다운 것으로 여겨도 좋다는 그 무의식적인 조건에서 출발합니다. 실물 교육을 위해서 너무나 진부하고 실용적인 관점에서 준비된 규칙들을 관찰해 보면, 그런 것들은 세상이 아름답고 그래서 수업도 아름다울 수밖에 없다고 여기는 어린이의 무의식적인 가정에 진정으로 융합될 수 없습니다. 교사가 스스로 예술적인 체험에 침잠하도록 노력하여서 바로 그 경험으로 이 시기의 수업을 예술적으로 만들어야 어린이의 그 무의식적인 가정에 융합할 수 있습니다. 작금의 교수 방법론을 읽으면서, 수업을 즐거움의 원천으로 만들고자 하는 그 좋은 발상이, 교사와 어린이 사이의 논의가 전혀 미적이지 않고 비전문적인 인상을 주기 때문에 그 정당성을 얻지 못함을 보게 되어 유감스럽기 짝이 없습니다. 오늘날 소크라테스의 방법론을 따라서 어린이들에게 실물 교육을 하는 것이 인기가 있습니다. 그러나 거기에서 어린이들에게 하는 질문은 아름다움 속에 살고 있는 성격이 아니라 아주 피상적인 실용성을 지닙니다. 그러면 범례를 아무리 많이 세워도 전혀 소용이 없습니다. 실물 교육을 위한 범례의 선택에서 이러저러한 방법을 엄수해야 한다고 교사에게 위임하는 것이 중요한 것이 아니라, 교사 스스로 자신의 삶을 예술적으로 가꿈으로써 어린이들과 논의하는 것들이 품위가 있도록 해야 한다는 것입니다.

이갈이를 하는 시기까지 어린이의 삶은 세계는 도덕적이라는 무의식적인 가정과 함께 진행됩니다. 이갈이를 하는 때부터 사춘기까지의 두 번째 연령기는 세계는 아름답다는 무의식적인 전제 조건

속에서 흘러갑니다. 그리고 사춘기와 함께 비로소 세계는 진실이라는 것을 세상에서 발견하려는 소질이 제대로 드러나기 시작합니다. 그렇기 때문에 사춘기와 함께 비로소 수업이 '과학적인' 성격을 띠도록 구성할 수 있습니다. 사춘기 이전의 수업이 단지 체계적이거나 과학적인 성격만을 띠는 것은 바람직하지 않습니다. 인간은 진실에 대한 내적이고 올바른 개념을 사춘기가 되어야 비로소 얻기 때문입니다.

이런 식으로 여러분은, 고차의 세계로부터 물체적인 세상으로 성장하는 어린이와 함께 과거가 내려와 살고 있으며, 어린이가 이같이를 하는 시기인 초·중등학교 연령 속에 현재가 살고 있으며, 그리고 그 다음에 영혼 속에 미래의 자극이 정주하는 그 연령기로 인간이 들어선다는 점을 통찰할 수 있습니다. 바로 과거, 현재, 미래가, 그 속의 삶이, 역시 성장하는 어린이 속에 박혀 있습니다.

오늘은 여기에서 마치고 내일과 모레에는 이 고찰과 함께 좀 더 실질적인 수업으로 들어가는 것들을 계속하겠습니다.

열 번째 강의 〉〉〉〉 신체적인 관점에서의 고찰
형태로 본 머리, 가슴, 사지

··· 신체로서의 머리: 완전히 가시적인 구형
··· 신체적 영적인 가슴: 부분적으로 가시적인 달 모양
··· 신체적 영적-정신적인 사지: 작은 부분만 가시적인 선
··· 변형된 척추골인 두개골
··· 뒤집어진 두개골인 관상골
··· 머리, 가슴, 사지 구형의 중심점
··· 조각, 무용, 음악 간의 관계
··· 서기 869년의 가톨릭 공의회 결정과 그 영향
··· 우주에 대한 인간 관계의 인식의 중요성
··· 예술로서의 교육학

열 번째 강의

1919년 9월 1일, 슈투트가르트

인간의 본성을 영적이고 정신적인 관점에서 논의하였습니다. 영적, 정신적 관점에서 인간을 어떻게 고찰할 수 있는지 적어도 몇 가지를 간접적으로 설명했습니다. 영적인 것, 정신적인 것 그리고 신체적인 것의 관점들을 연결함으로써, 그렇게 두 관점에서 고찰한 것들을 보충하여서 인간에 대한 온전한 조망을 얻은 후에야 외적인 신체성의 파악과 이해로 건너갈 수 있습니다.

우선은 우리에게 여러 면에서 두드러지게 나타난 점, 즉 인간이 그 존재적인 삼지성 속에 다양한 형태를 지닌다는 것을 다시 한 번 기억해 봅시다. 머리의 형태가 근본적으로 구형이며, 이 둥근 형태에 어떻게 머리의 고유한 신체적인 본성이 담겨져 있는지를 살펴보았습니다. 그 다음에 인간의 가슴 부분이 구형의 한 조각이라서 그것을 도식적으로 그리게 되면 머리는 구형으로, 가슴은 구형의 한 부분에 해당하는 초승달 모양이 된다는 것을 주시해야 합니다. 이 초승달 모양 속에 구형의 조각이, 구형의 한 부분이 들어 있다는 사실을 분명히 해야 합니다. 그러므로 인간의 가슴 부분에 해당하는 초승달 모양을 보충할 수 있다고 말하지 않을 수 없습니다. 여러분이 인간의 가슴 형태를 하나의 구형으로 고찰할 때에 단지 한 부분만 초승달 모양으로 가시적이고, 다른 부분은 보이지 않는 그런 구형으로 고찰할 때에만 인간 존재의 이 중간 부분을 제대로 인식할 수 있게 됩니다.〈211쪽 그림Ⅰ〉인간이 형태를 볼 수 있는 능력이 더 탁월했던 옛 시대에 태양을 머리에, 달을 가슴에 대응하는 것으로 말했던 것이 그렇게 부적절한 것이 아니었음을 이 사실을 통해서 알 수 있습니다. 달이 차지 않으면 단지 달의 한 조각만 보이듯이 그렇게 인간의 중간 부분인 가슴 형태에서 사실 우리는 단지 그 조각만 보는 것입니다. 이렇게 보면 인간의 머리 형태가 여기 물체적인 세계에서 비교적 완성된 것이라는 점을 알 수 있습니다. 머리 형태는 신체적으로 완성된 것으로 드러납니다. 머리 형태는 어느 정도까지는 그것이 드러내는 자체 그대로입니다. 스스로를 거의 숨기지 않습니다.

인간의 가슴 부분은 상당 부분이 숨겨져 있습니다. 가슴 부분은 자신의 존재에서 그 모습을 드러내지 않습니다. 가슴의 대부분이 보이지 않는다는 점을 인식하는 것은 인간의 본성을 파악하기 위해서 매우 중요합니다. 가슴 부분은 한쪽으로, 즉 뒤쪽으로 신체성을 우리에게 보여 주며, 앞쪽으로는 영적인 것으로 넘어가고 있다고 표현할 수 있습니다. 머리는 완전한 신체입니다. 인간의 가슴 부분은 뒤쪽으로는 신체고, 앞쪽으로는 영혼입니다. 그러므로 인간에게서 순수한 신체는 우리가 어깨 위에 머리를 조용히 얹고 있다는 점에서일 뿐입니다. 우리의 가슴을 나머지 가슴 부분에서 취해 내어서 그것을 영적인 것에 의해 충분히 완성시키고 작용토록 함으로써 신체와 영혼을 지니는 것입니다.

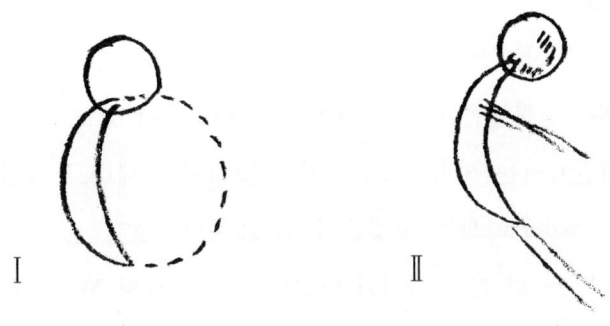

이제 인간의 이 두 지체에, 우선은 외적인 고찰을 위해서 가슴 부분에, 말하자면 지체가 삽입됩니다. 이 세 번째가 사지 인간입니다. 그러면 이 사지 인간을 실제로 어떻게 이해할 수 있습니까? 가슴 부분에서처럼 전체 구형에서 다른 부분이 남겨져 있다는 점을 주시해야만 이 사지 인간을 이해할 수 있습니다. 가슴 부분에서는 원의 외곽 중에서 한 부분이 숨겨져 있습니다. 사지에서는 구형 내부의 어떤 것이, 구형의 반경에 더 많이 숨겨져 있어서 말하자면 구형 내부의 한 부분만 사지로서 삽입되어 있습니다.

여러분에게 자주 말씀드렸듯이 한 가지를 다른 것에 단순히 도식적으로 분류해서는 일을 제대로 할 수 없습니다. 항상 한 가지를 다른 것과 함께 짜 넣어야 하며, 그 안에서 생동적인 것이 생깁니다. 사지 인간이 있고, 그 인간은 사지로 이루어졌다고 말합니다. 그러나 보시다시피 머리에도 역시 그 사지가 있습니다. 여러분이 두개골을 정확하게 관찰해 보면 두개골에 상악골과 하악골이 덧붙어 있다는 것을 발견하게 됩니다.〈211쪽 그림 Ⅱ〉그것들은 실제로 사지처럼 삽입되어 있습니다. 두개골 역시 그 지체를 지니고 있으며, 상악골과 하악골이 사지로서 두개골에 설치되어 있습니다. 그것들은 단지 두개골에서 위축되어 있을 뿐입니다. 전체 인간에서는 사지가 그 크기에 맞추어서 제대로 형성되어 있으며, 두개골에서는 그것들이 위축되어서 그저 골격 구조일 뿐입니다. 또 한 가지 차이가 있습니다. 두개골의 사지, 즉 상악골과 하악골을 잘 관찰해 보면 그 뼈대들이 효과적으로 활동한다는 것이 근본적으로 중요하다는 점을 인식하게 됩니다. 우리의 전반적인 신체에 삽입된 사지들, 즉 사지 인간의 고유한 본성을 주시해 보면, 근육과 혈관으로 된 포장 속에서 그 본질적인 것을 찾아야만 합니다. 사지에서는 말하자면 우리의 팔과 다리 그리고 손과 발을 위한 근육과 혈액 체계에 단지 뼈대가 삽입되어 있을 뿐입니다. 머리에서 사지인 상악골과 하악골에서는 근육과 혈관이 어느 정도까지는 완전히 위축되어 있습니다. 이것은 무엇을 의미합니까? 이미 말씀드렸듯이 혈액과 근육에는 의지의 유기성이 존재합니다. 그러므로 팔과 다리, 손과 발은 주로 의지를 위해서 형성된 것입니다. 주로 의지를 위해서 일하는 피와 근육이 머리의 사지 부분에서는 어느 정도까지 제거된 것입니다. 머리에서 지성이나 사고적인 인식의 경향을 지니는 것이 형성되어야 하기 때문입니다. 그러므로 세계의 의지가 외적인 신체 형태에서 어떻게 현시되는지를 연구하려면 팔과 다리, 손과 발을 연구하십시오. 세계의 지능이 어떻게 현시되는지를 알아보려면 두개골을, 뼈대 구조로서의 머리를, 상악골과 하악골 그리고 머리에서 사지와 유사하게 보이는 것들이 어떻게 머리에 연결되어 있는지를 연구하십시오. 말하자면 모든 곳에서 내면의 현시로서의 외적인 형태를 관찰할 수 있습니다. 여러분이 그 외적인 형태를 내면의 현시로서 관찰할 때에만 그것들을 이해하게 됩니다.

제가 항상 느끼기로는, 사지의 관상골들 간에 존재하는 관계와 머리의 갑각골들(피갑골, 皮甲骨) 간에 존재하는 관계를 파악하는 것을 대부분의 사람들이 상당히 어렵게 여긴다는 점입니다. 일상적인 삶으로부터 거리가 먼 이 개념들을 익히는 것이 바로 교사가 되기 위해서는 절대로 중요한 일입니다. 이제 이 교육학 강의에서 우리가 뛰어넘어야 할 아주 어려운 장, 아마도 표상하기 가장 어려운 그 지점에 이르렀습니다.

여러분이 아시다시피 괴테는 맨 처음에 소위 말해서 두개골의 척추골 이론에 주의를 기울였습니다. 괴테는 무엇을 의도했습니까? 변형의 개념을 인간과 그 형상에 적용하려 했던 것입니다. 인간의 척추를 관찰해 보면 추골들이 서로 겹쳐져 있습니다. 척수가 통과하고 있는 추골을 그 돌기와 함께 들어낼 수 있습니다.(도형이

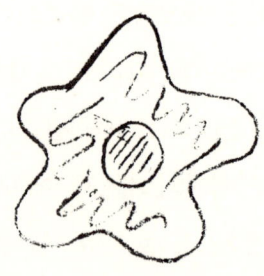

그려짐) 괴테는 이미 베니스에서 숫양의 두개골에서 모든 머리뼈들이 변형된 척추골이라는 점을 관찰했습니다. 말하자면 어떤 부분은 더욱 강하게 곤두세워지고 다른 부분은 퇴화된 것으로 상상해 보면 이 척추 형태에서 그릇 모양의 머리뼈를 얻게 됩니다. 이것이 괴테에게 큰 인상을 남겼으며, 그에게는 매우 의미 있는 결론을, 즉 두개골은 변형된, 고차적으로 형상화된 척추라는 결론을 내리지 않을 수 없었습니다.

두개골이, 변화와 변형을 통해서 척추의 추골에서 나온 것이라는 점은 비교적 쉽게 이해할 수 있습니다. 그러나 사지의 뼈들, 심지어는 머리의 사지인 상악골과 하악골도 척추가 변화해서, 경우에 따라서는 두개골의 변화와 변형에서 나온 것들로 파악하는 것은 정말 매우 어려운 일입니다. 괴테는 피상적인 방식으로나마 이 사실을 시도해 보았습니다. 왜 그렇습니까? 그 이유는 몸 속 어디엔가 여러분이 지니고 있는 관상골은 두개골의 변화이며, 그것도 아주 특별한 방식으로 변형된 것이라는 데에 놓여 있습니다. 척추골의 한 부분은 크게 늘리고 다른 부분은 작게 줄여서 생각함으로써 여러분은 비교적 쉽게 척추골을 두개골로 변화시킬 수 있습니다. 그러나 사지의 관상골에서 두개골을, 용기 같은 모양의 두개골을 얻는다는 것은 그렇게 쉽지 않습니다. 그것을 얻어 내기 위해서는 말하자면 아주 특정한 과정을 우선 실행해야만 합니다. 양말을 신거나 장갑을 낄 때에 흡사 안쪽을 바깥으로 뒤집을 때와 같은 그런 과정을 사지의 관상골에 실행해야만 합니다. 양말이나 장갑의 안쪽을 바깥으로 뒤집으면 어떻게 보이는지를 상상하는 것은 그렇게 어려운 일이 아닙니다. 그러나 관상골은 균일하지 않습니다. 관상골은 그렇게 얇지 않아서 내면과 외부가 그렇게 균일하게 형성되지 않았을 것입니다. 그것은 내부와 외부가 다르게 형성되어 있습니다. 양말이 탄성력이 있어서 외부에 온갖 종류의 돌출부와 만곡으로 예술적인 형태를 만들었다고 가정한 다음에, 그것을 뒤집어 보면 내면의 그것과는 다른 외적인 형태를 얻게 됩니다. 관상골의 경우가 바로 이렇습니다. 관상골의 내면을 바깥으로, 외부를 안으로 전환하면 두개골의 형태가 생깁니다. 이렇게 인간의 사지가 변형된 두개골일 뿐만 아니라 그 외에도 뒤집어진 두개골인 것입니다. 그것은 어디에서 유래합니까? 그것은 머리가 그 중심점을 내부의 어디엔가 지니고 있기 때문입니다. 즉 머리가 중심성을 지니기 때문입니다. 가슴은 그 구형의 중간에 그 중심점을 지니지 않습니다. 가슴의 중심점은 상당히 멀리 떨어져 있습니다. 여기의 도식에서는 단지 단편적으로만 보이는데, 전체를 다 그리자면 매우 커지기 때문입니다. 그러니까 가슴의 중심점은 아주 멀리 떨어져 있습니다.

그렇다면 사지의 중심점은 어디에 있습니까? 이제 우리는 두 번째 난관에 이르렀습니다. 사지는 그 중심점을 전체의 외접원에 지니고 있습니다. 사지의 중심점은 구형 그 자체, 즉 한 점의 정반대, 구형의 외면입니다. 사실은 모든 곳이 중심점입니다. 그래서 여러분은 사방으로 돌 수 있으며 사방에서 구형의 반경들이 비쳐 들어옵니다. 여러분이 그것들과 합일합니다.

머릿속에 있는 것은 머리에서 출발해서 나아갑니다. 사지를 통해서 나가는 것은 여러분 속에서 합일합니다. 바로 그래서 사지가 삽입된 것으로 생각해야 한다고 이전의 강의에서 말씀드렸습니다. 우리는 진정으로 세계 전체입니다. 바깥에서 우리 내부로 들어오려는 것이 단지 그 끝 부분에서만 농축되어서 눈에 보이는 것입니다. 우리의 사지 체계에서 극히 작은 부분이 사지로 보이는 것입니다. 그래서 사지가 신체적인 것이기는 하지만 인간의 사지 체계 속에

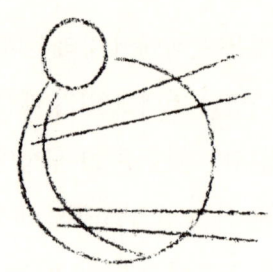

존재하는 것, 즉 정신으로부터 아주 작은 원자에 해당하는 것입니다. 신체, 영혼 그리고 정신이 인간의 사지 체계 속에 존재합니다. 사지 속에 신체는 단지 암시되어 있을 뿐이며 그 안에는 영적인 것과 정신적인 것이 존재하며, 근본적으로 일단 전체 세계를 포괄하는 정신적인 것이 내재합니다.

이제 인간에 대해서 또 다른 도식을 그려 볼 수 있겠습니다. 인간은 일단 전체 세계를 포괄하는 하나의 커다란 구형이라고 말할 수 있습니다. 그 안에 조금 작은 구형 그리고 가장 작은 구형이 있습니다. 이 가장 작은 구형만 완전히 가시적입니다. 중간 크기의 구형은 부분적으로만 보입니다. 가장 큰 구형은 신체에 비쳐 들어오는 끝

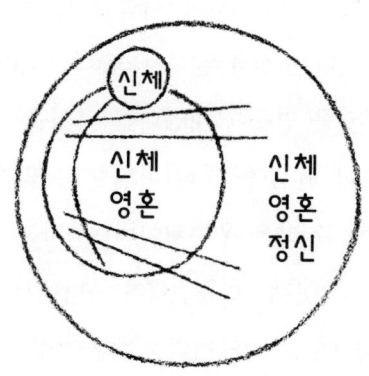

부분만 가시적이며 나머지는 보이지 않습니다. 이렇게 인간은 그 형태로 보아 세계로부터 형성되어 있습니다.

다시금 중간의 체계 안에서, 즉 가슴 체계 안에서 머리 체계와 사지 체계가 합일됩니다. 늑골이 시작하는 부분과 함께 척추를 관찰해 보면 그것들이 앞쪽으로 폐쇄하려는 시도임을 인식할 수 있습니다. 뒤쪽으로는 완전히 폐쇄되어 있으며 단지 앞쪽으로만 그 폐쇄가 시도되었지만 완결되지는 않았습니다. 늑골이 머리를 향할수록 폐쇄의 시도가 좀 더 강하게 이루어지며, 아래쪽으로 갈수록 그 시도는 성취되지 않습니다. 외부에서 사지로 들어오는 힘이 저지하고 있어서 마지막 늑골은 더 이상 결합되지 않습니다.

전체 우주와 인간의 연관성에 대해서 고대 그리스 인들은 여전히 매우 강한 의식을 지니고 있었습니다. 고대 이집트 인들도 매우 잘 알고 있었지만 그들의 앎은 조금 추상적이었습니다. 고대 이집트 조각이나, 그 외의 고대 조각들은 관찰해 보면 이 우주의 사상을 표현하고 있다는 것을 알 수 있습니다. 고대인들이 그들의 믿음에 상응하는 것을 만들어 내었다는 사실을 모르고는 그 당시의 사람들이 이루어 낸 것을 전혀 이해할 수 없습니다. 그들에게 머리는 작은 구형, 즉 작은 우주체이며, 사지는 거대한 우주체의 한 부분으로, 바로 그곳에 그 우주체가 사방에서 반경으로 인간의 형상에 디밀어 들어오는 것입니다. 고대 그리스 인들은 이 점에 대해서 그 자체로 아름답고 조화롭게 육성된 표상을 지니고 있었으며, 그래서 그들은 훌륭한 조소가, 조각가가 될 수 있었습니다. 오늘날에는 우주에 대한 인간의 이 연관을 의식하지 않고는 아무도 인체 조각 예술을 진정으로 관철할 수 없습니다. 그것을 모르고는 그저 외적으로 자연 형태만 모방할 뿐입니다.

사랑하는 여러분, 제가 말씀드린 것에서 이제 사지가 좀 더 우주를 향하고 있으며, 머리가 좀 더 개별적인 인간을 향하고 있다는 점을 기억하실 겁니다. 그렇다면 사지는 특별히 무엇을 향하고 있습니까? 인간이 움직이고 스스로의 상태를 끊임없이 변화시킴으로써 사지는 우주를 향하고 있습니다. 사지는 우주의 움직임과 관계가 있습니다. 사지는 우주의 운동에 대한 관계라는 점을 주의 깊게 파악하십시오.

세상을 돌아다님으로써, 세상에서 행동하는 존재로서 우리는 사지 인간입니다. 그렇다면 인간의 머리는, 인간의 두개골은 세계의 운동에 대해서 어떤 과제를 지닙니까? 다른 관점에서 이미 논의하였듯이 머리는 어깨 위에 안주하고 있습니다. 세계의 움직임을 끊임없이 진정시키는 것이 머리의 과제입니다. 정신적으로 머리의 위치에 들어서는 경우를, 여러분이 기차 속에 앉아 있다고 잠시 상상함으로써 그 상태에 대한 그림을 그려 볼 수 있습니다. 기차는 앞으로 달려가더라도 여러분은 그 안에 조용히 앉아 있습니다. 그렇게 여러분의 영혼이 사지에 의해서 운반되는 그 머릿속에 조용히 존재하며, 움직임을 내적으로 평정합니다. 기차의 좌석에서 편안히 앉아서 조용히 쉴 수 있음에도 불구하고, 그 정적은 실제로는 거짓입니다. 여러분은 기차 속에서 아마도 침대차에서 세계를 통과해서 질주하기 때문입니다. 그럼에도 불구하고 여러분은 정적의 느낌을 지니며 그런 식으로 사지가 세상에서 운동으로 실행할 수 있는 것을 바로 머리가 여러분 안에서 평정합니다. 가슴 부분은 그 중간에 위치합니다. 가슴 부분은 외부의 운동을 머리가, 우리의 두개골이 진정시키는 것과 연결합니다.

인간으로서 우리의 의도는 바로 우주의 움직임을 사지를 통해서 수용하고 모방하려는 것임을 이제 생각해 보십시오. 과연 우리는 그 의도를 위해서 무엇을 행하고 있습니까? 춤을 추고 있습니다. 실제로 여러분은 춤을 추고 있습니다. 소위 말하는 무용은 단지 단편적인 춤입니다. 모든 춤은 행성이나 다른 우주체들 그리고 지구 그 자체가 실행하는 움직임을 인간이 사지의 움직임 속에, 운동 속에 모방하려는 데에서 유래합니다.

그렇다면 우리가 우주의 움직임을 춤을 추면서 우리의 움직임으로 모사하는 동안 머리와 가슴은 과연 무엇을 하고 있습니까? 우리가 세상에서 실행하는 그 움직임이 흡사 머리와 가슴 속에 밀려 들어와서 정체되는 것과 유사합니다. 머리가 어깨 위에서 쉬고 있으면서 그 운동을 영혼 속으로 더 들어가도록 하지 않기 때문에, 그 움직임이 가슴을 통해서 머릿속으로 더 이상 전진할 수 없습니다. 머리가 어깨 위에서 쉬고 있기 때문에 영혼은 정지 상태에서 운동에 관여해야만 합니다. 그래서 영혼은 무엇을 합니까? 영혼은 사지가 춤을 추면서 실행하는 것을 스스로 반사하기 시작합니다. 사지가 불규칙적인 운동을 실행하면 불평스럽게 으르렁거립니다. 사지가 규칙적으로 움직이면 속삭이기 시작합니다. 그리고 사지가 조화로운 우주의 운동을 실행하면 심지어 노래를 부르기 시작합니다. 그렇게 외부를 향해서 춤추는 움직임이 내부를 향한 노래로, 음악적인 것으로 전환됩니다.

인간을 우주적인 존재로 인정하지 않는다면 감각 생리학은 절대로 감각을 파악할 수 있는 위치에 이르지 못합니다. 외부에 공기의 움직임이 있고, 인간이 내부에서 음향을 지각한다고 언제까지나 말할 것입니다. 공기의 움직임이 어떻게 음향과 연관되는지를 절대로 알 수 없다고 합니다. 생리학과 심리학에 그렇게 쓰여 있습니다. 어떤 책에는 초반부에, 어떤 책에는 결론으로 쓰여 있다는 것이 그 차이일 뿐입니다.

이 문제는 어디에서 기인합니까? 인간이 외적인 운동에서 지니는 것이 영혼의 내면에서 평정되어서 음향으로 전환된다는 사실을 생리학자나 심리학자들은 모르고 있다는 점에 그 문제가 근거합니다. 감각 기관의 다른 모든 감각에서도 역시 이와 마찬가지입니다. 인간의 머리 조직이 외적인 움직임에 참여하지 않고 그 운동을 가슴으로 반사하여서 음향으로 즉 다른 감각 기관의 감각으로 만들기 때문입니다. 여기에 감각의 원천이 존재합니다. 여기에 예술 간의 연관성이 존재합니다. 음악적인 것, 음악 예술은 조각 예술과 건축 예술로부터 생성됩니다. 조각 예술과 건축 예술이 외부를 향한 것이라면, 음악 예술은 내면을 향한 것입니다. 내면에서 외부를 향한 세계의 반사, 그것이 음악 예술입니다. 이렇게 인간은 우주 그 내부에 위치하고 있습니다. 색채를 정지 상태에 이른 움직임으로 느껴 보십시오. 여러분이 기차 속에 편안히 늘어져 누워 있으면서 정지 상태에 있다고 착각하듯이, 여러분은 그 움직임을 외적으로 지각하지 않습니다. 외부에서 기차가 여러분을 움직이도록 합니다. 그와 마찬가지로 여러분이 지각하지 않는 사지의 미세한 운동을 통해서 외부 세계에 참여하며, 여러분 스스로는 내부에서 색채와 음향을 지각합니다. 그것은, 형태로서의 머리를 사지의 유기체로부터 정지 상태에서 운반토록 하는 그 상황 덕분입니다.

제가 논의한 것들이 상당히 어려운 사실들이라는 점을 이미 말씀드렸습니다. 이것들을 파악하기 위해서 우리 시대가 아무 노력도 하지 않았기 때문에 사실 더욱더 어려운 것입니다. 오늘날 시대 교육으로서 인류가 수용하는 그 모든 것들이 제가 오늘 여러분께 제시한 것들을 이해할 수 없도록 배려하고 있습니다. 그렇다면 오늘날의 교육에 의해서 무엇이 일어납니까? 예, 양말과 장갑을 한 번도 뒤집어 보지 않으면 그것들을 제대로 알 수가 없습니다. 뒤집어 보지 않는다면, 바깥의 모양만 알 수 있을 뿐 자신의 피부에 실제로 닿는 것이 무엇인지 알 수가 없기 때문입니다. 그런 식으로 오늘날의 교육으로 인해서 인간은 단지 외부로 향한 것만 알고 있을 뿐입니다. 말하자면 인간에 대해서 반쪽의 개념들만 습득합니다. 사지조차도 제대로 파악할 수 없습니다. 정신이 이미 사지를 뒤집었기 때문입니다.

오늘 설명한 것들을 달리 표현할 수도 있습니다. 완전하고 전체적인 인간을 세상에 존재하는 그대로 관찰해 보면, 우선 사지 인간으로서 정신, 영혼 그리고 신체적인 인간으로 나타납니다. 가슴 인간으로서의 인간은 영혼과 신체로 나타납니다. 커다란 구형(217쪽의 그림 참조)은 정신, 영혼, 신체이며, 작은 구형은 신체와 영혼을,

그리고 가장 작은 구형은 단지 신체일 뿐입니다. 서기 869년의 공의회에서 가톨릭교회 주교들은 이 커다란 구형에 대해서 어떤 것도 알 수 없도록 금지했습니다. 교회는 그 무렵에 가톨릭교회의 교의라면서 중간의 구형과 가장 작은 구형의 존재만 인정함으로써 인간이 단지 신체와 영혼으로만 이루어졌으며, 영혼이 정신적인 것을 그 특성으로서 함유한다고 함으로써 영혼이 다른 면으로 역시 정신적인 것이라고 공표하였습니다. 가톨릭교회에서 출발하는 서양 문화에서 정신은 서기 869년 이래로 더 이상 존재하지 않습니다. 그리고 정신에 대한 그 관계가 세계에 대한 인간의 관계도 역시 폐기해 버렸습니다. 인간은 점점 더 자신의 이기성으로 몰아넣어졌습니다. 그래서 종교 자체가 점점 더 이기적으로 되었으며, 오늘날 우리는 정신적 관찰을 통해서 정신에 대한 인간의 관계와, 그와 함께 세계에 대한 인간의 관계를 다시금 익혀야만 하는 그런 시대에 살고 있는 것입니다.

우리가 자연 과학적인 물질주의를 얻게 된 그 책임은 사실 누구에게 있습니까? 자연 과학적인 물질주의를 얻게 된 주된 책임은 바로 가톨릭교회이며, 교회가 서기 869년에 콘스탄티노플 공의회에서 정신을 폐기했기 때문입니다. 그 당시 실제로 무엇이 발생했습니까? 인간의 머리를 한 번 고찰해 보십시오. 인간의 머리는 우주 사건의 사실 세계 내부에서 발달되어서 오늘날 인간에서는 가장 오래된 부분입니다. 머리는 우선은 고등 동물에서, 그리고 좀 더 거슬러 올라가면 하등 동물에서 유래합니다. 머리에 관련해서 보자면 우리는 동물계에서 유래합니다.

언급의 여지가 없이 머리는 잘 발달된 동물에 지나지 않습니다. 머리의 조상을 찾으려면 하등 동물계로 돌아가야 합니다. 가슴은 나중에서야 머리에 덧붙여졌습니다. 우리의 가슴은 머리처럼 그렇게 동물적이지 않습니다. 우리는 가슴을 머리보다 후대에 얻었습니다. 그리고 사지는 인간이 가장 어린 기관으로 얻었습니다. 사지는 가장 인간적인 기관으로, 동물적인 기관에서 변형된 것이 아니라 나중에 덧붙여진 것입니다. 동물적인 기관은 독립적으로 우주에서 동물로 형성되었으며, 인간적인 기관은 나중에 단독적으로 가슴에 덧붙여져서 형성되었습니다. 그러나 가톨릭교회가 우주에 대한 인간의 관계에 관한 의식을, 인간 지체의 고유한 천성에 관한 인간의 의식을 숨기도록 함으로써 후세에 가슴과 주로 머리, 즉 두개골에 대해서만 조금 전승했을 뿐입니다. 두개골이 바로 동물에서 유래했다는 점에 물질주의가 주목하게 되었습니다. 가슴 기관과 사지 기관이 나중에서야 형성되었음에도 불구하고 자연 과학적 물질주의는 인간 전체가 동물에서 유래한다고 말하고 있습니다. 하필이면 가톨릭교회가 인간 지체의 천성을, 인간과 세계의 연관성을 숨김으로써, 나중의 물질적 시대가 단지 머리에 대해서만 의미가 있는 사상을 인간 전체에 적용토록 하는 현실을 초래했습니다. 가톨릭교회는 실제로 진화론의 영역에서 물질주의의 창조자입니다. 오늘날 청소년을 가르치는 교사들은 특히나 이런 사실들을 알고 있어야 합니다. 교사는 세상에서 발생하는 것들에 흥미가 있어야만 합니다. 세상에서 일어나는 것들을 그 근본부터 알고 있어야 합니다.

구형, 초승달 모양, 그리고 사지의 방사형이라는 완전히 다른 것에서 시작해서 우리 시대가 어떻게 해서 물질적이 되었는지를 밝혀 보고자 했습니다. 놀랍도록 중요한 문화 역사적 사건들을 명확하게 밝혀내기 위해서 우리는 언뜻 보기에 완전히 상반된 것에서 시작했던 것입니다. 이런 사실들을 모르면 성장하는 아이들과 아무 일도 할 수 없기 때문에 특히 교사들이 그런 문화 사실을 근본으로부터 파악하는 위치에 필수적으로 설 수 있어야 합니다. 그렇게 함으로써 교사가 자신의 내부로부터 어린이에 대한 무의식적이고 잠재의식적인 관계를 통해서 올바르게 교육하기를 원하는 경우에 필요불가결한 어떤 것을 스스로의 내부에 수용하게 됩니다. 그렇게 함으로써 인간 형상에 대한 올바른 경의를 지니게 되기 때문입니다. 인간 형상 안에서 커다란 우주에 대한 관계를 인식하게 됩니다. 교사가 인간 안에서 조금 더 잘 형성된 동물의 새끼나 조금 더 발달된 동물의 신체를 인식하는 경우와는 다르게 인간적인 형상을 대하게 됩니다. 머릿속에서 가끔은 허상을 꿈꾸기는 해도, 근본적으로 오늘날의 교사는 성장하는 인간이 작은 새끼 동물이고, 이 어린 동물들을 자연이 이미 발달시킨 것보다 조금 더 발달시켜야 한다는 분명한 의식을 가지고 어린이들을 대합니다. 여기 한 어린이가 있고, 그 어린이에게서 전체 우주로 관계가 확산되며, 성장하는 모든 어린이 내부에 내가 어떤 것을 하게 되면 우주 전체에서 의미가 있는 것을 하는 것이라고 교사가 말한다면, 그 교사는 완전히 다른 것을 느낄 것입니다. 우리가 교실에 있습니다. 각자의 어린이 안에 세계로부터, 대우주로부터의 중심이 존재합니다. 이 교실은 중심점입니다. 대우주를 위한 수많은 중심점입니다. 이것이 과연 무엇을 의미하는지 생생하게 느끼고 생각해 보십시오! 우주와 인간의 연관성에 대한 이념이 어떻게 모든 개별적인 수업 준비를 신성하게 만드는 느낌으로 전환되는지를 숙고하십시오. 인간과 우주에 대한 그런 감성이 없이는 진지하고 올바르게 수업을 할 수가 없습니다. 우리가 그런 감성을 지니는 순간에 그것이 내밀한 연결을 통해서 아이들에게 옮겨집니다. 전선이 어떻게 지하의 동판에 닿아서 대지 자체가 전선이 없이도 전기를 운반하는지[10]를 보면, 그런 것이 정말 신기하게 느껴진다는 것을 다른 맥락에서 말씀드렸습니다. 그저 이기적인 감성으로 학교에 가게 되면, 아이들을 이해시키기 위해서 온갖 가능한 전선, 즉 언어가 필요합니다. 커다란 우주적 감성을 지니게 되면 우리가 지금 전개시켜 본 그런 이념을 발달시킨다면 비밀스러운 회로가 아이들에게 이르게 되고, 그러면 여러분은 아이들과 하나가 되는 것입니다. 여기에 학생 전체에 대한 여러분의 비밀스러운 관계가 존재합니다. 그런 감성으로부터 우리가 교육학이라고 명명하는 것이 세워져야만 합니다. 교육학은 학문이 되어서는 안 됩니다.

---

10) 슈타이너가 여기에 언급한 무선 전신의 개념은 초기의 개념으로, 칼 아우구스트 폰 슈타인하일(Carl August von Steinheil, 1801~1870)의 개념이다. 1837년, 그는 송신기와 연결된 금속판을 땅속에 묻어, 지표를 통해 전선 없이 전기 신호를 운반할 수 있다는 개념을 발표하였다. 이 개념은 엄청난 고압의 전류가 필요하고, 근거리 통신만 가능하였지만, 전선 없이도 전기 신호를 송수신할 수 있으며 이를 통해 정보 전달을 할 수 있다는 예측을 가능케 하였다.

그것은 예술이어야만 합니다. 끊임없이 감성 속에 살지 않고 배울 수 있는 그런 예술이 어디에 있습니까? 교육학이라는 그 커다란 인생 예술을 행하기 위해서 그 안에 살아야 할 감성은, 교육학을 위해서 지녀야만 하는 감성은 그러나 거대한 우주와 그것의 인간에 대한 관계를 고찰할 때에만 불타오를 수 있습니다.

열한 번째 강의 〉〉〉〉 신체적인 관점에서의 고찰

영적–정신적 세계와의 관계에서 본 인간의 신체성

··· 머리: 완성된 신체, 꿈꾸는 영혼, 잠자는 정신
··· 가슴: 깨어 있는 신체와 영혼, 꿈꾸는 정신
··· 사지: 미완성된 신체, 깨어 있는 영혼과 정신
··· 교육의 대상: 깨어 있는 사지와 가슴의 한 부분
··· 잠자는 머리를 깨우는 모유의 역할
··· 예술적 활동을 통한 지성의 간접적인 양성
··· 기억과 환상이 성장에 미치는 영향
··· 장기 담임제의 불가피성

열한 번째 강의

1919년 9월 2일, 슈투트가르트

지난 강의에서 알아본 시각으로부터 여러분이 우선 정신과 영혼에서 인간의 신체적인 본성을 개관할 수 있다면, 그 신체적 본성의 발달과 구조 속으로 여러분이 필요한 모든 것을 빠르게 편입해 넣을 수 있습니다. 그러므로 나머지 강의에서는 인간을 신체적으로 설명하기 위해서 우선 정신적-영적인 면에서 좀 더 조명해 보겠습니다.

인간이 머리 인간, 가슴 인간 그리고 사지 인간으로서 삼지적이라는 점을 어제 알게 되었습니다. 인간의 이 세 지체의 각 부분이 정신적 세계와 영적인 세계에 대해서 각기 다른 관계를 지닌다는 사실도 보셨습니다.

일단 인간의 머리 형성을 한번 고찰해 봅시다. 머리는 특히 신체라고 어제 말했습니다. 가슴 인간은 '신체적'이고 영적인 것으로 볼 수 있다고 했습니다. 그리고 사지 인간은 '신체적', 영적, 그리고 정신적입니다. 그러나 머리가 특히 신체라고 함으로써 머리의 본성이 충분히 설명된 것은 아닙니다. 실제로 사물들은 명확히 분리되어 존재하지 않습니다. 그래서 머리는 가슴 부분과 사지와는 다른 방식으로 정신적, 영적이라고 말해도 좋습니다. 인간이 태어나면서부터 머리는 이미 주로 신체입니다. 달리 말하자면 우선 머리를 머리로서 구성하는 것이 신체적인 머리의 형태에서 이미 어느 정도까지는 뚜렷하게 드러난다는 것입니다. 머리는 인간의 태아 발달 과정에서 가장 먼저 나타나는 부분입니다. 바로 그래서 인간의 정신적-영적인 것이 일반적으로 머리에서 가장 먼저 나타나는 것처럼 보입니다. 그러면 신체인 머리는 영적인 것과 정신적인 것에 어떤 관계를 지닙니까? 머리가 이미 가능한 한 완전하게 형성된 신체이기 때문에, 형성에 필수적인 모든 것을 동물적인 것을 통해서 인간에 이르기까지 이미 이전의 발달 단계에서 경험했기 때문에 머리는 신체적인 관계에서 보자면 가장 완벽하게 형성된 것입니다. 영적인 것과 머리의 관계를 보자면, 어린이가 태어나서 영아기의 발달 과정을 거치는 동안 머릿속에서는 모든 영적인 것이 꿈을 꾸고 있습니다. 그리고 정신은 머릿속에서 잠을 잡니다.

신체, 영혼 그리고 정신의 진기한 구성을 이제 인간의 머릿속에서 발견합니다. 우리는 매우 발달된 신체를 머리로 지니고 있습니다. 그 안에 꿈꾸는 영혼, 분명하게 꿈꾸는 영혼과 아직 잠자는 정신이 있습니다. 이제 문제는 인간의 전반적인 발달을 지금 성격화한 사실과 조화로운 것으로 인식해야 한다는 것입니다. 이갈이를 하는 시기까지의 발달 과정에서 인간은 주로 모방하는 존재입니다.

주변 환경에서 보는 것을 인간은 모두 따라합니다. 그렇게 할 수 있는 것은 바로 인간의 머리 정신이 잠을 자고 있기 때문입니다. 머리 정신이 잠을 자고 있기 때문에 어린이는 그 머리 정신과 함께 머리라는 신체의 외부에 머무를 수 있습니다. 주변 환경에서 체류할 수 있습니다. 잠을 자는 동안 인간은 그 정신적-영적인 것과 함께 신체의 외부에 존재하기 때문입니다. 어린이는 자신의 정신적-영적인 것과 함께, 즉 잠자는 정신과 꿈꾸는 영혼과 함께 머리의 외부에 존재합니다. 어린이는 주변 환경에서 존재하고, 주변 환경 속에서 살고 있습니다. 그래서 어린이는 모방하는 존재인 것입니다. 꿈꾸는 영혼으로부터 주변 환경에 대한 사랑, 무엇보다도 부모에 대한 사랑을 발달시킵니다. 아이가 이갈이를 하여서 영구치가 나게 되면, 머리의 발달 과정이 종결된다는 것을 의미합니다. 비록 머리가 이미 완전한 신체로 태어나더라도 그 마지막 발달은 역시 인생의 첫 7년 동안에 이루어집니다. 그 발달 과정은 이갈이와 함께 마무리됩니다.

거기에서 과연 무엇이 종료됩니까? 형태의 형성이 종료되었습니다. 인간을 단단하게 하고, 무엇보다도 형태로 만드는 것이 신체로 들이부어집니다. 어린이에게서 영구치가 생기는 것을 보면, 세계와의 첫 번째 대결이 마침내 완성되었다고 말할 수 있습니다. 인간의 형태 부여에, 인간의 형상에 속하는 것을 이루어 낸 것입니다. 이 시기에 인간이 머리에서부터 자신의 형태, 형상을 편입하는 동안 가슴 인간으로서의 인간에게 어떤 다른 것이 발생합니다.

머리에 비교해서 가슴에서는 상당히 다른 사실을 볼 수 있습니다. 가슴은 인간이 태어날 때부터 신체적-영적인 유기체입니다. 머리처럼 단순히 신체적인 존재가 아니라 신체적-영적이며, 단지 정신만 꿈꾸는 부분으로 그 외부에 지니고 있습니다. 어린이를 태어난 이후 초기의 몇 해 동안 관찰해 보면 머리 부분에 비해서 가슴 부분이 더 생동감 있고, 더 깨어 있다는 점을 특별히 주시하지 않을 수 없습니다. 인간을 뒤범벅으로 혼합된 혼돈스런 존재로 간주하는 것은 전적으로 잘못된 것입니다.

사지 체계는 또 다른 사실을 보여 줍니다. 사지 체계에는 태어난 그 순간부터 정신, 영혼 그리고 신체가 함께 내밀하게 연결되어 있습니다. 그것들이 상호 간에 관통되어 있습니다. 사지 체계는 어린이에게서 역시 가장 먼저 완전히 깨어 있습니다. 팔다리를 버둥거리는 젖먹이를 키워 본 사람은 이 점을 잘 알고 있습니다. 사지 체계는 모두 깨어 있지만, 단지 완전하게 형성되지 않았을 뿐입니다. 머리 정신은 인간이 태어날 때에 이미 상당히 완성되어 있지만 잠을 자고 있습니다. 머리 영혼은 태어날 때에 역시 완성되어 있지만 단지 꿈을 꾸고 있습니다. 머리 정신과 머리 영혼은 차츰차츰 깨어나야 합니다. 이것이 바로 말하자면 인간의 비밀입니다. 사지 인간으로서 인간은 태어났을 때에 완전히 깨어 있기는 하지만 아직 제대로 형성되지 않은 상태에 있습니다.

사실 우리는 사지 인간과 가슴 인간의 한 부분만 육성할 필요가 있습니다. 사지 인간과 가슴 인간이 머리 인간을 깨워야 할 과제를 지니고 있기 때문에, 여러분은 바로 이 점에서 비로소 교육과 수업의 진정한 성격을 획득하게 됩니다. 여러분이 사지 인간과 가슴 인간의 일부를 발달시켜서, 그 사지 인간과 가슴 인간의 일부가 머리 인간과 가슴 인간의 다른 부분을 깨우도록 해야만 합니다. 여기에서 여러분은 어린이가 괄목할 만한 어떤 것을 여러분에게 이미 가져왔다는 점을 보십시오. 태어나면서 어린이가 완벽한 정신 속에, 상대적으로 완벽한 영혼 속에 지니는 것을 여러분에게 가져다줍니다. 여러분은 어린이가 가져오는 것 중에서 불완전한 정신과 불완전한 영혼만 육성할 필요가 있습니다.

만약에 그렇지 않다면, 진정한 교육과 수업은 전혀 불가능할 것입니다. 인간이 소질로 세상에 가져오는 정신 전체를 교육하고 양성해야 한다면, 우리는 교육자로서 손색없이 한 인간을 기를 수 있을 정도로 항상 완벽해야만 합니다. 그렇다면 여러분은 교육을 곧 포기할 수밖에 없습니다. 왜냐하면 여러분은 기껏해야 여러분과 같은 정도의 능력과 재능을 지닌 인간으로만 교육해 낼 수밖에 없기 때문입니다. 당연히 여러분은 어떤 분야에서 여러분 자신보다 훨씬 더 재능이 있고 훨씬 더 똑똑한 인간을 교육해야만 하는 위치에 서게 됩니다. 그것이 가능한 것은 교육을 하는 데에 우리가 단지 인간의 한 부분에만 관여하고 있기 때문입니다. 우리 스스로 비록 그렇게 똑똑하지 않고, 그렇게 재능을 타고나지도 않았고, 심지어는 그렇게 선량하지 않더라도, 학생이 천재적이고, 총명하고, 선량한 기질을 타고나서 우리가 절대로 그렇게 훌륭한 상대가 될 수 없더라도, 인간의 그 부분을 역시 교육할 수 있는 것입니다. 우리가 교육에서 최상으로 영향을 미칠 수 있는 것은 역시 의지 교육과 정서 교육의 한 부분입니다. 우리가 의지를 통해서, 즉 사지 체계를 통해서 교육하는 것, 정서를 통해서 즉 가슴 인간의 한 부분을 통해서 교육하는 것을 우리 스스로 지니는 완성의 상태로까지 이끌어갈 수 있기 때문입니다. 머슴뿐만 아니라 자명종 역시, 자신보다 훨씬 더 똑똑한 사람을 깨우도록 준비시킬 수 있는 것처럼, 재능이 거의 없는 사람, 심지어는 별로 훌륭하지 않은 사람도 자신보다 더 나은 소질을 지닌 사람을 교육할 수 있습니다. 지적인 모든 것에 관련해서 우리가 성장하는 인간에 손색없이 완벽할 필요는 전혀 없다 하더라도, 이 관점에서 관찰했듯이 교육이 의지 발달에 관한 문제이기 때문에, 우리는 선량함에 있어서 그저 할 수 있는 것이라면 모든 가능한 것을 시도해야만 한다는 점을 분명히 의식해야만 합니다. 학생은 우리보다 나은 인간이 될 수 있습니다. 그러나 세상을 통해서 혹은 다른 인간들을 통해서 우리의 교육에 다른 어떤 것이 부가되지 않는다면 십중팔구는 그렇게 되지 않을 것입니다.

이미 강의들을 통해서 말씀드렸듯이 언어 속에는 특정한 정령이 존재합니다. 언어의 정령은 천재적이고 우리 자신보다 더 명석하다고 말씀드렸습니다. 언어가 구성되어 있는 양식에서, 언어가 정신을 함유하는 그 양식에서 우리는 많은 것을 배울 수 있습니다.

그러나 정령은 언어 외에 우리 주변의 다른 것에도 역시 존재합니다. 방금 배운 내용을, 즉 머리에 관련해서 잠자는 정신, 꿈꾸는 영혼을 지니고 인간이 세상에 들어선다는 점을 고려해 봅시다. 삶의 아주 초반부, 사실 태어난 그 순간부터 인간을 의지를 통해서 교육하는 것이 필수적이라는 사실을 고려해 보십시오. 우리가 의지를 통해서 머리 정신에 영향을 미칠 수 없다면, 그 잠자는 머리 정신에 전혀 접근할 수 없기 때문입니다. 머리 정신에 어떻게 해서라도 접근할 수 없다면, 인간의 발달에 커다란 여백을 만들게 될 것입니다. 머리 정신이 잠을 자고 있는 상태에서 인간이 태어난다고 합시다. 발버둥 치는 아이에게 체조나 오이리트미를 시킬 수는 없습니다. 그것은 불가능합니다. 겨우 발버둥을 치고 기껏해야 고함을 질러대는 갓난아이에게 음악적인 교육 역시 제대로 할 수 없습니다. 예술로도 아직 어린이에게 접근할 수 없습니다. 의지에서 어린이의 잠자는 정신에 이르는 명백한 교량이 아직 존재하지 않습니다. 나중에 우리가 어떻든 간에 어린이의 의지에 접근하게 되면, 어린이에게 첫 단어를 말해 줄 수 있기만 하다면, 바로 거기에서 의지에 작용을 할 수 있어서 잠자는 정신에 영향을 미칠 수 있습니다. 우리가 첫 단어들을 통해서 성대 기관 속으로 자유롭게 풀어 내는 것이 이미 의지 행위로서 잠자는 머리 정신 속으로 연속되어서 그것을 깨우기 시작합니다. 그러나 아주 초기에는 제대로 된 교량이 전혀 없습니다. 의지와 정신이 깨어 있는 사지 체계에서 머리의 잠자는 정신으로 건너가는 흐름이 없습니다. 그래서 아직은 여기에 다른 매개자가 필요합니다. 교육자로서 우리는 인생의 이 초반부에 그렇게 많은 수단을 만들어 낼 수 없습니다.

바로 거기에 우리 정신의 외부에 존재하는 정신, 정령이 들어섭니다. 언어는 정령을 포함하지만, 어린이 발달 과정의 아주 초반부에는 그 언어 정령에 전혀 호소할 수가 없습니다. 그러나 자연 자체가 그 정령, 그 정신을 포함하고 있습니다. 자연이 정령을 지니지 않았다면, 인간의 발달에서 아동기의 가장 초반부에 교육적으로 생기는 그 여백으로 인해 우리는 발육 부전의 상태에 이르고 말았을 것입니다. 거기에 자연 정령이 교량 구실을 합니다. 자연 정령은 사지 발달에서, 사지 인간으로부터 하나의 성분이 생기게 합니다. 이 성분의 발달은 사지 인간과 연결되어 있기 때문에, 그 사지 인간으로부터 어떤 것을 역시 내포하고 있습니다. 그것이 바로 모유입니다. 모유는 여성 속에서 사지의 윗부분, 즉 팔과 연결되어서 생깁니다. 모유를 생성해 내는 기관은 말하자면 사지로부터 내부로 연속되는 것입니다. 동물계와 인간 세계에서 모유는 사지의 본성과 내적인 동질성을 지니는 유일한 성분입니다. 모유는 말하자면 사지의 본성에서 나오는 것이며, 또한 사지의 본성적 힘을 아직도 함유하고 있는 것입니다. 어린이에게 젖을 먹임으로써, 모유가 최소한 본질적으로는 잠자는 정신을 깨우는 유일한 성분으로서 작용합니다. 사랑하는 여러분, 그것이 바로 모든 물질 속에 존재하는 정신이며, 그 정신은 드러나야 하는 곳에서 드러나는 것입니다. 모유는 그 정신을 내포하고 있으며, 바로 그 정신이 잠자는 어린이의 정신을 깨우는 역할을 합니다. 자연의 깊고 비밀에 가득 찬 저변으로부터 모유라는 성분이 생기게 하는, 자연에 내재한 정령이 어린이 안에서 잠을 자고 있는 인간 정신을 깨우는 자명종이라는 것은 단순한 그림이 아니라 심오한 근거가 있는 자연 과학적 사실입니다. 우주 존재 속의 깊고 비밀에 찬 그런 관계를 통찰해야만 합니다. 그것을 통찰하게 되면, 어떤 신비한 법칙성이 이 우주 속에 실제로 포함되어 있는지를 비로소 깨닫게 됩니다. 물질적 성분에 대해서 이론을 형성하면서, 그 물질적 성분이 원자나 분자로 분해되어서 무차별적으로 확장된 것일 뿐이라고 여기는 것이 사실 얼마나 무지한 일인지를 차츰차츰 인식하게 됩니다. 아닙니다. 물질은 그런 것이 아닙니다. 모유와 같은 물질의 구성 요소는 생성되면서 잠자는 인간을 깨우려는 내밀한 욕구를 지니는 그런 것입니다. 인간과 동물에 있어서의 욕구에 대해서, 즉 의지의 근거가 되는 힘에 대해서 말할 수 있는 것처럼, 그렇게 우리는 물질의 경우에도 일반적으로 '욕구'에 대해서 말할 수 있습니다. 모유는 생성되면서 어린이의 인간 정신을 일깨우는 자명종이 되기를 열망한다고 말할 경우에만 바로 그 모유를 포괄적으로 관조하는 것입니다. 우리가 올바르게 관조해 보면 우리 주변에 존재하는 모든 것들이 이렇게 활기를 띠게 됩니다. 세상의 저 바깥에 있는 모든 것의 인간에 대한 관계로부터 우리는 사실 절대로 자유로워질 수 없습니다.

인간의 최초 성장기를 자연의 정령 자체가 돌보고 있다는 점을 이로써 알 수 있습니다. 그리고 아이를 계속해서 성장시키고 교육함으로써 자연 정령으로부터 그 일을 특정한 방식으로 인수받는 것입니다. 어린이를 모유로 양육하고, 인간이 단지 그 양분을 먹이는 수단이 되도록 함으로써 자연의 정령이 실행하였던 활동을, 우리의 언어와 행위를 어린이가 모방하도록 어린이의 의지에 영향을 미침으로써 우리가 이어받아서 계속합니다. 여기에서 여러분은 자연이 역시 자연스럽게 교육한다는 점을 알게 됩니다. 자연을 통한 자양분이 최초의 교육 수단이기 때문입니다. 자연은 자연스럽게 교육합니다. 인간은 언어와 행동을 통해서 어린이에게 교육적으로 작용하기 시작합니다. 인간은 영적으로 교육하기 시작합니다. 그래서 교육자나 교사로서 우리가 머리 자체에서는 그렇게 많은 것을 시작할 수 없다는 점을 의식하는 것이 너무나 중요한 것입니다. 머리는 이 세상에서 되어야 할 것을 태어나면서 이미 이 세상으로 가져옵니다. 우리는 머릿속에 있는 것을 깨울 수는 있지만 절대로 머릿속으로 그것을 들여놓을 수는 없습니다.

여기에서 필수적으로 분명히 알아 두어야 할 것은 단지 아주 특정한 것만 출생을 통해서 물체적인 지구상의 존재로 가져올 수 있다는 점입니다. 문화 발달의 과정에서 외적인 관습을 통해서 생성된 것과 정신적인 세계는 전혀 관계하지 않습니다. 이는 달리 말하자면 읽기 위한 관습적인 수단, 쓰기 위한 관습적인 수단은 제가 이미 다른 관점에서 상술하였듯이 당연히 어린이가 함께 가져오지 않습니다. 정신 세계의 존재들은 쓰지도 않고 읽지도 않습니다. 정신 세계의 존재들은 책을 읽지도 않으며, 펜으로 쓰지도 않습니다. 정신 세계의 존재들이 인간의 언어를 사용하고 심지어는 쓴다고 하는 것은 단지 심령주의자들이 지어낸 것에 불과합니다. 언어나 쓰기에 해당하는 것은 모두 문화 관습입니다. 그것은 여기 지구상에 존재합니다. 우리가 이 문화 관습을, 읽기와 쓰기를 그저 머리를 통해서만 가르치지 않고, 가슴과 사지 체계를 통해서 가르친다면, 단지 그럴 경우에만 우리는 어린이에게 올바른 일을 하는 것입니다.

아이가 일곱 살이 되면 당연히 학교에 갑니다. 그 동안 아이는 그저 요람에 누워 있기만 한 것이 아니라, 부모를 모방함으로써 스스로 무엇인가를 해내었고, 특정한 관계에서 머리 정신이 깨어나도록 했습니다. 이제 우리는 아이가 스스로 머리 정신 속에 깨운 것을 이

용해서 아이에게 관습적인 방식의 읽기와 쓰기를 가르칠 수 있습니다. 그런데 이제 우리의 영향이 이 머리 정신을 손상시키기 시작합니다. 바로 그래서 제가 말씀드리기를 읽기와 쓰기 교육은 올바른 수업에서 예술 외에는 다른 어떤 방식으로도 이루어질 수 없다고 했습니다. 선묘와 회화의 초보적인 요소, 음악적인 것의 초보적인 요소들이 선행되어야만 합니다. 이 요소들이 사지 인간과 가슴 인간에 작용하고, 단지 간접적으로만 머리 인간에 영향을 미치기 때문입니다. 그 다음에 그것들이 머리 인간에 내재하는 것을 깨웁니다. 그렇게 함으로써 머리 인간을 학대하지 않게 됩니다. 이미 관습이 된 지적인 방식으로 읽기와 쓰기를 아이에게 가르치면 머리 인간을 학대하는 것입니다. 우선 어린이가 선묘를 하도록 한 다음에 그 그림으로부터 문자의 형태를 발달시킴으로써 사지 인간을 통해서 머리 인간으로 영향을 미치는 교육을 할 수 있습니다. F라고 말을 하면서 아이에게 F를 써서 보여 줍니다. 여기서 어린이가 F를 바라보고 따라해야만 한다면, 그 바라보는 것으로 우리는 이미 지성에 작용을 하게 되고, 그로써 지성이 의지를 훈련시킵니다. 그것은 잘못된 방법입니다. 올바른 방법은 될 수 있는 대로 많이 의지를 통해서 지성을 깨우는 것입니다. 그것은 예술적인 것에서 지성적인 형성으로 이행함으로써만 가능합니다. 그래서 어린이가 학교에 입학한 후에 초기의 몇 년 동안, 즉 저학년의 수업에서 쓰기와 읽기를 예술적인 방식으로 가르쳐야만 합니다.

여러분이 수업을 하고 교육하는 동안 어린이는 그 외에도 다른 어떤 것을 행하고 있다는 점을 염두에 두셔야만 합니다. 어린이는 온갖 것을 하고 있으며, 그것들은 말하자면 단지 간접적으로만 여러분의 관할 사항에 해당합니다. 어린이는 우선 성장해야만 합니다. 어린이는 성장해야 하기 때문에 여러분이 교육하고 수업하는 동안에도 올바르게 성장해야만 한다는 점을 분명히 알고 계셔야 합니다. 그것은 무엇을 의미합니까? 여러분의 수업과 교육으로 인해서 어린이의 성장이 방해되어서는 안 된다는 것을 의미합니다. 방해하면서 성장에 관여해서는 안 됩니다. 수업과 교육은 성장의 필요성과 동행하는 식으로 이루어져야 합니다. 지금 말씀드리는 것은 초·중등 과정에서 아주 특별히 중요한 것입니다. 이갈이를 하기까지는 머리에서 시작되는 형태 형성이 우선 존재하며, 바로 초·중등 과정에는 생명 발달, 즉 성장과 성장에 관련된 모든 것이 사춘기까지 이루어지기 때문입니다. 가슴 인간에서 시작하는 생명 발달은 사춘기에 비로소 마감되는 것입니다. 그러므로 여러분은 초·중등 학교 시기의 발달 과정에서 특히 가슴 인간과 관계하고 있습니다. 여러분이 수업을 하고 교육하는 동안 어린이가 가슴 유기체를 통해서 성장하고 발달한다는 사실을 모르고는 제대로 일을 할 수 없습니다. 여러분은 어느 정도까지는 자연의 동료가 되어야만 합니다. 자연이 가슴 유기체를 통해서, 즉 호흡, 양분 섭취, 운동 등을 통해서 어린이를 발달시키기 때문입니다. 그래서 여러분은 자연 발달의 좋은 동료가 되어야만 하는 것입니다. 그러나 여러분이 이 자연 발달을 전혀 모른다면, 어떻게 자연 발달의 좋은 동료가 될 수 있겠습니까? 예를 들어 수업이나 교육에서 무엇을 통해서 어린이의 성장을 영적으로 억제하거나 촉진할 수 있는지를 여러분이 전혀 모른다면, 어떻게 올바르게 교육하고 수업할 수 있습니까? 자라나는 어린이의 성장력을 방해해서 상황에 따라서는 위험할 수 있을 정도로 어린이가 거인으로 치솟아 자라나게 할 수도 있는 영적인 능력을 여러분은 어느 정도까지 지니고 있습니다. 어린이의 성장을 비위생적으로 저해하여서 어린이가 난쟁이로 남게 할 수도 있는 능력을 여러분은 어느 정도까지 지니고 있습니다. 단지 어느 정도까지이기는 하지만 여러분이 그 능력을 지니고 있습니다. 그래서 여러분은 바로 인간의 성장 관계를 통찰해야만 합니다. 영적인 것 그리고 역시 신체적인 것에 대한 통찰을 지녀야만 합니다.

그러면 어떻게 영적인 것으로부터 성장 관계를 통찰할 수 있습니까? 여기에서 우리는 통례적인 심리학보다 나은 심리학을 적용해야만 합니다. 그 나은 심리학은 인간의 성장력을 촉진하는 것에, 즉 인간을 키다리로 치솟게 하는 성장력을 형성하는 모든 것에 연관된 것을 특정한 관계에서 기억력 형성이라고 말합니다. 말하자면 과도하게 기억할 것을 요구하게 되면 어린이가 일정한 한계 내부에서 콩나물처럼 치솟는 존재가 되도록 하는 것입니다. 그리고 상상을 너무 많이 요구하게 되면 인간의 성장을 억제하게 됩니다. 기억과 상상은 생명 발달의 힘과 비밀스러운 관계를 지닙니다. 그래서 우리는 이 관계를 주시하기 위한 안목을 길러야만 합니다.

교사는 예를 들어서 다음의 것들을 할 수 있는 위치에 있어야만 합니다.

교사는 학년 초에 제가 이미 말씀드린 바와 같이, 특히 9세와 12세와 연관된 삶의 기간 초반에 학생들에 대해서 일종의 종합적인 통찰을 해야만 합니다. 그 시기에 특히 신체적 발달 상황을 검사해 보고, 어린이들이 어떤 상태에 있는지 알아 두어야만 합니다. 그리고 학년 말이나, 다른 삶의 기간이 끝나는 부분에 다시금 검사를 하고 그 사이에 발생한 변화를 관찰해야만 합니다. 교사는 이 두 가지 검사의 결과를 통해 한 아이는 그 동안 자라야 할 만큼 제대로 자라지 않았고, 다른 아이는 상당히 성장했다는 사실을 알 수 있습니다. 그리고 교사는 그 성장에서 나타나는 이상(異常)을 조절하기 위해서 다음 학년에서 혹은 다음 학기에서 기억과 상상의 균형을 어떤 식으로 취할 수 있는지를 스스로 질문해야만 합니다.

보시다시피 바로 이런 이유에서 한 교사가 학생들을 모든 학년을 통해서 전담하는 것이 매우 중요하며, 학생들이 매년 다른 교사의 손에 맡겨지는 제도가 엄청나게 비정상적인 제도임을 알게 됩니다. 그런데 사실은 역시 거꾸로 될 수도 있습니다. 교사는 학년 초와 발달기(7세, 9세, 12세)의 초반에 학생들을 차츰차츰 알아 갑니다. 모든 것을 공상해 보기를 좋아하는 유형의 어린이들을 알게 됩니다. 무엇이든지 잘 기억해 내는 기억력 형의 어린이들을 알아 갑니다. 교사는 그 사실들 역시 알고 있어야 합니다. 제가 제시한 두 가지 검사를 통해서 그것을 배우게 됩니다. 그러나 교사는 자기가 알고 있는 것을 더 확장시켜서 신체적-외적인 성장을 통해서뿐만 아니라, 상상과 기억 그 자체를 통해서 어린이가 너무 빨리 자랄 위험에 처해 있는지 — 어린이가 너무 좋은 기억력을 가지고 있으면 그렇게 됩니다. — 아니면 아이가 너무 공상적이라서 땅딸보가 될 위험에 처해 있는지를 알 수 있어야만 합니다. 신체와 영혼의 관계는 온갖 미사여구나 상투어를 통해서 인정하는 것이 아니라, 성장하는 인간 속에서 신체와 영혼 그리고 정신의 상호 작용을 관찰할 수 있어야만 합니다. 상상력이 풍부한 어린이들은 기억력이 좋은 아이들과 다르게 성장합니다.

오늘날 심리학자들을 위해서는 모든 것이 완성된 상태에 있습니다. 기억이 거기에 존재한다고 그렇게 심리학이 설명합니다. 상상이 존재한다고 또 그렇게 설명합니다. 반면에 실제의 세계에서는 모든 것이 상관 관계를 지닙니다. 우리의 이해력을 이 상관 관계에 조금은 적응시켜야만 그것을 알아낼 수 있습니다. 달리 말하자면 우리가 이 이해력을 사용하는 데 있어서 모든 것을 올바르게 정의하려는 것이 아니라, 이 이해 자체를 유동적으로 만들어서 그것이 알아챈 것을 다시금 내적으로, 개념적으로 변화할 수 있도록 해야 합니다.

여러분도 아시다시피 정신적-영적인 것은 그 자체로 신체적-육체적인 것으로 건너갑니다. 신체의 작용을 통해서, 모유를 통해서 자연의 정령이 어린 시절의 가장 초반부를 교육한다고 말할 수 있을 정도로 정신적-영적인 것이 전이합니다. 그래서 이갈이를 한 어린이들에게 초·중등 과정에 걸맞게 예술을 한 방울, 한 방울 떨어뜨려 적셔 주면서 교육하는 것입니다. 중등 교육 기간이 종료되는 시기가 다가오면 그것이 일정한 방식으로 다시금 변화합니다. 그 시기에는 점점 더 많이 독립적인 판단력, 개인성, 독립적인 의지와 욕구가 미래로부터 비쳐듭니다. 수업 계획을 만들 때, 그렇게 스며들어야 하는 것을 진정으로 이용할 수 있도록 고려해야 합니다.

열두 번째 강의 〉〉〉〉 신체적인 관점에서의 고찰
신체와 세계의 연관성

- … 머리 체계와 동물계
- … 가슴-몸통 체계와 식물계
- … 인간의 호흡과 식물의 동화 작용
- … 인간의 소화 과정
- … 식물의 세계와 질병의 형상
- … 사지 체계와 광물계
- … 당뇨병과 요산성 관절염: 신체 내부에서의 수정체 과정
- … 인간 신체의 과제
    광물의 해체
    식물의 전환
    동물적인 것의 정신화

열두 번째 강의

1919년 9월 3일, 슈투트가르트

인간의 신체를 관찰할 때에 우리는 그것을 우리의 물체적-감각적 환경에 관계시켜야 합니다. 신체는 주변 환경과 지속적인 상호 관계에 놓여 있으며, 주변 환경을 통해서 신체가 부양(扶養)되기 때문입니다. 우리의 물체적-감각적 세계를 바라보면, 이 세계에서 광물적 존재, 식물적 존재 그리고 동물적 존재를 지각할 수 있습니다. 광물적인 것, 식물적인 것 그리고 동물적인 존재와 우리의 신체가 유사성을 지닙니다. 그러나 그 유사성의 특이한 양식은 피상성의 관찰을 통해서 단순히 해명되지 않습니다. 물체적-감각적 환경에 대한 인간의 상호 관계를 알아보려고 한다면 필수적으로 자연계의 본질을 깊이 있게 파고들어야 합니다.

인간이 물체적-신체적이라는 점에서, 우리는 우선 인간의 견고한 골격 구조와 근육을 지각합니다. 인간의 심층으로 들어가 보면 혈액 순환과 그것에 속하는 기관을 지각합니다. 호흡과 양분 섭취 과정을 지각합니다. 다양한 맥관 형태들에서 자연 과학이 말하는 것처럼 기관들이 어떻게 형성되는지를 지각합니다. 두뇌와 신경 체계, 감각 기관을 지각하며, 인간의 이 다양한 기관들과 그것들이 매개하는 과정들을 인간이 존재하고 있는 외부 세계로 분류해 넣는 과제가 생겨납니다.

우선 인간에게서 가장 완벽해 보이는 것으로부터 출발합시다. 그것이 실제로 어떤 상태에 있는지 이미 살펴보았습니다. 감각 기관과 연결된 뇌-신경 체계에서 시작합시다. 그 안에, 시간적으로 가장 오랫동안 발달을 거쳐서, 동물계가 진화시킨 그 형태를 벗어난 인간 조직이 존재합니다. 고유한 머리 체계에 관련해서 보면 인간은 말하자면 동물계를 거쳐 지나왔습니다. 인간은 동물계를 초월해서 고유한 인간적 체계에 이르렀으며, 그것이 머리 형성에서 가장 분명하게 나타납니다.

개별적인 인간의 발달에 머리 형성이 어느 한도 내에서 관여하는지, 인간 신체의 형상화와 형태화가 어느 정도로 머릿속에, 두뇌 속에 잠재하는 힘에서 시작하는지에 대해서 어제 논의하였습니다. 그리고 일곱 살을 전후해서 이갈이와 함께 머리 작용에 어느 정도까지는 일종의 완결점이 맺어진다는 사실을 고찰했습니다. 인간의 머리가 가슴 기관과 사지 기관과 상호 작용을 함에 있어서 거기에 무엇이 실제로 발생하는지를 분명히 알고 있어야 합니다. 가슴 몸통 체계 그리고 사지 체계와 연관하여 일을 수행하면서 머리가 과연 무엇을 하는지에 대한 질문에 답을 해야 합니다. 머리는 끊임없이 형태를 만들고 형상화합니다. 삶의 첫 칠 년 동안 신체적 형태에 이르기까지 쏟아 부어지는 강력한 형상화가 머리에서 나아가며, 그 이후에도 머리는 계속해서 항상 원조하는 위치에서 형상을 유지하고, 형상을 영혼으로 충만시키고, 형상을 정신화하는 것에 사실 우리의 삶이 존속하는 것입니다.

머리는 인간의 형태 형성에 관계합니다. 그런데 머리가 우리의 실제적인 인간 형상을 만들어 냅니까? 그렇지는 않습니다. 머리가 비밀리에 끊임없이 여러분을 여러분과는 다른 것으로 만들려고 하고 있다는 관조를 따라야만 합니다. 머리가 여러분을 늑대처럼 보이도록 형상화하려는 순간이 있습니다. 머리가 여러분을 어린 양처럼 보이도록, 혹은 벌레처럼 보이도록 형상화하려는 순간도 있습니다. 머리가 여러분을 벌레로, 용으로 만들고자 합니다. 사실 여러분의 머리가 의도하는 모든 형상들은 바깥의 자연 속에 다양한 동물의 형태로 널려 있습니다. 동물의 세계를 바라보면 "그것이 바로 나 자신인데."라고 말할 수 있습니다. 단지 가슴 체계와 사지 체계가 이를테면 머리에서 나아가는 늑대의 형상을 인간 형태로 끊임없이 변화시키려는 친절함을 베풀고 있을 뿐입니다. 여러분 스스로 끊임없이 동물적인 것을 극복합니다. 여러분이 머리를 점령해서, 그것이 완전히 그 자체로 존재하도록 내버려 두는 것이 아니라 변형, 변화시키는 것입니다. 그러니까 인간은 머리 체계를 통해서 동물의 세계와 관계하고 있지만, 신체적인 활동에서 이 동물적 환경을 끊임없이 극복합니다. 그러면 여러분 안에는 실제로 무엇이 남아 있습니까? 인간을 관조해 보십시오. 인간을 표상해 보십시오. 흥미로운 고찰을 하게 됩니다. 한 사람이 있습니다. 그 사람은 위에 머리를 지니고 있고, 거기에는 사실 늑대가 움직이고 있지만, 그 사람이 늑대가 되지는 않습니다. 그 늑대는 몸통과 사지 체계에 의해서 해체됩니다. 그 머릿속에 어린 양이 움직이지만 몸통과 사지에 의해서 용해됩니다.

인간 내부에 끊임없이 동물의 형태가 초감각적으로 움직이고 해체됩니다. 초감각적인 사진사가 있어서 이 과정을 찍는다면, 전체 과정을 끊임없이 교체되는 사진판에 옮길 수 있다면, 어떻게 될까요? 그 사진판에서 무엇을 보게 됩니까? 인간의 사고를 볼 수 있습니다. 인간의 사고 내용은 말하자면 감각적으로 표현되지 않는 것에 대한 초감각적인 상관 개념인 것입니다. 머리에서 아래로 흐르는 동물적인 것의 끊임없는 변화는 감각적으로 드러나지 않지만, 초감각적으로 인간 내부에서 사고 과정으로서 작용합니다. 초감각적 실재 과정으로서 그것은 절대적으로 존재합니다. 여러분의 머리는 어깨 위에서 그저 게으름을 부리고 있는 것이 아닙니다. 여러분을 기꺼이 동물로 유지하고 싶은 것이 사실은 바로 여러분의 머리입니다. 머리는 여러분에게 전체 동물계의 형태들을 부여하고, 기꺼이 동물계가 생성되기를 바랍니다. 그러나 가슴과 사지가 전반적인 삶의 과정에서 여러분에게 전체 동물계가 생성되지 않도록 하며, 이 동물계를 여러분의 사고 내용으로 변화시킵니다. 우리는 그렇게 동물계와 관계하고 있습니다. 초감각적으로 우리 내부에 동물계가 생성되도록 하지만, 그것이 감각적 실재로 들어서지 못하게 하고, 초감각적인 것에 머물도록 합니다. 가슴과 사지가 자신의 영역 안에 동물이 생기지 않도록 합니다. 머리가 이 동물적인 것으로부터 어떤 것을 만들어 내려는 경향을 과도하게 지니게 되면, 나머지 유기체가 그것을 수용하기를 거부하게 되고, 그러면 머리는 그것을 조절하느라 편두통이나 머릿속에서 일어나는 그런 유사한 것들에 호소해야만 합니다.

가슴 체계 역시 주변과 관계를 지닙니다. 그러나 그것은 주변의 동물계와 관계를 하고 있지는 않습니다. 가슴 체계는 전체 식물의 세계에 관계합니다. 인간의 가슴 체계, 몸통 체계와 식물의 세계 사이에는 비밀로 가득 찬 관계가 있습니다. 가슴 체계 내부에, 몸통 체계 내부에서, 이 가슴-몸통 체계에서 가장 근본적으로 혈액 순환, 호흡 그리고 양분 섭취가 이루어집니다. 이 모든 과정은 바깥의 물체적-감각적 자연에서, 식물의 세계에서 진행되는 것과 상호 관계를 지니는데 이는 매우 독특한 관계입니다.

우선 호흡을 들어 봅시다. 인간은 호흡을 하면서 무엇을 합니까? 산소를 흡수해서 생명 과정을 통해서 그것을 탄소와 결합시켜서 탄산가스로 변화시킨다는 것을 여러분은 알고 있습니다. 탄소는 유기체에서 변화된 영양소에 의해 존재합니다. 이 탄소가 산소를 수용합니다. 산소가 탄소와 결합함으로써 탄산가스가 생성됩니다. 이제 인간이 그 탄산가스를 자신의 내부에 지닌다면, 외부로 내보내지 않고 내부에 보관하려고 한다면, 인간 내부에 흥미로운 상황이 일어납니다. 인간이 이제 그 탄소를 산소로부터 다시금 분해할 수 있다면 과연 무슨 일이 일어나겠습니까? 인간이 일단 생명 과정을 통해서 산소를 들이마시고, 그것을 내부에서 탄소와 결합시켜서 탄산가스로 만든 다음에 다시금 그 산소를 내적으로 추출할 수 있고, 그 탄소를 내부에서 소화할 수 있다면 과연 인간 내부에 무엇이 생성되겠습니까? 식물의 세계가 생성됩니다. 인간 내부에 갑자기 전체 식물계가 성장할 것입니다. 식물이 성장할 수 있습니다. 식물을 관찰해 보면 그것들이 무엇을 합니까? 식물은 인간이 하듯이 그렇게 규칙적인 방식으로 산소를 흡입하지 않고 탄산가스를 동화합니다. 낮 동안 식물은 탄산가스를 동화시키고 산소는 배출합니다. 식물이 그렇게 하지 않는다면 곤란한 상황이 일어날 것입니다. 인간도 동물도 산소를 얻을 수 없겠지요. 한편으로 식물은 탄소를 내부에 보유함으로써 전분과 당분 등을 비롯해서 식물 속에 존재하는 모든 것을 만들어 냅니다. 그것에서 식물은 그 전체 유기체를 구축합니다. 식물이 동화 작용을 통해서 탄산가스에서 추출해 내는 탄소에서 스스로를 구축함으로써 전체 식물의 세계가 생성됩니다. 식물계를 고찰해 보면 식물은 변형된 탄소이며, 이 탄소는 인간의 호흡 과정에 해당하는 동화 작용의 과정에서 추출된 것입니다. 식물도 호흡을 조금은 하지만, 그것은 인간의 호흡과는 다릅니다. 단지 피상적인 관찰에 따르자면, 식물 역시 호흡을 하고 있다고 말들 합니다. 식물도 역시 호흡을 하기는 하지만 주로 밤에만 조금 할 뿐입니다. 그러나 그것은 면도칼로 고기를 자르겠다고 말하는 것과 마찬가지입니다. 면도칼이 푸줏간의 칼과 다른 것처럼 식물의 호흡은 인간과 동물의 호흡과는 다릅니다. 인간의 호흡 과정에 해당하는 것은 식물에 있어서 역으로 된 과정, 즉 동화 작용입니다.

여기에서 여러분은 다음 사실을 파악하게 됩니다. 탄산가스가 생성된 이후의 과정을 여러분 스스로 연속시킨다면, 다시 말해서 바깥의 자연이 하듯이 탄산가스에서 산소를 다시 분리해서 탄산가스를 탄소로 다시 변화시킨다면, ― 여러분은 그렇게 할 수 있는 성분을 내부에 지니고 있습니다. ― 그렇게 한다면 여러분은 내부에 전체 식물계를 성장시킬 수 있을 것입니다. 여러분이 갑자기 식물계로 나타나도록 할 수도 있습니다. 여러분은 사라지고 전체 식물의 세계가 생성될 것입니다. 끊임없이 식물계를 만들어 내는 그 능력이 사실 인간의 내부에 존재합니다. 인간이 그렇게 되지 않도록 할 뿐입니다. 인간의 몸통 체계는 끊임없이 식물의 세계를 만들려는 경향을 강하게 지니고 있습니다. 바로 머리와 사지가 그렇게 되지 않도록 합니다. 그것들이 저항을 합니다. 그렇게 인간은 탄산가스를 방출하고 식물계가 내부에 생성되지 않도록 합니다. 외부에서 탄산가스로부터 식물계가 생성되도록 합니다.

가슴-몸통 체계와 감각적-물체적 환경 사이에 진기한 상호 관계가 존재합니다. 저기 바깥에 식물의 영역이 있고, 인간이 식물이 되지 않기 위해서 식물 과정이 내부에서 일어나지 않도록 하고, 그 식물 과정이 일어나면 즉시 외부로 배출하도록 인간이 끊임없이 강요당하고 있습니다. 바로 가슴-몸통 체계와 관련해서 보자면 인간은 식물계의 대립 영역을 형성하는 입장에 있다고 말할 수 있습니다. 식물계를 양성적인 것으로서 상상해 보면, 인간은 식물계에 대한 음성적인 것을 생성하는 것입니다. 인간은 말하자면 뒤집어진 식물계를 만듭니다.

그러면 식물계가 인간 내부에서 시작되고, 머리와 사지가 식물계의 생성을 초반에 즉시 절멸시켜 배출할 힘이 없다면 어떤 일이 일어납니까? 그러면 인간은 병을 앓게 됩니다. 가슴-몸통 체계에 기인하는 내부 질환은 근본적으로 보아서 인간이 내부에 생성되는 식물성을 즉시 억제하기에는 너무 허약하기 때문에 생기는 것입니다. 식물계의 경향을 띠기 시작하는 것이 우리 내부에 약간 생성되는 그 순간에, 우리가 우리 내부에 식물계로 생성되려는 것을 배출시켜서 그것이 외부에서 일어나도록 배려할 위치에 있지 못하면, 바로 그 순간에 우리는 병이 듭니다. 그래서 인간 내부에 식물이 자라기 시작하는지, 그 점에서 질병 과정의 본질을 찾아야만 합니다. 인간의 내부가 백합이 피어나기에는 전혀 알맞은 환경이 아니기 때문에 여러분은 당연히 식물이 되지는 않을 것입니다. 그러나 식물계가 생성되려는 그 경향이 다른 체계의 약화로 인한 결과로 나타날 수 있고, 그렇게 되면 인간은 병이 듭니다. 그러므로 인간의 주변에 있는 전체 식물의 환경을 주시해 보면, 식물 환경 속에 우리의 전반적인 질병의 형상들 역시 특정한 의미에서 존재하고 있다고 말하지 않을 수 없습니다. 다른 것을 계기로 이미 상술했듯이, 인간은 식물들에서 사춘기까지의 발달 형상뿐만 아니라, 이 식물들이 그 자체 내부에 열매가 되려는 소질을 지닌다는 의미에서, 인간은 외부의 식물에서 인간이 지니는 질병 과정의 형상들 역시 볼 수 있다는 것이 인간과 자연 세계의 관계 속에 존재하는 진기한 비밀입니다. 인간이 식물의 세계를 당연히 미적으로 사랑하기 때문에, 식물계가 인간의 외부에서 그 본질을 전개하는 경우에 이 미학이 정당화되기 때문에, 이런 의견은 아마도 사람들이 그렇게 듣기 좋아하지는 않습니다. 그러나 인간 내부에 식물계가 그 본질을 전개시키려는 그 순간에, 인간 내부에 식물화되려는 경향이 시작하는 그 순간에, 바깥에서는 화려한 색상으로 피어나는 식물계가 인간의 내부에서는 질병의 원인이 됩니다. 모든 개별적인 질병을 식물계에서 하나의 어떤 형태와 비교할 수 있을 때에 의학은 진정한 학문이 될 것입니다. 인간이 탄산가스를 외부로 내쉰다함은 근본적으로 보아서 자신의 존재를 위해서 내부에 생성되려는 전체 식물의 세계를 끊임없이 내쉰다는 것을 의미합니다. 그러므로 식물이 일반적인 식물의 존재를 넘어서서 내부에 독을 생성시키기 시작하면, 그 독성이 인간의 건강 과정과 질병 과정에 역시 관련한다는 것에 전혀 놀랄 필요가 없습니다. 그러나 그것은 일상적인 양분 섭취 과정과도 역시 관계합니다.

사랑하는 여러분, 가슴-몸통 체계에서 진행되는 영양 섭취는 적어도 그 출발점에서 보아 호흡 과정과, 호흡과 아주 유사한 방식으로 고찰되어야만 합니다. 양분 섭취를 통해서 인간은 주변 환경의 성분을 내부로 수용하지만, 그것을 원래의 상태 그대로 내버려 두지는 않습니다. 인간은 외부의 성분을 변화시킵니다. 바로 호흡에서 얻은 산소의 도움으로 외부의 성분을 변화시킵니다. 인간이 양분 섭취를 통해서 수용한 그 성분을 변화시킨 후에, 그것을 산소와 결합시킵니다. 이것은 연소 과정처럼 보입니다. 마치 인간이 자신의 내부에서 끊임없이 타오르고 있는 것처럼 보입니다. 인간의 내부에 연소 과정이 작용한다고 자연 과학 역시 자주 설명하고 있습니다. 그런데 그것은 사실이 아닙니다. 인간 내부에 일어나고 있는 것은 진정한 의미에서의 연소 과정이 아니라, 서두와 말미가 없는 그런 연소 과정이라는 점에 주목하시기 바랍니다. 연소 과정의 중간 단계일 뿐입니다. 그 연소 과정에는 시작과 끝이 빠져 있습니다. 인간의 신체 내부에서는 연소 과정의 시작과 끝이 절대로 발생해서는 안 되며, 단지 그 과정의 중간 부분만 일어나야 합니다. 열매가 익어 가는 과정과 같은, 연소 과정의 가장 초반부가 인간의 유기체 안에서 일어난다면, 예를 들어 완전히 덜 익은 과일을 먹으면, 그것은 인간에게 파괴적입니다. 연소와 유사한 이 초반의 과정을 인간은 경험할 수 없습니다. 그 과정은 인간 내부에는 없으며, 인간을 병들게 합니다. 예를 들어 강건한 촌사람들처럼 덜 익은 과일을 먹을 수 있다면, 그 사람은 설익은 사과나 배를 햇빛으로 잘 익은 과일을 소화해 내듯이 제대로 소화할 수 있도록 주변의 자연과 아주 아주 많은 유사성을 지녀야만 합니다. 인간은 단지 중간 과정만 참여할 수 있습니다. 전체적인 연소 과정으로부터 인간은 양분 섭취 과정에서 단지 중간 과정만 해낼 수 있습니다. 그 과정이 끝까지 행해지면, 예를 들어서 익은 과일이 외부에서 썩어 가는 것과 같은 상태에 이르기 때문에 인간은 그 과정 역시 계속해서는 안 됩니다. 그러니까 연소 과정의 최종 부분 역시 인간은 행할 수 없습니다. 그 이전에 영양 섭취의 성분을 바깥으로 내보내야 합니다. 인간은 주변 환경에서 일어나듯이 그렇게 자연 과정을 완수하는 것이 아니라, 그 중에서 단지 중간 부분만 실행합니다. 시작과 끝을 인간은 자신의 내부에서 할 수 없습니다.

이제 우리는 극도로 진기한 것을 만나게 됩니다. 호흡을 관찰해 보십시오. 호흡은 바깥의 식물계에서 진행되고 있는 모든 것에 대한 대응물입니다. 호흡은 말하자면 반(反)-식물계입니다. 호흡은 반-식물계이며, 외부의 과정에서 중간 부분에 속하는 양분 섭취 과정과 내적으로 결합합니다. 보시다시피, 우리의 신체적인 가슴 몸통 체계 내부에 두 가지가 작용합니다. 호흡을 통해서 일어나는 반-식물 과정은 항상 외부의 나머지 자연 과정의 중간 부분과 함께 작용합니다. 서로 혼합되어 작용합니다. 바로 거기에 영혼과 신체가 함께 연관되어 있는 것을 보게 됩니다. 바로 거기에 영혼과 신체 사이의 비밀에 찬 관계가 존재합니다. 호흡 과정을 통해서 일어나는 것이 중간 부분만 실행되는 나머지 자연 과정과 연결하는 바로 거기에서 반-식물 과정인 영적인 것이, 자연 과정의 중간 부분에 해당하고 인간적으로 된 신체적인 것과 결합합니다. 과학이 영혼화된 호흡과 자연 과정의 중간 부분에서 신체적으로 된 현존재 사이에 놓인 비밀에 찬 관계를 찾지 못한다면, 신체와 영혼 간의 상호 관계가 어떤 것인지 오랫동안 생각해 보아야 할 것입니다. 이 자연 과정은 인간의 내부에서 생성되지 않으며, 인간의 내부에서 소멸되지 않습니다. 인간은 그것의 생성을 외부에 맡깁니다. 인간이 그것을 배설한 다음에야 비로소 그것이 소멸됩니다. 인간은 신체적으로 단지 자연 과정의 중간 부분에만 연관되어 있으며, 호흡 과정 속에서 그 자연 과정을 영적으로 만듭니다.

바로 여기에 미래의 의학, 미래의 위생학이 아주 특별히 연구해야만 할 과정에 대한 미세한 구조가 생성됩니다. 미래의 위생학은 저 바깥의 우주에서 어떻게 다양한 열의 단계가 상호 간에 작용하는지 질문해 보아야만 합니다. 열이 차가운 곳에서 따뜻한 곳으로 이동하는 동안에, 또 그 반대의 경우에 어떤 효과가 일어납니까? 열 과정으로서 저 외부에 작용하는 것이, 인간이 그 열 과정에 들어서면 인간의 유기체 속에 어떤 효과를 일으킵니까? 공기와 물의 상호 작용을 외부의 식물 과정에서 발견할 수 있습니다. 인간이 그 내부로 들여보내지면, 그것이 인간에 어떤 작용을 하는지 연구해야만 합니다.

그런 것에 관해서 오늘날의 의학은 아주 미미하게 시작하기는 했습니다. 시작이라고 할 수도 없습니다. 오늘날의 의학은 질병의 형태 같은 것이 있으면, 예를 들어서 세균이나 박테리아 형태에서 병원체를 찾아내는 것에 커다란 가치를 둡니다. 그런 것들을 찾아내고 나면 그것으로 만족합니다. 그러나 어떻게 인간이 삶의 한 순간에 아주 작은 식물 과정을 자신의 내부에 발달시키고, 그로 인해서 세균이 그 안에서 적절한 서식처를 찾아내는지를 인식하는 것이 더욱 중요합니다. 우리의 체질을 잘 유지해서 그 모든 식물적인 요소들이 살기 적합한 서식처가 전혀 생기지 않도록 하는 것이 중요합니다. 우리가 그렇게 할 수 있다면, 이 무리들이 우리를 그렇게까지 초토화시킬 수 없을 것입니다.

이제 한 가지 질문이 아직 남아 있습니다. 인간을 외부 세계에 대한 관계에서 신체적으로 관찰할 때에 골격 체계와 근육은 전반적인 인간의 생명 과정과 과연 어떤 위치에 있습니까?

여기에 우리가 인간을 이해하려면 반드시 파악해야만 하는 것이 있습니다. 오늘날의 과학은 이 점을 거의 주시하지 않습니다. 여러분이 팔을 굽히면 어떤 일이 일어나는지 주의해 보십시오. 팔의 아랫부분〔前膊〕을 구부리는 근육 수축을 통해서 여러분은 거의 기계적인 과정을 일으킵니다. 여러분이 일단은 여기(첫 번째 그림)에서와 같은 자세를 취했기 때문에 생겨난 것이라고 가정합니다.

이제 끈을(C) 팽팽하게 묶은 다음에 그것을 감아올리면, 이 뼈대

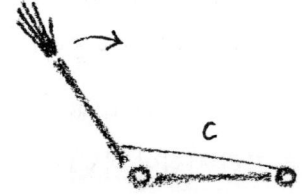

가 이런 운동을(두 번째 그림) 실행합니다. 그것은 완전히 기계적인 운동입니다. 걸어가면서 무릎을 구부릴 때에도 역시 그런 기계적인 운동을 실행합니다. 신체의 전반적인 기계 장치가 걸어가면서 끊임 없이 움직이고 힘이 계속해서 작용하고 있기 때문입니다. 그 힘은 주로 기중력이지만 역시 힘이 작용하고 있는 것입니다. 여러분이 정교한 사진술로 걸어가는 사람이 아니라, 그 사람이 응용하는 모든 힘을 찍을 수 있다고 한 번 가정해 봅시다. 그 사람이 다리를 올리면서, 다리를 다시 내려 세우면서, 다른 다리가 그 운동을 따라하면서 적용하는 그 모든 힘만 사진을 찍는다고 합시다. 인간의 신체가 아니라 단지 그 힘만 찍는다고 합시다. 이 힘들이 전개되는 과정을 여러분이 볼 수 있다면, 일단은 거기에서 그림자만 찍힐 것이고, 걸어가게 되면 심지어 일련의 그림자들이 찍힐 것입니다. 여러분의 자아와 함께 여러분이 근육과 살 속에서 살고 있다고 믿으시면 큰 오산입니다. 깨어나 있어도 여러분은 자아와 함께 근육과 살 속에 살고 있는 것이 아니라, 여러분이 사진으로 찍은 그 힘 속에, 여러분의 신체를 움직이는 그 힘 속에 주로 살고 있습니다. 정말 기괴하게 들릴지 모르지만, 여러분이 의자 등받이에 등을 대고 앉아 있으면, 등을 기대고 있는 동안 여러분은 여러분의 자아와 함께 등받이를 누르고 있는 그 힘 속에 살고 있습니다. 서 있을 때에는 여러분의 두 발이 대지를 누르는 그 힘 속에 살고 있습니다. 여러분은 계속해서 힘 속에 살고 있습니다. 눈에 보이는 육체 속에서 우리의 자아와 함께 살고 있다는 것은 전혀 사실이 아닙니다. 우리는 자아와 함께 힘 속에 살고 있습니다. 가시적인 육체는 우리가 그저 지니고 다니는 것입니다. 그것을 우리는 물체적인 지구상에서 살면서 죽을 때까지 이끌고 다니는 것뿐입니다. 깨어 있는 상태에서도 우리는 힘의 신체 속에 살고 있습니다. 그 힘의 신체는 그러면 과연 무엇을 합니까? 그것은 끊임없이 하나의 특수한 과제를 수행합니다.

여러분이 양분을 섭취하면서 온갖 종류의 광물적 성분을 받아들이지 않습니까? 국에 소금을 많이 넣지 않더라도, 소금은 이미 음식 속에 들어 있고, 여러분은 광물적 성분을 섭취하기 마련입니다. 광물적 성분을 섭취하려는 욕구 역시 존재합니다. 그러면 이 광물적 성분으로 여러분은 무엇을 합니까? 머리는 이 광물적 성분과 아무것도 할 수 없습니다. 가슴-몸통 체계 역시 마찬가지입니다. 그러나 사지 체계가 이 광물 성분이 여러분 안에서 수정체가 되지 않도록 억제합니다. 사지 체계의 힘을 발달시키지 않은 상태에서 여러분이 소금을 섭취하게 되면 여러분은 염분 결정체가 됩니다. 골격과 근육 체계가 끊임없이 지구의 광물 형성에 대응해서 작용하는 경향을, 즉 광물을 소멸시키는 경향을 지닙니다. 인간 안에서 광물을 해체하는 힘은 사지 체계에서 옵니다.

질병 과정이 단순한 식물성을 벗어나서, 다시 말해 유기체가 식물적인 과정뿐만 아니라 광물적 결정화 과정을 그 내부에 일어나도록 하는 경향을 지니게 되면, 고도로 파괴적인 질병 형태, 예를 들어 당뇨병과 같은 것이 존재하게 됩니다. 그러면 인간의 신체는 자신의 사지 체계의 힘으로, 세상으로부터 얻는 그 사지 체계의 힘으로 끊임없이 해체해야 할 광물을 더 이상 해체할 수 없는 위치에 있게 됩니다. 오늘날의 사람들이 신체 내부의 질병적인 광물화에 의해 생기는 질병 형태들을 극복할 수 없는 이유는, 우리가 감각 기관, 혹은 두뇌, 신경 다발 등과 유사한 것과의 연관성에서 얻어 내어야만 하는 대응물을 충분히 적용할 수 없기 때문입니다. 제가 특정한 이유를 가지고 가상 성분이라고 명명하는데, 우리는 감각 기관 속에, 두뇌와 신경에 존재하는 가상 성분을, 이 분해되는 물질을 요산성 관절염이나 당뇨병 같은 질병들을 극복하는 데에 어떤 형태로든 적용해야만 합니다. 인간과 자연의 관계가 오늘 여러분에게 설명한 관점으로부터 완전히 통찰될 수 있다면, 이 영역에서 비로소 인류의 치료를 위해서 진정으로 유익한 것에 도달하게 될 것입니다. 인간의 신체에서 일어나는 것들과 그것의 과정을 알아야만, 즉 인간이 내부에서 광물을 해체해야만 하고, 내부에서 식물계를 전환시켜야만 하며, 동물계를 극복해서 정신화해야만 한다는 점을 모르고는 인간을 규명할 수 없습니다. 그리고 교사가 신체 발달에 대해서 알아야 할 모든 것을, 제가 여기서 설명한 바와 같이 인류학적인 인지학적 관찰이 그 근거로 지니고 있습니다. 교육적으로 무엇을 구축할 수 있는지는 내일 계속해서 말씀드리겠습니다.

열세 번째 강의 〉〉〉〉 신체적인 관점에서의 고찰
신체와 정신적-영적인 힘의 연관성

··· 형상으로 본 머리 인간과 사지 인간
··· 영적-정신적 힘의 과정
··· 잉여 물질인 지방의 생성과 사지 인간을 통한 그것의 해체
··· 신경과 정신적-영적인 힘의 관계
··· 육체적인 일과 정신적인 일의 상호 관계
··· 체조와 오이리트미
··· 벼락공부의 폐해
··· 일의 외적인 정신화: 교육적-사회적
··· 일의 내적인 혈액 순환화: 교육적-위생적

열세 번째 강의

1919년 9월 4일, 슈투트가르트

우리는 외부 세계와의 관계에서 인간을 파악할 수 있습니다. 지금까지의 강의에서 얻은 통찰들을 근거로 한다면, 외부 세계에 대한 어린이의 관계를 고려해서 우리가 어린이에게 어떤 태도를 취해야 하는지에 대한 인식을 얻을 수 있습니다. 문제는 단지 이 인식을 어떻게 삶에서 적절한 방식으로 적용하느냐는 것입니다. 사지 인간이 머리 인간에 대해서 완전히 상반된 형상을 하고 있다고 말할 수 있기 때문에, 외부 세계에 대한 인간의 관계가 이중적이라는 점을 반드시 주시해야만 합니다.

이제 상당히 어려운 표상을 습득해야만 합니다. 머리 형태가 장갑이나 양말이 뒤집어진 것처럼 표상할 경우에만 사지 인간의 형태를 제대로 파악할 수 있다는 것입니다. 그 표상을 통해서 표현되는 것은 인간의 전체 삶에서 커다란 의미가 있습니다. 표상을 도식화해서 그려 보자면, 머리 형태는 안에서 바깥으로 밀어붙여져서, 즉

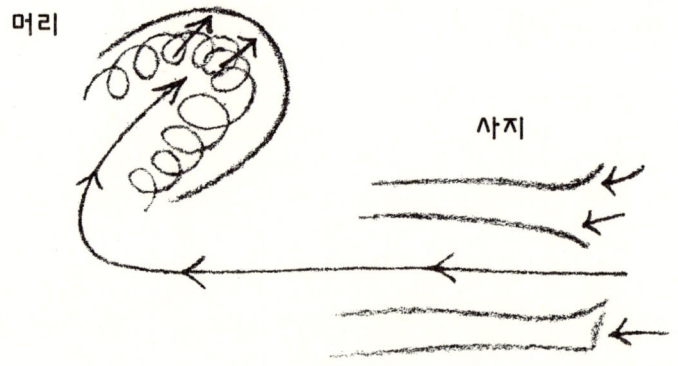

내부에서 외부로 부풀려서 형성된 것이라 말할 수 있습니다. 인간의 사지 체계는 바깥에서 안으로 눌려져 들어간 것으로, 이마에서 뒤집어짐으로써 형성된 것이라고 — 이 점은 인간의 삶에서 아주 중요한 의미가 있습니다. — 표상해 볼 수 있습니다. 여러분 내면의 인간적인 것이 내부에서 여러분의 이마를 향한다고 생각해 보십시오. 손바닥과 발바닥을 눈여겨보십시오. 여러분의 손바닥과 발바닥에 끊임없이 일종의 압력이 작용되고 있음을 알 수 있습니다. 그 압력은 여러분의 이마에 내부로부터 작용되는 것과 동일한 것입니다. 단지 반대 방향에서 오는 것일 뿐입니다. 여러분의 손바닥을 외부 세계에 대치시키고, 여러분의 발바닥으로 바닥을 밟을 때에 외부로부터 손바닥과 발바닥을 통해서 흐르는 것은 내부에서 이마를 향해서 흐르는 것과 동일합니다. 이것은 극도로 중요한 사실입니다. 이것이 너무도 중요한 이유는 우리가 이 사실을 통해서 정신적-영적인 것이 인간 내부에 어떤 상태에 있는지를 인식할 수 있기 때문입니다. 이 사실에서 알 수 있는 것은, 정신적-영적인 것이 하나의 흐름이라는 점입니다. 실제로 정신적-영적인 것이 하나의 흐름으로 인간을 관통하고 있습니다.

그러면 이 정신적-영적인 것에 대해서 인간은 과연 무엇입니까? 물의 흐름이 제방 때문에 억제되어서 수위가 차올라 거꾸로 넘쳐난다고 생각해 보십시오. 그렇게 정신적-영적인 것이 인간 내부에서 넘쳐흐릅니다. 인간은 정신적-영적인 것을 막아서 고이게 하는 댐과 같은 것입니다. 정신적-영적인 것은 사실 방해받지 않고 인간을 통과해서 흐르고자 합니다. 그러나 인간이 그것을 억제해서 느리게 합니다. 인간은 정신적-영적인 것을 자신의 내부에 고이도록 합니다. 그런데 제가 흐름이라고 명시한 이 효과가 아주 기이한 것이기는 합니다. 인간을 관통해서 흐르는 그 정신적-영적인 것의 효과를 흐름이라고 표현했는데, 그러면 외적인 신체성에 대해서 그것은 과연 무엇입니까? 그것은 인간을 끊임없이 흡수하는 것입니다.

인간이 외부 세계를 대하고 여기에 존재합니다. 정신적-영적인 것은 그 인간을 끊임없이 흡수하려고 애를 씁니다. 그래서 우리는 바깥으로 끊임없이 껍질을 벗어 냅니다. 정신이 충분히 강해지면, 예를 들어 손톱이 길어져서 잘라 내야만 합니다. 정신이 바깥에서 오면서 흡입하고 파괴시키려 하기 때문입니다. 정신은 모든 것을 파괴하고, 신체가 정신의 파괴를 저지합니다. 파괴하는 정신적-영적인 것과 지속적으로 형성하는 신체 사이의 균형이 인간 내부에 이루어져야만 합니다. 이 흐름 속으로 가슴-몸통 체계가 들이밀어져 있습니다. 그리고 가슴-몸통 체계가 바로 밀고 들어오는 정신적-영적인 것의 파괴에 대항하고 그 자체로부터 인간을 물질적인 것으로 관철하는 것입니다. 여기에서 여러분은 가슴-몸통 체계를 넘어서 돌출해 있는 인간의 사지 체계가 역시 진정으로 가장 정신적인 것임을 미루어 알 수 있습니다. 사지 체계 내부에는 물질을 생성하는 과정이 인간 내부에서 가장 적게 행해지기 때문입니다. 가슴-몸통 체계에 의해서 신진대사 과정에서 사지로 들여보내는 것만 우리의 사지를 물질적인 것으로 만듭니다. 우리의 사지는 고도로 정신적이며, 사지가 바로 움직이면서 우리의 신체를 소모하는 것입니다. 신체는 사실 인간이 태어나면서부터 지니는 소질을 위해서 발달하도록 되어 있습니다. 사지가 너무 조금 움직이거나, 적절하지 않게 움직이면 신체를 제대로 소모하지 않습니다. 가슴-몸통 체계는 그것 자체를 위해서는 운이 좋은 상태에 있어서 사지로부터 충분히 소모되지 않습니다. 그래서 나머지를 보관하게 되어 그것이 인간 내부에서 여분의 물질을 생성하는 데에 쓰입니다. 그러면 이 여분의 물질이 인간 내부에 태어나면서부터 소질로 존재하는 것을 관철합니다. 인간이 정신적-영적인 존재로 태어났기 때문에 신체성에 지녀야만 할 것을 이 여분의 물질이 대체합니다. 인간이 지녀야 할 것을, 지니면 안 되는 것으로 관철합니다. 즉 인간이 단지 지상의 인간으로서만 물질적으로 지니는 것으로, 진정한 의미에서 정신적-영적으로 타고나지 않은 것으로 관철합니다. 인간이 점점 더 많은 지방으로 뚱뚱해집니다. 점점 더 많은 지방이 인간을 차지하게 됩니다. 그런데 이 지방이 비정상적인 방식으로 인간 내부에 축적되면, 흡입 과정으로서, 소모하는 과정으로서 밀려 들어오는 정신적-영적 과정에 너무 많이 대립하게 되어 결국 그것이 머리 체계로 향하는 길을 어렵게 만듭니다. 그래서 어린이를 비만하게 만드는 음식을 너무 과다하게 섭취시키는 것은 옳지 않습니다. 그렇게 함으로써 머리가 정신적-영적인 것으로부터 해체되는 것입니다. 지방이 정신적-영적인 것의 노상에 놓여 방해가 되면 머리를 비우기 때문입니다. 어린이의 전반적인 주변 상황과 상호 작용해서 어린이가 너무 비만해지지 않게 만드는 방법을 강구하는 것이 중요합니다. 살아가면서 나중에 비만해지는 것은 온갖 여러 가지 원인이 있지만, 어린 시기에 비만해지는 것은 특수 아동이 아닌 한에는, 다시 말해서 특히 허약하게 형성된 아이들의 경우에, 바로 허약하기 때문에 쉽게 비만해지는 것입니다. 그러므로 정상적으로 건강한 어린이들은 적절한 영양 섭취로 지나치게 비만해지는 것을 막을 수 있습니다.

그러나 이런 것들의 전반적이고 광범위한 의미를 고려하지 않는다면 그것에 대해서 올바른 책임을 질 수 없게 됩니다. 어린이가 너무 많은 지방을 축적하도록 내버려 두는 것은, 인간과 어떤 것을 하고자 의도하는 세계 과정을 방해하는 것입니다. 정신적-영적인 것을 인간을 통해서 흐르도록 함으로써 어떤 것을 드러내려고 하는 그 세계 과정을 방해하는 것입니다. 어린이를 비만해지도록 내버려 두는 것은 실제로 세계 과정을 방해하는 것입니다.

여러분이 보시다시피 인간의 머릿속에서는 고도로 기이한 것들이 발생하고 있기 때문입니다. 물이 막히면 역류하듯이 인간의 내부에 정신적-영적인 것 모든 것이 다시 뿜어져 나옵니다. 다시 말하자면, 미시시피 강이 모래를 운반하듯이 정신적-영적인 것이 물질로부터 함께 운반하는 것들을 두뇌의 내부에 뿜어내어서, 정신적-영적인 것이 고이는 두뇌 내부에 갑자기 흐름이 변화하게 됩니다. 물질이 되받아치는 동안 두뇌 속에 물질 자체가 끊임없이 와해됩니다. 그리고 아직 삶에 의해서 관통되어 있는 물질이 그 자체로 붕괴되면, 그러니까 제가 보여드린 대로 물질이 되받아치게 되면 거기에 신경이 생성됩니다. 정신에 의해서 삶을 관통하도록 쫓기는 물질이 그 자체로 붕괴되어서, 살아 있는 유기체 내부에서 사멸하면 항상 신경이 생성됩니다. 그렇기 때문에 신경은 살아 있는 유기체 내부에서 사멸된 물질이고, 그래서 삶이 밀려서 그 자체로 내부에서 불어나서 막히게 되어서 물질이 서서히 부스러지고 와해됩니다. 이렇게 인간의 내부에 사방으로 나아가는 통로가 생기고, 그것들이 사멸된 물질로 가득 차게 되어서 신경이 생깁니다. 이 신경에 정신적-영적인 것이 인간 내부로 넘쳐흐릅니다. 정신적-영적인 것이 와해하는 물질을 필요로 하기 때문에, 정신적-영적인 것은 신경을 따라서 인간을 관통해서 넘쳐흐릅니다. 정신적-영적인 것은 인간의 표면에 그 물질이 붕괴되도록 해서 껍질을 벗도록 합니다. 이 정신적-영적인 것은 인간 내부에서 물질이 일단 사멸되면 인간의 그 빈 곳을 채우는 것에만 관계합니다. 물질적으로 죽은 신경관을 따라서 인간의 내부에 정신적-영적인 것이 움직입니다.

이런 식으로 정신적-영적인 것이 인간 내부에서 실제로 일하고 있는 방식을 일별해 볼 수 있습니다. 정신적-영적인 것이 외부에서 밀려 들어와서 빨아들이고 소모하는 활동을 발달시키는 것을 보게 됩니다. 그것이 침투해 들어오는 것을 보십시오. 그것이 어떻게 밀려 들어와서 채워지고 역류해서 물질을 파괴하는지 볼 수 있습니다. 그 물질이 신경 속에서 어떻게 붕괴되는지, 그래서 내면으로부터 정신적-영적인 것이 통과할 수 있는 길을 스스로 넓히면서 이제 피부로 밀고 나올 수 있는지를 보십시오. 정신적-영적인 것은 유기적으로 살아 있는 것을 뚫고 나가지 않기 때문입니다.

그러면 그 유기적인 것, 살아 있는 것은 어떻게 표상할 수 있습니까? 살아 있는 것은 정신적-영적인 것을 수용하지만 그것을 통과시키지 않는 것으로 표상할 수 있습니다. 죽은 것, 물질, 광물적인 것은 정신적-영적인 것을 통과시키는 것으로 표상할 수 있어서 여러분은 신체적으로 살아 있는 것의 정의와 골격적이고 신경적인 것의 정의, 요컨대 광물적-물질적인 것의 정의를 얻을 수 있게 됩니다. 즉 살아 있고 유기적인 것은 정신 비투과적(非透過的)이며, 물체적이고 죽은 것은 정신 투과적입니다. "피는 물보다 진하다"고 합니다. 정신에 대한 피의 관계는 빛에 대해 비투과적인 물질과 같기 때문입니다. 피는 정신을 통과시키지 않고, 그것을 자신의 내부에 보유합니다. 신경 성분 역시 사실은 아주 특별한 성분입니다. 그것은 빛에 대해서 투명한 유리 같은 것입니다. 투명한 유리가 빛을 투과시키듯이 물질적, 물체적 질료, 즉 신경 물질은 정신을 투과시킵니다.

이제 여러분은 인간의 두 가지 구성 요소 사이의 차이를, 즉 인간 내부에서 정신을 투과시키는 광물과, 정신을 그 내부에 보유하는 좀 더 유기적으로 살아 있는, 좀 더 동물적인 것, 정신이 유기체를 형성하는 형태를 만들어 내도록 하는 것 사이의 차이를 볼 수 있습니다.

이제 이 사실에서 인간을 다루기 위한 온갖 것들이 결론으로 나옵니다. 인간이 육체적인 일을 한다고 합시다. 그러면 인간은 사지를 움직이는데 그것은 말하자면 인간이 전적으로 정신 속에서 수영을 하고 있는 것입니다. 여기에서의 정신은 인간의 내부에 들어차 있는 정신이 아니라 외부에 존재하는 것을 말합니다. 여러분이 나무를 베어서 토막 내거나, 걸어가거나, 그저 사지를 움직이기만 하면, 사지를 실용적이든, 비실용적이든 간에 일을 하도록 움직이도록 함으로써 여러분은 끊임없이 정신 속에서 헤엄을 치는 것이며, 끊임없이 정신과 관계하고 있는 것입니다. 이 점은 매우 중요합니다. 우리가 정신적으로 일한다면, 사고하고 읽는 등의 정신적인 일을 한다면, 그런 활동은 어떤 것인지 질문해 보는 것은 광범위한 의미에서 역시 중요합니다. 네, 그것은 우리 내부에 존재하는 정신적-영적인 것과 관계합니다. 그 경우에 우리는 사지로 정신 속에서 헤엄치는 것이 아니라 우리 내부의 정신적-영적인 것이 지속적으로 우리의 신체적인 것을 이용하고 있는 것입니다. 이는 달리 말하자면 정신적-영적인 것이 우리 내부의 신체적-육체적인 과정에서 표현된다고 할 수 있습니다. 지속적으로 내부에서 들어차게 되어서 물질이 그 자체로 되던져집니다. 정신적인 일의 경우에 우리의 육체가 과도한 활동을 하고 있는 반면, 육체적인 일의 경우에는 우리의 정신이 과도한 활동을 하게 됩니다. 내면에서 우리의 신체와 항상 함께 일하지 않고는 우리가 정신적-영적으로 일을 할 수 없습니다다. 육체적으로 일하는 경우에, 우리가 생각을 통해서 걸어가려는 방향을 스스로 결정할 때에, 생각으로 방향을 잡으려고 작용할 때에, 우리의 정신적-영적인 것이 내면에서 가장 고도로 관여하고 있습니다. 그러나 그 정신적-영적인 것이 외부에서 관여하는 것입니다. 우리는 끊임없이 세계정신 속으로 일해 들어갑니다. 육체적인 일은 인간의 표면에서 정신적이고, 정신적인 일은 인간 내부에서 신체적인 것입니다. 인간 내부에서, 인간에게서 신체적인 일이 정신적이고 정신적인 일이 육체적이라는 이 역설을 습득하고 이해해야만 합니다. 우리가 신체적으로 일하는 동안 정신은 우리를 씻어 냅니다. 우리가 정신적으로 일을 하는 동안 우리에게서 물질이 활발하게 활동합니다.

정신적이건 신체적이건 간에 일에 대해서, 휴식과 피로에 대해서 충분히 이해할 수 있도록 사고해 보려면, 이 사실들을 분명히 알고 있어야만 합니다. 우리가 지금 논의한 것을 충분히 이해해서 통찰하지 않는다면, 일과 휴식 그리고 피로에 대해서 제대로 사고할 수 없습니다. 사랑하는 여러분, 한 인간이 사지로 너무 많이 일을 한다고, 즉 과도하게 신체적인 일을 한다고 한 번 생각해 보십시오. 그 결과는 무엇입니까? 과도하게 육체적인 일은 인간을 정신과 너무 유사하게 만듭니다. 인간이 육체적으로 일하는 동안 정신이 끊임없이 인간을 씻어 냅니다. 그 결과로 외부에서 인간에 접근하는 정신이 인간에 대해서 너무 큰 지배력을 얻게 됩니다. 우리가 육체적인 일을 너무 많이 하면 우리를 너무 정신적으로 만들게 됩니다. 바깥으로부터 우리를 너무 정신적으로 만듭니다. 그것의 결과로 우리를 오랜 시간 정신에게 바쳐야만 합니다. 즉 아주 오래 잠을 자지 않을 수 없습니다. 그래서 육체적으로 과도하게 일하게 되면, 아주 많이 잠을 자야만 합니다. 그런데 너무 오랜 수면은 다시금 머리 체계가 아니라 가슴-몸통 체계에서 출발하는 신체적 활동을 너무 강하게 자극합니다. 그 신체적 활동이 너무 강하게 삶을 자극하면서 작용해서 우리를 뜨겁게 달굽니다. 우리가 너무 많이 잠을 자면, 피가 우리 안에서 너무 격하게 끓어올라서 신체 내부의 활동에서 소진될 수 없습니다. 그것이 과도한 육체적인 일을 통해서 잠을 많이 자려는 욕구를 만들어 냅니다.

그런데 잠자기를 좋아하고 많이 자는 게으름뱅이들이 있습니다. 그것은 어디에 기인합니까? 예, 사실 인간이 일을 전혀 그만둘 수 없다는 데에 기인합니다. 인간은 일을 절대로 중지할 수가 없습니다. 게으름뱅이가 너무 조금 일을 해서 잠을 잘 수 있는 것이 아닙니다. 게으름뱅이라 하더라도 어쨌든 간에 온종일 다리를 움직이고, 어떻게든 팔을 이리저리 흔들어 대기 마련입니다. 게으름뱅이도 뭔가를 합니다. 게으름뱅이가 부지런한 사람보다 사실 일을 덜 하지는 않습니다. 단지 무의미한 것을 할 뿐입니다. 부지런한 사람은 외부 세계를 향해서 자신의 활동에 의미를 결부시킵니다. 그것이 바로 다른 점입니다. 게으름뱅이가 하듯이 무의미한 활동은 의미 있는 활동보다 더 많이 잠을 자게 합니다. 의미 있는 활동은 우리를 정신 속에서 그저 헤엄을 치도록 버려두는 것이 아니라, 우리가 일을 하면서 의미 있게 움직이는 동안 그 정신을 점차적으로 우리 내부로 이끌어 들이기 때문입니다. 의미 있는 일에 손을 내뻗으면서 우리 자신을 정신에 연결합니다. 우리가 의식적으로 정신과 함께 일을 하기 때문에, 정신이 나중에 다시금 잠 속에서 너무 과도하게 무의식적으로 일을 할 필요가 없게 됩니다. 게으름뱅이도 역시 활동한다는 사실을 보면 인간이 활동하는지가 중요한 것이 아니라, 인간이 어느 정도로 의미 있는 활동을 하는지가 중요합니다. 의미 있게 활동하는 것, 이 단어들이 어린이를 교육하는 사람이 되려는 우리를 관철해야만 합니다. 그럼 언제 인간은 무의미하게 활동합니까? 무의미하게 활동한다 함은 그 활동이 단지 자신의 신체가 요구하는 만큼만 활동한다는 것입니다. 의미 있게 활동한다는 것은 그저 자신의 신체가 요구하는 것이 아니라, 주변 환경이 요구하는 것을 행한다는 것입니다. 어린이에게서 우리는 이 점을 고려해야 합니다. 한편으로 우리는 어린이의 외적인 신체 활동을 그저 신체적인 것에 치중하는 쪽으로, 어린이들이 신체적으로 어떤 운동을 해야 하는지를 묻게 되는 그런 물리적 체조 쪽으로 점점 더 바꿀 수도 있습니다. 다른 한편으로는 어린이의 외적인 움직임을 의미 있는 움직임, 의미로 관통된 움직임으로 유도해서 그 움직임이 정신 속에서 헤엄을 치는 것이 아니라, 정신이 향하는 방향을 따르도록 할 수도 있습니다. 그렇게 함으로써 우리는 신체 운동을 오이리트미로 발달시킵니다. 어린이에게 단순한 신체적인 운동을 더 많이 시킬수록, 어린이가 더욱더 과도한 수면 증세를 발달시키고, 더욱더 비만하게 될 경향을 전개하도록 오도하는 것입니다. 신체적인 것을 향한 이 움직임을 더 번갈아 가면서 시키면 — 인간은 리듬 속에서 살아야만 하기 때문에 이런 신체적인 움직임을 완전히 소홀히 해서는 안 됩니다. — 이 신체적인 활동을 다시금 의미로 가득 찬 운동으로, 즉 모든 움직임이 소리를 표현하고 의미를 지니는 오이리트미로 더욱더 회귀시킬 수 있다면, 예를 들어서 각 움직임이 하나의 소리를 표현하고 각 움직임이 하나의 의미에 상응하는 오이리트미와 같은, 의미로 가득 찬 움직임으로 더욱더 회귀시킬 수 있다면, 다시 말해서 체조를 오이리트미와 번갈아서 실행토록 할 수 있다면, 잠과 깨어남에 대한 욕구 간에 더욱더 조화를 가져오게 됩니다. 그렇게 할 수 있다면 의지의 면에서, 외적인 면에서 역시 어린이의 삶을 더욱더 일상적으로 유지하게 됩니다. 체조를 점차적으로 단지 신체만 따르는 무의미한 활동으로 만든 것은 물질적인 시대의 수반 현상이었습니다. 그저 무의미한 움직임이나 단순히 신체에서 발췌한 움직임이 영향을 미치도록 할 뿐만 아니라, 거기에 반대가 되는 의미와 모순까지 더해서 체조를 스포츠로까지 고양시키고자 하는 것은, 인간을 물질적으로 사고하는 인간으로까지뿐만 아니라, 동물적으로 느끼는 인간으로까지 하락시키려는 노력에 상응합니다. 지나친 스포츠 활동은 실질적인 다위니즘입니다. 이론적인 다위니즘이라고 불리는 것은 인간이 동물에서 유래한다고 주장합니다. 실질적인 다위니즘은 스포츠이며, 인간을 다시금 동물로 회귀시키기 위한 윤리 강령을 세우는 것을 의미합니다.

    오늘날 이런 사실들을 이렇게 과격하게 언급하지 않을 수 없습니다. 오늘날의 교육자는 이런 사실들을 이해해야만 하기 때문입니다. 교육자는 맡겨진 아이들을 단순히 가르치는 것에 그치지 않고, 사회적으로 그리고 전체 인류에 영향을 미쳐서, 인간을 실제로 점차적으로 동물화되도록 작용하는 것들이 점점 더 많이 생기지 않도록 해야 하기 때문입니다. 이것은 잘못된 금욕주의가 아닙니다. 이것은 실제적인 통찰의 객관성에서 얻어진 것이며, 다른 자연 과학적 인식과 전혀 다름없이 전적으로 진실한 것입니다.

그렇다면 정신적인 일은 어떻습니까? 정신적인 일, 즉 사고나 독서 등은 지속적으로 신체적-육체적 활동에 의해, 유기적 물질의 끊임없는 사멸에 의해, 유기적 물질의 고사에 의해서 동반됩니다. 그래서 너무 많이 정신적-영적으로 일을 하면 우리 내부에 사멸하는 유기적 물질이 집적됩니다. 쉬지 않고 오로지 학문적인 활동만으로 하루를 보내고 나면, 저녁에 우리는 사멸하는 물질을, 사멸하는 유기적 물질을 지니게 되고, 그것들이 우리 안에서 영향을 미쳐서 평안한 수면을 취할 수 없게 됩니다. 과도하게 신체적인 일이 인간을 잠에 취하도록 하는 것과 마찬가지로 과도한 정신적-영적인 일 역시 수면을 방해합니다. 그러나 우리가 너무 열심히 정신적-영적으로 애를 쓰면, 너무 어려운 것을 읽으면서 생각하지 않을 수 없게 되면 — 오늘날 사람들이 그렇게 특별히 좋아하지 않지만 — 즉 과도하게 생각하면서 독서를 하게 되면 우리는 잠이 들고 맙니다. 민중 연설가의 뻔한 잡담이나, 모두 알고 있는 사실만 말하는 사람들의 연설이 아니라, 그 내용을 사고하면서 좇아야 하는 그런 연설이나, 우리가 아직 모르는 내용을 들을 경우에 우리는 피곤해져서 곧 잠이 듭니다. '그렇게 해야만 하니까' 사람들은 강의나 음악회를 방문하고, 그곳에서 듣는 것들을 사고와 감성을 통해서 진정으로 파악하는 것에 익숙지 않아서, 첫 선율이나 첫 단어를 듣는 순간에 이미 잠이 들어 버리는 것은 모두 다 잘 알고 있는 현상입니다. 사람들은 의무적으로 혹은 사회적 위치 때문에 방문한 강의나 연주회를 내내 졸면서 보내기 일쑤입니다.

그런데 여기에도 다시금 이중적인 것이 존재합니다. 의미 있는 외적인 활동과 무의미한 외적인 분주함 간에 차이가 있듯이, 기계적으로 진행되는 내적인 사고, 관조 활동과 끊임없이 감성이 동반하는 내적인 사고, 관조 활동 간에도 역시 차이가 있습니다. 정신적-영적인 일을 하면서 우리가 끊임없이 흥미를 그 일과 연결시킬 수 있다면, 그 흥미가, 그 주의가 우리의 가슴 활동을 활성화해서 신경을 과도하게 사멸토록하지 않게 됩니다. 여러분이 그저 단순하게 독서를 하면 할수록, 읽는 것에 내적으로 깊이 있는 흥미를 가지고 수용하려는 노력을 더욱 적게 할수록, 여러분은 내적인 물질의 사멸을 더욱더 촉구하는 것입니다. 더 큰 흥미와 열정으로 모든 것을 추구할수록, 여러분은 피의 활동을 활성화하고 물질을 생동감 있게 유지할 수 있어서, 정신적인 활동이 수면을 방해하는 것을 방지할 수 있습니다. 시험을 앞두고 벼락공부를 하게 되면, — 날씨에 따라서 천둥공부라고 해도 됩니다. — 흥미가 없어도 많은 것을 외워야 합니다. 흥미가 있는 것만 공부하게 되면, 적어도 오늘날의 시대 상황을 따르자면 시험에 떨어지고 맙니다. 결과적으로 시험을 준비하는 벼락공부나 천둥공부가 잠을 망치고, 일상적인 인간의 삶을 방해하기 마련입니다. 이 점이 어린이들에게서 특히 유의되어야 합니다. 그래서 어린이에게 최상의 것이며, 교육의 이상에 가장 상응하는 것은, 항상 시험 전에 몰아서 해대는 집약적인 배움을 완전히 배제하는 것입니다. 학기 말이 학기 초와 마찬가지로 진행되도록 해야 합니다. 아이를 항상 주의 깊게 관찰해 왔기 때문에 그 아이가 무엇을 알고 있는지, 무엇을 모르는지 잘 알고 있는데, 무엇을 위해서 아이에게 시험을 치르게 해야 하는가 하고 말할 수 있는 의무를 교사로서 걸머져야 합니다. 이것은 오늘날의 상황에서 보아 당연히 하나의 이상에 불과합니다. 여러분의 반항적 성격을 너무 강하게 외부로 돌리지 말라고 부탁드립니다. 오늘날의 문화에 대항해서 여러분이 발의하고자 하는 것을 일단 독침처럼 내부로 거두어들이고, 그것이 천천히 영향을 미치도록 해서 ― 이 분야에서 우리는 단지 완만하게 일을 할 수밖에 없기 때문입니다. ― 사람들이 다르게 사고하는 것을 배우도록 해야 합니다. 그렇게 되면, 외적인 사회 관계가 지금과는 다른 형상을 띠게 될 것입니다. 그러나 모든 것은 관계 속에서 사고되어야만 합니다. 오이리트미가 의미로 가득 찬 외적인 활동, 육체적인 노동의 정신화라는 점, 그리고 통속적이지 않은 방법으로 수업을 흥미롭게 하는 것이 지적인 일의 혈액 순환, 문자 그대로 지적인 일의 활성화라는 것을 알고 있어야만 합니다. 외부로 향한 일을 정신화해야만 합니다. 내적인 일, 지적인 일을 혈액 순환이 되도록 해야만 합니다. 이 두 문장에 대해서 숙고하십시오. 그러면 여러분은 첫 번째 문장이 하나의 의미심장한 교육적인 면과 역시 의미 깊은 사회적인 면을 지니고 있으며, 두 번째 문장이 의미심장한 교육적인 면과 의미 깊은 위생적인 면을 지닌다는 것을 인식할 것입니다.

열네 번째 강의 〉〉〉〉 신체적인 관점에서의 고찰
신체적 삼지성, 교사의 좌우명

··· 머리, 가슴, 사지의 세분화된 삼지성
··· 교육에서의 상상력과 환상의 필수성
··· 교사의 삶의 조건
    정서적 의지로 수업 내용을 관철함
    생생한 환상
    고루함을 부도덕한 것으로 간주함
··· 교사의 좌우명: 상상력, 진실감, 책임감

열네 번째 강의

1919년 9월 5일, 슈투트가르트

진정한 교육적 예술의 형성을 위해서 우리가 지금까지 해 온 바와 같은 방식으로 인간을 고찰해 보면, 그 모든 다양성 중에서도 역시 인간의 외적, 신체적인 삼지성이 선명하게 드러납니다. 머리의 형성, 인간의 머리 형상과 연결된 모든 것을 가슴의 형성, 몸체의 형성에 연결된 모든 것으로부터, 그리고 다시금 사지 형성과 연결된 모든 것으로부터 분명하게 구분할 수 있습니다. 여기서 물론 사지 형성이 우리가 일상적으로 생각하는 것보다 훨씬 더 복잡한 것으로 상상해야 하는데, 사지 안에 근본적으로 담겨진 것이, 우리가 이미 보았듯이 사실은 외부에서 내부로 형성되었으며, 인간의 내면으로 계속되는 것이기 때문에 인간의 신체 내부에서 외부로 구축된 것과 외부에서 내부로, 특정한 의미에서 인간의 신체 내부로 디밀어진 것을 구분해야 합니다.

인간 신체의 이 삼지성을 주시해 보면, 인간의 머리, 두개골이 이미 완성된 인간이라는 점을, 즉 동물계에서 벗어난 완전한 인간이라는 점이 너무나 선명하게 드러납니다.

머리에는 실제의 머리가 존재합니다. 머리에 가슴 부분 역시 존재하는데 코에 속하는 모든 것이 바로 그것입니다. 머리에는 신체 내부의 빈 공간으로 이어지는 사지 부분 역시 존재하는데, 입을 포함한 모든 것이 바로 그 부분입니다. 이렇게 우리가 인간의 머리에서 전체 인간이 이미 신체적으로 존재하는 것을 인식할 수 있습니다. 단지 머리에서는 가슴 부분이 이미 위축되었을 뿐입니다. 머리의 가슴 부분은 위축되어 있어서, 코에 속하는 모든 것이 어떻게 폐의 성격을 지니는지를 단지 분명하게 알아볼 수 없을 뿐입니다. 그러나 코에 속하는 것은 폐의 성격과 연관되어 있습니다. 인간의 코는 말하자면 변형된 폐와 같은 것입니다. 코는 호흡 과정을 변화시켜서 그 과정이 좀 더 신체적인 방향으로 형성되도록 합니다. 폐가 코보다 덜 정신적이라고 간주한다면, 그것은 오류입니다. 폐는 정교하게 구축되어 있습니다. 코에 비해서 폐에는 좀 더 정신적인 것이, 적어도 영적인 것이 스며들어 있습니다. 사실을 정말 제대로 파악해 보면, 너무나 떳떳하게 사람의 얼굴 한 가운데에 자리를 잡고 바깥을 향하고 있는 코에 반해서, 폐는 비록 코보다 더욱 영적임에도 불구하고 자신의 존재를 수줍게 감추고 있습니다.

소화와 양분 섭취, 신진대사에 속하는 모든 것과 유사한 것, 사지의 힘에서 인간 내부로 계속되는 모든 것과 유사한 것이 인간의 입에 속하는 것입니다. 입이 영양 섭취와 인간의 사지 체계에 속하는 모든 것과 유사하다는 점을 부정할 수는 없습니다. 이렇게 인간의 머리 부분은 그 자체로 완전한 인간이며, 머리에 속하지 않는 것이 머리에서는 단지 위축되어 있을 뿐입니다. 가슴과 하체가 머리에 존재하지만 그것들은 머리에서 위축되어 있는 것입니다. 이에 반해서 사지 인간을 관찰해 보면 우리에게 외적으로 제시되는 모든 것에서, 그 외적인 형상의 형성에서 본질적으로 두 개의 악골(顎骨), 즉 상악골과 하악골이 변형된 것입니다. 위, 아래에서 입을 닫게 하는 것은 단지 위축되어 있을 뿐이지, 사실은 여러분의 다리와 발, 팔과 손입니다. 사실을 제대로 위치시켜서 생각해야만 합니다. 팔과 손이 상악골이고, 다리와 발이 하악골이라고 상상해 보면, 한 가지 질문이 생깁니다. 그렇다면 이 악골 속에 나타나는 것은 무엇을 향하고 있는가? 도대체 어디를 물고 있는가? 어디에 입이 있는가? 여러분은 이 질문들에 이렇게 대답해야만 합니다. 여러분의 신체에서 상박(上膊)이 자리 잡고 있는 곳과 대퇴부와 대퇴골이 자리 잡고 있는 곳이라고. 상상을 해 본다면, 이것이 인간의 몸체라고 합시다.(칠판에 그림을 그림. 280쪽의 그림 참조) 바깥 어디엔가 실제의 머리가 있다고 상상해야만 합니다. 그 머리가 위쪽과 아래쪽으로 입을 여는데, 이 보이지 않는 머리가 여러분의 가슴과 배를 향해서 그 턱을 열려고 하는 이상한 경향을 지니고 있다고 상상해야만 합니다.

    이 보이지 않는 머리가 무엇을 합니까? 그것은 여러분을 향해서 주둥이를 열고 끊임없이 여러분을 먹어댑니다. 그리고 이 외적인 형상 속에 실재적인 것의 불가사의한 형상이 존재합니다. 인간이 지니고 있는 머리가 신체적-물체적인 머리인 반면에, 사지에 속하

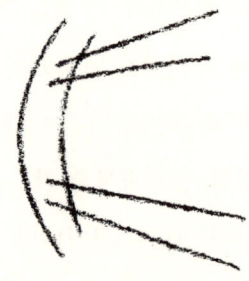

는 머리는 정신적인 머리입니다. 그러나 그 정신적인 머리는 단지 한 작은 부분만 물체적이며, 그 작은 부분으로 정신적인 머리가 인간을 끊임없이 소모할 수 있습니다. 인간이 죽고 나면, 그 정신적인 머리가 인간을 모조리 먹어 치웁니다. 우리의 사지 체계가 우리를 끊임없이 먹어 치우도록 만들어져 있다는 것은 사실 경이로운 과정입니다. 우리는 유기체와 함께 우리의 정신성의 열린 입 속으로 끊임없이 빠져 듭니다. 정신적인 것이 우리에게 끊임없이 헌신의 희생을 요구합니다. 우리의 신체 형상에 이미 이 헌신의 희생이 표현되고 있습니다. 인간의 나머지 신체에 대한 인간 사지의 관계에서 정신에 대한 이 헌신의 희생이 표현된 것으로 인식하지 않는다면, 우리는 인간의 형상을 이해할 수 없습니다. 머리의 천성과 사지의 천성은 상반되는 것이며, 그 중간에 위치하는 인간의 가슴, 인간의 몸통의 천성은 특정한 관계에서 상반되는 이 양자 사이에서 균형을 잡고 있는 것입니다.

인간의 가슴에는 실제로 머리의 천성과 사지의 천성이 동일하게 공존하고 있습니다. 가슴 천성 속에 사지의 천성과 머리의 천성이 서로 혼합되어 있습니다. 가슴은 위를 향해서는 끊임없이 머리가 되려는 경향을 지니며, 아래로는 끊임없이 몸체 내부로 뻗쳐 들어오는 사지 체계와 외부 세계에 편입되고 적응하려는 경향을 지닙니다. 달리 말하자면 사지의 천성이 되려고 합니다. 가슴 천성에서 윗부분은 끊임없이 머리가 되려는 경향을, 아랫부분은 끊임없이 사지 인간이 되려는 경향을 지닙니다. 그러니까 가슴의 윗부분은 끊임없이 머리가 되려하지만, 단지 그렇게 할 수 없을 뿐입니다. 다른 머리가 그렇게 되는 것을 저지합니다. 그래서 인간의 가슴은 이제 계속해서 머리의 모사를 생성해 내는데, 머리 형성의 초기 부분에 해당하는 것을 만들어 낸다고 할 수 있겠습니다. 가슴 형성의 윗부분에서 어떻게 머리 형성의 발단이 이루어지는지 분명하게 인식할 수 있지 않습니까? 후두(候頭)가 거기에 있습니다. 소박한 언어조차 심지어는 후두라고 명명합니다. 인간의 후두는 전적으로 위축된 머리입니다. 완전한 머리가 될 수 없는 머리, 그래서 머리의 천성을 인간의 언어에서 소진시킵니다. 인간의 언어는 지속적으로 공기 속에서 머리가 되려고 실행하는 후두의 시도입니다. 머리의 가장 윗부분이 되려고 후두가 시도하면, 인간의 천성에 의해서 가장 강하게 저지당하고 있음을 분명하게 보여 주는 그런 소리가 생깁니다. 인간의 후두가 코가 되려고 하면, 실제로 존재하는 코가 방해하기 때문에 코가 될 수 없습니다. 그러나 코가 되려는 그 시도가 공기 속에서 비음(鼻音)으로 드러납니다. 존재하는 코가 그러니까 생성되려고 하는 공기코를 비음 속에 가두어 둡니다. 말을 하는 동안 인간이 어떻게 머리의 부분들을 생성시키려는 시도를 공기 속에서 계속해서 하고 있는지, 어떻게 이 머리의 부분들이 다시금 계속 파도와 같이 물결치고, 그 움직임이 신체적으로 완성된 머리에서 막혀지는지, 이 사실들은 비상한 의미를 지닙니다. 여기에 바로 인간의 언어라는 것이 존재합니다.

이렇게 보면, 머리가 신체적으로 어느 정도 완성된 시기, 즉 7세를 전후해서, 이갈이와 함께 후두에서 몰아내지는 영적인 머리를 일종의 골격 체계로 관철시킬 기회가 이미 제공된다는 사실에 대해서 그렇게 놀라지 않을 것입니다. 단지 그 골격 체계는 영적인 것이어야만 합니다. 그것은 더 이상 무작위적인 모방을 통해서가 아니라 문법적으로 언어를 발달시키도록 독려됨으로써 실행됩니다. 사랑하는 여러분, 어린이가 초등학교에 입학하면, 신체가 유기체에 영구치가 솟아나도록 하는 활동과 유사한 것을 어린이에게 영적으로 실행해야 한다는 점을 의식하고 있어야만 합니다! 우리가 이성적인 방식으로 문법적인 것을, 즉 언어에서 쓰기와 읽기로 영향을 미치는 것을 가르치면서 언어 형성을 견고하게 만듭니다. 단지 영적으로만 견고하게 하는 것입니다. 인간이 만들어 내는 단어가 실제로 머리가 되려는 경향을 지닌다는 것을 알고 있어야 우리는 인간의 언어에 대한 올바른 정서적 관계를 얻게 됩니다.

인간의 가슴 부분은 위쪽으로 머리가 되려는 경향을 지니듯이, 아래쪽으로는 사지가 되려고 합니다. 후두에서 언어로 생성되어 나오는 것이 정교화된 머리, 아직 공기의 상태에 머물고 있는 머리인 것처럼, 인간의 가슴 천성으로부터 아래로 나아가는 모든 것, 사지

쪽으로 편성되는 모든 것은 조야한 사지의 천성을 지닙니다. 고형화되고 조야하게 된 사지 천성은 바로 특정한 의미에서 외부 세계가 인간의 내부로 밀어 넣는 것입니다. 손과 발, 팔과 다리가 바깥으로 형성되기보다는, 어떻게 조야하게 되어서 오히려 인간의 내부로 디밀어지는지, 그 비밀을 자연 과학이 규명해 낼 수 있다면, 그때에야 비로소 자연 과학은 성(性)의 수수께끼를 알게 될 것입니다. 바로 그것을 규명했을 때에야 비로소 그런 것에 대해서 언급할 수 있는 올바른 언어를 발견하게 될 것입니다. 그런 이유로 해서 성적인 계몽을 다루어야 할 방식에 대해서 오늘날 행해지는 논란들 모두 상당히 공허한 것들이라는 사실이 별로 놀랄 만한 일이 못됩니다. 스스로 이해하지 못한 것은 제대로 해명할 수 없기 때문입니다. 현대 과학이 전혀 이해하지 못하는 것은, 본인이 지금까지 설명해 왔듯이 사지 인간을 가슴 인간과 연결시켜서 성격화하면, 단지 암시될 뿐입니다. 7세 이전에 유치 안으로 밀려 들어왔던 것을 초등부의 저학년에서 밀어 넣었던 것과 마찬가지로, 초등부의 고학년과 중등부에서는 사지의 천성에서 유래해서 사춘기가 지나서야 비로소 완전히 드러나는 것을 어린이의 영적인 삶에 밀어 넣어야 한다는 점을 알고 있어야만 합니다.

초등학교의 저학년에서 쓰기와 읽기를 배울 수 있는 능력이, 즉 영적인 이갈이가 보이듯이, 영혼이 상상적 활동 안에서, 내적인 열정으로 가득 찬 것에서, 초등부 고학년과 중등부에 해당하는 12세부터 13세, 14세 그리고 15세에 이르기까지 발달시키는 그 모든 것들이 나타납니다. 바로 이 시기에 영적인 능력에서도, 내적이고 영

적인 사랑으로 넘쳐흐르는 것에, 즉 상상력으로 표현되는 것에 의
존하는 모든 것이 아주 특별하게 발생합니다. 초등학교 고학년의
수업에서 우리는 바로 상상의 힘에 특히 호소해야만 합니다. 차츰
차츰 발현하는 판단력 안으로 상상을 가져다주는 일은 그렇게 서두
르지 않아도 되는 반면, — 판단력은 12세 이후로 천천히 나타나기
때문입니다. — 어린이가 일곱 살이 되어서 쓰기와 읽기로 지성을
발달시키도록 초등학교에 입학하면 어린이에게 훨씬 더 많은 것을
요구해야만 합니다. 어린이의 상상을 고무하면서 어린이에게 이 시
절에 배워야 하는 것들을 가르쳐야만 합니다.

역사 수업이나 지리 수업에 속하는 것들 역시 우리는 그런 방식
으로 어린이에게 가져다주어야만 합니다. 우리가 다음과 같이 아이
들을 가르친다면 역시 실제로 상상력에 호소하는 것입니다. "렌즈
를 보아라. 여기에 빛을 모으는 볼록렌즈가 있다. 그런 렌즈가 네
눈 안에도 있단다. 외부의 사물이 반사되는 암실을 알고 있지? 그
런 암실이 네 눈 안에도 있단다." 외부 세계가 어떻게 감각 기관을
통해서 인간의 유기체 내부로 들어서 구축되는지를 보여 주면, 역
시 우리는 그렇게 함으로써 실제로 어린이의 상상력에 호소하는 것
입니다. 그렇게 유기체의 내부에 만들어지는 것은 외적인 죽음의
경우에만, 우리가 그것을 육체에서 들어내는 경우에만 보이기 때문
입니다. 살아 있는 육체에서는 그것을 볼 수가 없습니다.

기하학이나 심지어는 수학과 관계되는 수업 역시 상상에 호소하
기를 소홀히 해서는 안 됩니다. 실제적인 방법론 부분에서 시도해
보았던 것처럼 항상 그렇게 노력한다면 우리는 상상력에 호소하는

것입니다. 어린이에게 면적을 이해력을 통해서 파악하도록 하기보다는, 어린이가 기하학이나 수학에서도 면적의 성질을 이해하기 위해서 자신의 상상력을 적용하지 않을 수 없도록 가르쳐야 합니다. 그래서 어제 피타고라스의 정리를 다음과 같은 방식으로 가르치겠다고 말한 사람이 아무도 없었다는 점이 매우 이상했습니다. 여기에 어린이 세 명이 있다고 가정합시다. 그중 한 어린이가 먼지를 입으로 불어서 하나의 정사각형이 먼지로 뒤덮이도록 해야 한다고 가정합시다. 두 번째 어린이는 두 번째 정사각형이 뒤덮이도록 먼지를 불어야 하고, 세 번째 어린이는 작은 정사각형이 먼지로 뒤덮이도록 불어야 합니다. 그 면적들이 먼지로 덮이도록 불어야 하는데, 가장 작은 면과 조금 큰 면을 덮는 먼지 양의 합이 첫 번째 면을 덮는 먼지의 양과 동일하다는 점을 알려 줌으로써 어린이의 상상을 고무할 수 있습니다. 물론 수학적인 정확함이 아니라 상상으로 가득 찬 형상으로 그 불어 댄 먼지 속에 어린이가 이해력을 동반하게 됩니다. 어린이가 상상력으로 면적을 추적할 것입니다. 먼지가 비록 정사각형으로 불어져야 하고, 그것이 실제로는 불가능하지만 공중에 떠다니다가 내려앉은 그 먼지를 통해서 어린이가 피타고라스의 정리를 상상으로 파악하게 됩니다.

특히 초등학교 저학년의 수업에서는 상상을 낳으면서 교사로부터 어린이에게 전이되는 것도 역시 고무하면서 양성하는 것에 항상 주의를 기울여야만 합니다. 교사 스스로 자신의 내부에 수업 내용을 생생하게 지녀야만 하며, 그것을 상상력으로 들어차게 해야만 합니다. 그것은 그 수업 내용을 감성적 의지로 관통되도록 함으로써만 가능합니다. 그것은 후일의 삶에서도 가끔 완전히 기이하게 작용합니다. 중등 과정에서 특히 강조되어야 할 것, 특히 중요한 것은 교사와 학생 간의 조화로운 공생입니다. 그렇기 때문에 전체 수업 내용을 상상력으로 채우고 항상 새롭게 형성하려고 노력하지 않는 사람은 초등부와 중등부의 교사가 될 수 없습니다. 일단 풍부한 상상력으로 형성한 것을 많은 해가 지난 후에 정확하게 그대로 묘사하려고 하면, 그것이 오성적으로 동결되고 만다는 것은 사실이기 때문입니다. 상상은 필수적으로 항상 생생하게 유지되어야 합니다. 그렇지 않으면 그 산물이 동결되고 맙니다.

바로 이 점이 교사 스스로 되어야만 하는 그 성격을 조명합니다. 교사는 단 한 순간도 자신의 삶을 시대에 뒤떨어지도록 해서는 안 됩니다. 삶이 번성토록 하는 데에 절대로 화합되지 않는 두 개념은 바로 교사라는 직업과 틀에 박힌 고루한 태도입니다. 교사라는 직업과 고루한 태도가 삶에서 일단 조우하게 되면, 이 결혼은 삶에서 생길 수 있는 어떤 다른 것보다 훨씬 더 큰 불행을 초래합니다. 사랑하는 여러분, 여러분이 살아가면서 언젠가 교사 직업과 고루한 태도가 합일될 것이라는 허무맹랑한 생각을 하지는 않으리라고 봅니다!

이런 점들에서 여러분은 수업에 특정한 내면적인 도덕성, 내면적인 의무가 존재한다는 것을 인식할 수 있습니다. 교사를 위한 진정한 지상 명령이 있습니다! 상상력을 항상 생생하게 유지하라! 그리고 틀에 박힌 고루한 태도가 일어난다고 느끼면, 그런 태도가 스스로를 위해서는 부도덕하고 나쁜 일이며, 다른 사람들에게 해악이 된다고 스스로 말하십시오! 그것이 교사를 위한 신념이 되어야만 합니다. 그것이 교사를 위한 신념이 되지 않는다면, 사랑하는 여러분, 그러면 교사라는 직업을 위해서 배운 것이 점차적으로 삶의 다른 직업을 위해 배운 것이 된다고 생각해야만 합니다. 물론 이 모든 것들을 삶에서 완벽한 이상에 걸맞게 실천할 수는 없습니다. 그러나 그 이상을 알고는 있어야 합니다.

가장 근본적인 것으로부터 여러분 자신을 관철시키지 않는다면, 여러분은 이 교육적 윤리를 위한 올바른 열정을 얻을 수 없을 것입니다. 즉 머리는 이미 그 자체로 완전한 인간이지만, 그것의 사지와 가슴 부분이 위축되어 있으며, 인간의 모든 사지가 완전한 인간이지만, 사지 인간에서는 머리가 완전히 위축되어 있다는 점, 그리고 가슴 인간에서 머리와 사지 체계가 균형을 이루고 있다는 점을 철저하게 인식해야만 합니다. 여러분이 이 근본적인 것을 적용하게 되면, 이 근본적인 것으로부터 내적인 힘을 얻게 되며, 그 힘이 여러분의 교육자로서 지녀야 할 도덕을 필요한 열정으로 가득 차게 합니다.

인간이 양성하는 지성은 타성적이고 부패하려는 경향을 지닙니다. 인간이 지성을 지속적으로 단지 물질적인 표상들로만 채우게 되면, 지성은 가장 쉽게 부패합니다. 그러나 정신에서 얻은 표상으로 지성을 채우면, 그것은 날개가 돋힌 듯 고무됩니다. 그것을 우리는 상상이라는 우회로를 통해서 우리의 영혼으로 얻게 됩니다.

19세기 중반 이후에 수업 제도에 상상이 들어서야 한다는 것을 얼마나 비난했습니까? 19세기 초반에는 셸링과 같이 교육학을 좀 더 건전하게 사고했던 빛나는 인물들이 존재했습니다. 셸링의 아름답고 고무적인 저서인 『대학 연구의 방법론에 대하여』를 읽어 보십시오. 물론 초·중등 과정의 교육을 위한 것이 아니라, 고등 교육 과정을 위한 것이기는 하지만, 19세기 초반의 교육학 정신이 내재합니다. 그 정신이 19세기 후반에 근본적으로 보아서 약간 변장된 형태로 중상모략의 대상이 되었습니다. 상상이라는 우회로를 통해서 어쨌든 인간의 영혼으로 진입하고자 하는 모든 것을 사람들은 비방했습니다. 인간의 영적 삶에 관해서 탐구할 용기가 없었으며, 상상에 몰두하는 그 순간에 자신을 허구의 품속에 던지는 것이라고 믿었기 때문입니다. 사고함에 있어서 독립적이고 자유로우면서 동시에 허구보다는 진실과 결혼할 만한 용기를 사람들은 지니고 있지 않았습니다. 사고 안에서 자유롭게 움직이기를 두려워했는데, 그렇게 하면 곧바로 허구를 자신의 영혼에 수용하게 된다고 믿었기 때문입니다. 그러므로 교사는 방금 제가 말한 것에, 수업의 내용을 풍부한 상상으로 가득 채워야 하는 것에, 역시 진실에 대한 용기를 덧붙여야만 합니다. 진실에 대한 용기가 없으면, 교사는 수업을, 특히 좀 더 나이가 든 어린이들을 위한 수업을 자신의 의지대로 진행할 수 없습니다. 사랑하는 여러분, 진실에 대한 용기로 발달시키는 것은 다른 한편으로 진실에 대한 강한 책임감과 짝을 지워야만 합니다.

상상의 필요성, 진실에 대한 감각, 책임감, 이것들이 바로 교육학의 핵심이 되는 세 가지 기력입니다. 그리고 이 교육학을 수용하려는 사람은 그 앞에 좌우명으로 다음과 같이 씁니다.

상상력으로 자신을 가득 채우라.
진실에 대한 용기를 지녀라.
영적인 책임감을 예리하게 가꾸라.

부록
자유 발도르프 학교 개교사 중에서
마리 슈타이너의 서문과 함께, 1919년 9월 7일

최초로 건립될 자유 발도르프 학교에서 가르칠 교사들을 위한 교육학 강의들에 루돌프 슈타이너는 "인간에 대한 보편적인 앎"이라는 표제를 붙였다. 그의 교육 예술이 인간 존재에 대한 전반적인 앎에, 지상의 인간뿐만 아니라 숨겨진 영적, 정신적 인간에 대한 앎에 근거해서 이루어지기 때문이다. 슈타이너는 이 교육 방법을 통해서, 원초 형상에 따라 형성된 물체적 현상 형태의 세계를 위해서 깨어 있는 의식 형성을 성취하고자 한다. 이 교육 방법은 인간 내부의 생동하는 영원한 본질적 핵심과 자연적이고 역사적인 발달 내부에서의 현상의 변화를 고려한다.

슈타이너는 개교사에서 다음과 같이 말했다. "이 새로운 학교가 오늘날 우리 시대에, 그리고 가까운 장래를 위해서 인류가 발달함에 있어서 요구되는 것 안에 진정으로 자리를 잡아야 합니다. 그런 조건들로부터 교육 제도와 수업 제도로 흘러 들어오는 모든 것들이 진실로 신성한 삼중적인 의무로 나타납니다.

교사는, 특수하게 사회 공동체에서 성장하는 인간, 자라나는 인간, 그리고 어린이들과 최고의 의미에서 공동체 과업이라고 부를 수 있는 것을 일구어 감으로써 그 신성한 의무를 짊어집니다. 스스로 느끼고 인식하는 것, 인간 사회에서 활동하는 모든 것을 그 신성한 의무에 연결할 수 없다면 과연 무슨 소용이 있습니까?

인간에 대해서, 세계에 대해서 알 수 있는 모든 것은, 우리가 신체적인 노동으로 거기에 더 이상 동참할 수 없을 때에 공동체적인 세계를 형성해야 할 것으로 생생하게 전환될 수 있어야만 비로소 올바르게 결실을 맺을 것입니다.

예술적으로 완성할 수 있는 모든 것들은, 우리가 그것들을 가장 위대한 예술로 흘러들도록 할 수 있을 때에야 비로소 최고의 것이 됩니다. 그 위대한 예술에서는, 음이나 색채처럼 죽은 예술적 재료가 아니라, 살아 있는 인간이 미완성의 상태에서 우리에게 맡겨집니다. 그 인간을 우리는 어느 정도까지는 예술적으로, 교육적으로 완성된 인간이 되도록 해야 합니다. 모든 인간 속에 태어나고, 새롭게 드러나고 현시하는 그 신적-정신적 존재를 교육으로 육성하는 것이 최상의 신성한 종교적 의무가 아니고 무엇이겠습니까? 이 교육적 과업이 문자 그대로 최상의 의미에서 종교적 의식이 아닙니까? 우리에게서 가장 신성한 감성에, 바로 종교적 감성에 바쳐진 인류의 노력이, 소질로서 현시되는 인간의 신적-정신적인 것을 성장하는 어린이 안에서 양성하려는 그 성찬식에 합류되도록 해야만 하지 않습니까?

생동하는 학문!
생동하는 예술!
생동하는 종교!

이것이 바로 교육입니다. 이것이 바로 수업입니다. 수업과 교육을 이런 의미에서 이해한다면, 교육 예술을 위해서 다른 면으로부터 원리로서, 목표와 원칙으로서 제시되는 것에 대해서 그렇게 경솔한 비판을 쉽사리 할 수 없을 것입니다. 오늘날의 교육 예술 문화, 수업 예술 문화가 부과하는 것을 올바른 방식으로 통찰할 수 있는 사람이라면, 정신적 갱신이 우리 시대에 불가피하다는 점을 알아채지 않을 수 없습니다. 교사로서 우리가 행하는 것 안으로 미래에 유입되어야만 하는 것이, 오늘날 말하는 '과학적 교육'의 영역에서 양성되는 것과는 완전히 다르다는 사실을 인식하지 않을 수 없습니다. 미래에 인간을 육성해야 할 교사들에게 오늘날의 과학적 사고방식과 그런 식의 사고 성향이 가르쳐지고 있지 않습니까? 현대의 과학을 경멸적으로 견책하려는 것이 절대로 아닙니다. 지금까지 과학이, 특히 자연 인식에 근거해서 이루어 낸 학문 성향과, 과학적 방법으로 인류 발달을 위해서 이미 성취한 것과 미래에 역시 성취할 모든 것에 대해서 본인은 완전한 경의를 표하는 바입니다. 그러나 바로 그런 이유로 해서 오늘날의 과학적, 정신적 성향에서 흘러나오는 것이 교육 예술과 수업 예술로 풍요롭게 전환되지 않는 것으로 제게는 비쳐집니다. 오늘날의 학문과 정신적 성향의 위대함은, 인간을 논하는 방법이나 인간의 가슴과 인간의 정서를 들여다보는 통찰에 있다기보다는, 어떤 다른 것에 놓여 있기 때문입니다. 오늘날의 정신 성향에서 솟아나는 것으로는 엄청난 기술적 진보를 얻을 수 있습니다. 그것으로 역시 사회적 관계에서 자유로운 인간적 성향을 발달시킬 수 있습니다. 지금은 아직도 다수의 사람들에게 상당히 기괴하게 들리겠지만, 한편으로 인간의 심장이 펌프이고, 인간의 신체가 기계적인 장치라는 신념에까지 이른 과학적 성향으로는, 그런 학문으로부터 흘러나오는 정서와 감각으로는 성장하는 인간을 위해서 예술적 교육자가 될 수 있도록 스스로를 활성화할 수 없습니다. 우리 시대가 죽은 기술의 숙달을 너무나 중요시하기 때문에 살아 있는 교육 예술을 발달시킬 수는 없습니다. 여기에 새로운 정신이, 우리가 정신 과학을 통해서 찾고 있는 바로 그 정신이 인류 발달에 개입해야만 합니다. 그 정신이, 살아 있는 인간을 펌프 기구와 흡입 기구의 운반자로 여기고, 단지 자연 과학적 방법으로만 파악할 수 있는 기계적 장치로 간주하는 것으로부터 이끌어 낼 것입니다. 정신이 모든 자연 존재 내부에 살고 있으며, 인간이 이 정신을 인식할 수 있다는 그 신념이 인류의 정신적 성향에 찾아 들어야만 합니다.

그래서 우리의 발도르프-사업을 시작하기 전에 실시한 교사 연수에서, 인간 안에서 죽은 것을 산 것으로 다시 깨울 수 있는 인류학, 교육 예술이 될 수 있는 그런 교육 과학을 세우고자 하였습니다. 죽은 것, 그것이 바로 오늘날 우리 시대의 죽어 가는 문화의 비밀입니다. 그 죽은 것이 바로 인간을 아는 존재로 만듭니다. 그 죽은 것을 인간이 자연법칙으로 수용하면 인간이 분별력을 지니게 됩니다. 그러나 그 죽은 것은 교육에서 특히 필요한 열정이 솟아나야 할 인간의 정서를 약화시킵니다. 그 죽은 것은 의지를 허약하게 합니다. 인간을 전체적이고 전반적인 사회적 존재 속으로 그렇게 조화롭게 자리 잡도록 하지 않습니다. 우리는 그저 단순한 학문에 불과한 그런 학문을 찾고 있는 것이 아닙니다. 삶과 느낌 그 자체인 학문을 찾습니다. 앎으로서 인간의 영혼으로 흘러드는 바로 그 순간에 인간의 영혼 안에서 사랑으로 살 수 있는 힘을 기르는 그런 학문을, 활동하는 의지로서, 영혼의 따뜻함으로 적셔진 일로서, 특히 살아 있는 것과 성장하는 인간으로 건너가는 일로서 분출되는 그런 학문을 찾습니다. 새로운 학문적 성향이 필요합니다. 다른 무엇보다도 우선적으로 모든 교육 예술을 위해서, 모든 수업 예술을 위해서 새로운 정신이 필요합니다.

인류의 발달에서 분출되는 그 호소가 우리 시대를 위해서 새로운 정신을 요구하며, 우리가 이 새로운 정신을 무엇보다도 교육 제도에 유입시켜야만 한다는 신념, 바로 그 신념이, 이 방향에서 하나의 모범 사례가 되어야 할 발도르프 학교가 지향하는 것에 대한 근거가 됩니다. 그리고 최근에 교육 예술과 수업 예술의 회복과 혁신을 위해서 많은 노력을 했던 바로 그 추구들 속에 무의식적으로 이미 최상의 것이 담겨져 있었다는 말을 들을 수 있도록 시도해 보았습니다.

여기에서 분별 있는 교육학자라면 이렇게 물어볼 것입니다. 거의 달마다, 어김없이 해마다 우리에게 다른 정신적-영적-신체적인 얼굴을 보여 주는 인간의 천성 속에 과연 어떤 힘들이 활동하고 있는지를 우리가 과연 이해할 수 있을까? 교육학자들은 말하기를 진정한 역사학이 존재하지 않는 한 개별적인 인간이 어떻게 발달했는지 알 수 없을 것이라고 합니다. 개별적인 인간이, 전체 인류가 그 역사적 형성

과정의 경로에서 보여 준 것을 집약해서 드러내기 때문입니다.

그런 사람들은, 근본적으로 현재의 과학이 역사를 관통하면서 지배하는 그 거대한 법칙에 대해서 어떤 것도 언급할 수 없다는 점을 느낍니다. 현 시점의 학문은 인류 발달의 거대하고 포괄적인 역사 법칙으로부터 현 시점에서 우리를 위해서 솟아나는 것을 포착하는 데에 실패할 수 밖에 없습니다. 첫 숨을 들이쉬는 순간부터 죽음에 이르기까지 섭취한 음식의 특성에 따라서 한 인간을 이해하려는 것은 완전히 우둔한 짓이라고 할 수 있습니다. 그러나 역사에서, 전체 인류 발달의 파악에서 오늘날 사람들은 사실 그런 식의 태도를 취하고 있습니다.

인간에 있어서는, 예를 들어서 이갈이와 같은 발달에 어떤 심리적 과정이 어떻게 관여하는지를 알아야만 합니다. 그 비밀스러운 과정에서 신체적으로 일어나는 모든 것을 오늘날의 과학에서는 아직 볼 수 없는, 완전히 새로운 심리학으로부터 알아야만 합니다. 이 급격한 변화를 영적으로 동행하는 것이 무엇인지도 역시 알아야만 합니다. 인간 천성의 변화를 깨달아야만 합니다. 우리가 아무리 무지하다 하더라도, 인간이 자신의 가장 내면적인 본성에서 변화하고, 급격한 변화를 체험하고 있다는 점을 적어도 개별적인 인간에서는 부인할 수 없습니다. 전체적인 인류의 역사적 발달에서는 그런 것을 대부분 인정하지 않습니다. 동일한 방법을 고대를 위해서도, 중세를 위해서도 그리고 근대를 위해서도 마찬가지로 적용합니다. 그로 인해서 인류의 역사적 발달에 있어서 커다란 비약이 발생한다는 점을 인정하려 하지 않습니다. 역사적인 발달을 뒤돌아보면 가장 최근의 비약을 15세기경에서 발견합니다. 인류의 감각, 표상, 의지가 된 모든 것은 15세기 이후에서야 문명화된 인류에게서 우리가 오늘날 알고 있는 바와 같은 내밀한 성격을 띠기 시작했습니다. 이 문명화된 인류는 10세기나 8세기의 인류와는 다릅니다. 그것은 흡사, 열두 살 먹은 어린이가 일곱 살이 채 되지 않은 어린이와는 다르다는 점과 유사합니다. 이갈이에 따른 법칙적 발달이 인간 천성의 가장 내면으로부터 발생하듯이, 15세기에 급격한 변화로서 완성된 것 역시 인류 본성의 가장 내면으로부터 나온 것입니다. 그리고 개인성의 추구, 공동체 형성의 추구, 개인적 인격 형성의 추구 등, 우리가 20세기에서 살고 있는 그 모든 것은 암시된 그 시점 이래로 역사의 내적인 힘들이 이끌어 올린 것의 결과일 뿐입니다.

인류 발달이 이루어 온 그 과정을 이미 특성화한 양상으로 파악해야지만, 어떻게 인간이 현 시점에 자신의 자리를 잡을 수 있는지를 이해할 수 있습니다.

성장하는 세대를 통찰해 보면, 그들이 일하는 것, 그들이 사고하고 느끼는 것, 그리고 성인으로서 그들이 미래를 위해서 추구하는 그 모든 것과 함께 이미 역사의 품에서 이룩했다는 점을 느끼게 됩니다. 오늘날의 직업과 오늘날의 국가 구조, 그리고 그것에 따라 오늘날의 인간이 정하는 입장들, 그 모든 것들이 인간 자체에서 솟아납니다! 그런 것들이 인간에게 외적인 것으로 그저 부가되어 있지 않습니다. 인간을 좀 더 인간 본성을 위해서 교육해야 할지, 아니면 좀 더 외적인 직업을 위해서 교육해야 할지 질문을 할 수가 없습니다. 제대로 보자면 결국은 이 양자가 하나이며 동일한 것이기 때문입니다.

오늘날의 외적인 직업과 인간이 무엇인지에 대해서 살아 있는 이해를 발달시킬 수 있어야만, 아직 살아 있고 직업을 가진 우리 이전의 세대가 인류의 품으로부터 현재에 이르기까지 져 날라 온 것에 대한 이해를 발달시킬 수 있습니다.

스스로 교사라고, 교육자라고 느껴야 한다면, 인간으로의 교육에서 직업을 위한 교육을 분리해 내는 것만으로는 족하지 않습니다. 외적으로 보이지 않는 것이, 직업에도, 국가 구조에도, 외부의 어디에도 보이지 않는 어떤 것이 우리 안에 살아야만 합니다. 다음 세대가 비로소 삶의 외적인 차원에서 이루어 낼 바로 그것이 우리 안에 살아야만 합니다. 인류의 다가오는 발달과 함께 연결된 상태, 예언적으로 작용하는 그 결합 상태가 우리 안에 살아야만 합니다. 이 결합 상태에 교사 세계의 교육적-예술적 감성과 사고, 의지가 완전히 매달려 있습니다. 성장하는 인간에 대해서 알 수 있는 것이, 처음에는 알 수 없더라도 결국은 예술이 되는 영적-정신적인 삶의 피처럼 교사의 세계로 흘러 들어갈 수 있는, 바로 그 방향으로 오늘날의 교육학과 교수법을 추구해야만 합니다. 오로지 이 살아 있는 교수법으로부터만 어린이의 가슴 안으로, 어린이의 정서 안으로, 어린이의 지성 안으로 들어가야 할 것들이 솟아나야 합니다.

우리의 '도그마', 우리의 원칙과 세계관의 내용을 성장하는 인간에게 가르치고자 하는 것이 절대로 아닙니다. 독단적인 교육을 성취하려는 것이 결코 아닙니다. 우리는 정신 과학을 통해서 얻을 수 있는 것이 살아 있는 교육이 되도록 노력하고자 합니다. 죽은 과학에서는 그저 지식이 나올 수 있습니다. 살아 있는 정신 과학에서는 방법론,

교수법, 취급 요령이 정신적-영적인 의미에서 생성됩니다. 우리가 가르칠 수 있는 것, 교육할 수 있는 것을 우리는 추구합니다.

우리가 좋은 것이라고 여기는 것을 진정으로 지키고자 합니다. 다양한 종교 조직은 우리 학교에서 그들 스스로 종교 수업을 행해서, 그들의 세계관 원리를 가르쳐야 합니다. 우리는 그저 기다리고자 합니다. 그렇게 우리 학교에 세계관으로 들여오는 것을 우리가 전혀 방해하지 않는 것처럼, 우리가 우선은 소박하게 하나의 예술로서 들여오는 것 역시 전혀 방해받지 않을 것인지를 기다려 보겠습니다. 왜냐하면, 인류가 세계 관조의 문제에 있어서 올바른 통찰을 얻기 이전에, 그 상호 관계를 얻기 이전에 이미 교육적, 방법적, 교수법적 의미에서의 교육 예술이 정신적 세계관에서 생성될 수 있음을 이해해야만 한다는 사실을 우리는 알고 있기 때문입니다. 그러므로 우리는 세계관 학교를 만들지 않을 것입니다. 발도르프 학교를 통해서 우리는 교육 예술적인 학교를 세우고자 노력할 것입니다."

인간에 대한 보편적인 앎에 대한 강의에 이어서 방법론과 교수법에 대한 강의가, 그리고 거기에 덧붙여서 자유로운 토론 형식의 세미나 실습이 있었다. 슈타이너는 교육 예술의 근거가 되는 이 세 부분으로 영적, 물질적인 난관에 처한 인류를 도울 수 있는 방법을 제시하였다.

1932년 8월, 도르나흐
마리 슈타이너

교육학의 기초가 되는 인간에 대한 보편적인 앎))))

참조
  ··· 이 발행본에 대한 참조 300
  ··· 본문에 대한 참조 304

인명부 342

색인 344

참고 문헌 352

루돌프 슈타이너의 생애와 작품 354

루돌프 슈타이너 전집 목록 360

참조

이 발행본에 대한 참조

1932년의 첫 번째 발행본에 자유 발도르프 학교 교사진의 감사의 말이 책머리에 실려 있었다. 그 머리말은 이 강의들이 행해졌던 당시 상황을 서술하고 있다.

"제1차 세계 대전이 끝난 후, 인지학 협회 회원들의 요구에 따라 루돌프 슈타이너 박사는 슈투트가르트에서도 사회적 유기체의 삼지성에 대한 포괄적인 강연을 하였다. 그 강연의 내용을 담은 책이 바로 『사회 문제의 핵심』이다. 슈타이너 박사의 강연에 고무된 사업가 에밀 몰트는 자유로운 정신 생활의 시발점을 보여 줄 학교를 건립하기로 결심하였다. 몰트의 부탁을 받고 슈타이너는 새 학교의 정신적 지도자 역할을 떠맡았으며, 학교의 성장을 위해서 지칠 줄 모르고 일을 하였다.

자유 발도르프 학교를 개교하기 전인, 1919년 8월과 9월, 삼 주 동안 슈타이너 박사는 발도르프 학교의 첫 교사진과 발도르프 교육학의 의미에서 활동하기를 원했던 일련의 인사들을 위해서 교육학 강의를 선행하였다.

이 강의들은 세 부분으로 이루어졌다. 우선 우리 시대와 가까운 장래에 적합한 교육학의 근거가 되는 인지학적 인간학에 대해서 행한 열네 번의 강의들이 그 첫 부분이다. 이 책에 실린 것들이 바로 그 강의들이다. 여기에, 수업과 교육 속에서 방법론과 교수법의 취급 요령에서 드러나는 인지학적 인간학의 효과에 대한 강의가 이어졌다. 모든 강의들은 이 책에 담긴 내용들과 함께 상호 연관성을 띠며, 하나의 전체를 이룬다.

이 강의들에 세미나 형식의 토론이 계속되었다. 슈타이너는 세미나 실습에서 교사들과 특정한 수업 영역의 실질적인 계획과 교육적 문제를 풀기 위한 방법에 대해서 논하였다. 이 토론 부분 역시 이미 출판되었다.

이 강의들에서 청중들은, 인류를 위해서 인류의 더 높은 발달에 헌신코자 하는 정신적인 사건을 — 비록 그것이 작은 모임에서 소리 없이 실현되었지만 — 체험하였다. 이제 이 책이 이해되고 수용되는 모든 곳에서 교육과 수업이 결실을 맺도록 세상으로 나아감에 있어서, 자유 발도르프 학교의 교사들은 슈타이너의 작업을 깊은 감사의 마음으로 동행하고자 한다."

***

본문의 근거: 이 책의 본문을 위해 다음과 같은 자료들을 참조했다.

– 속기 기계로 받아 적은 것의 해석본, 개회사는 루돌프 마이어가, 1919년 9월에 행한 첫 번째 강의부터 다섯 번째 강의까지는 훔멜 부인이 일부러 쾰른에서 슈투트가르트로 내려와 속기했다. 나머지 강의들은 여러 청중들이 속기한 것이며, 그 속기 원본 자체는 현재 존재하지 않는다. 강의가 끝난 후에 청중들 중 몇몇이 다양한 필사본들을 교정, 편집하여 복사판을 제작하였다.

– 여러 청중들이 받아쓴 것을 참조해서 보충한 1920년대의 필사본 복사판.

– 여러 청중들이 받아쓴 것을 참조해서 보충한 첫 출판본(1932년 도르나흐)

– E. A. 칼 슈톡마이어의 필사본

슈타이너의 칠판 그림은 매 강의가 끝난 후에 지워졌다. 이 책에 실린 그림들은 여러 청중들이 그린 것을 참조했다. E. A. 칼 슈톡마이어의 필사본이 매우 상세하여, 이전의 판본에는 실리지 않은 그림들이 첨가되었으며, 몇몇 경우에는 그림들을 문장에 맞추어서 다시 정리하였다.

이 책의 표제는 슈타이너가 언급한 것이다. 이 책의 부록에 실린 마리 슈타이너의 설명을 참조하라.

슈투트가르트에서 교사들을 위해서 행한 강의들(1919~1921)에 대한 슈타이너의 비망록 그림들은 『루돌프 슈타이너 전집에 대한 기고』 시리즈 중 31권에 출판되었다.

예전의 발행본들:
-필사본 복사판, 발행 연도 없음(1920년대 초반).
-제1판, 1932년 도르나흐, 발행인 마리 슈타이너, 1919년 8월 20일에 행한 개회사 제외.
-제2판, 1940년 드레스덴, 발행인 마리 슈타이너.
-제3판, 1947년 프라이부르그, 발행인 마리 슈타이너. 마리 슈타이너의 후기와 E. A. 칼 슈톡마이어의 주석과 색인.
-제4판, 1951년 도르나흐, 전반적으로 다시 검토함.
-제5판, 1960년 도르나흐, 전집(GA)
-제6판, 1968년 도르나흐
-제7판, 1973년 도르나흐, 1919년 8월 20일의 개회사가 다시 검토되고 확장됨.
-제8판, 1980년 도르나흐, 사진 기술에 따른 인쇄.
제4판에서 제8판까지는 H. R. 니데르호이저에 의해서 발행됨.

제9판에 대하여: 전체 본문과 그림들이 남아 있는 모든 자료에 따라 다시 한 번 철저하게 검토되었다. 문장 교정, 그림의 첨가와 수정, 그리고 그 근거에 대해서는 참조에 설명되었다. 구두법, 문법과 인쇄 오류에 따른 교정은 제9판에서 실행되지 않았다. 강의가 진행되기 하루 전날 저녁에 행한 개회사가, 그 이전의 판본에서는 강의들 다음에 인쇄되었지만, 제9판에서는 시간적 흐름에 맞추어서 첫 강의 앞에 넣어졌다. 반면에 "자유 발도르프 학교의 개교사 중에서, 마리 슈타이너의 서문과 함께"가 예전에는 책의 앞부분에 속했으나, 이 책에서는 부록으로 첨가되었다. 내용에 대한 설명과 본문에 대한 참조가 현저하게 확장되었다. 참조에는 슈투트가르트의 볼프강 샤드가 쓴 상술이 부가되었다. 새롭게 인명부와 색인이 첨가되었으며, E. A. 칼 슈톡마이어가 1947년 제3판을 위해서 제작한 색인을 상당히 참고하였다.

본문에 대한 참조

총서로 발행된 루돌프 슈타이너의 작업들은 모두 일련의 서지 번호에 따라 분류된다. 이 책의 마지막 부분에 있는 전집 목록을 참조하라.

쪽, 행	내용
23	**개회사:** 이 글은 루돌프 마이어(Rudolf Meyer)의 (미흡한) 속기 기록, 에밀 몰트(Emil Molt)와 E. A. 칼 슈톡마이어(Karl Stockmeyer)의 비망록에 근거한다. 문장 교정은 에리히 가베르트(Erich Gabert)가 보았다. 개회식 참석자: 베르타 몰트(Berta Molt), 에밀 몰트, 카롤리네 폰 하이데브란트(Caroline von Heydebrand), E. A. 칼 슈톡마이어, 레오니 폰 미르바흐(Leonie von Mirbach), 엘프리데 헤르만(Elfriede Herrmann), 루돌프 트라이힐러(Rudolf Treichler), 헤르타 쾨겔(Hertha Koegel), 파울 바우만(Paul Baumann), 루돌프 마이어, 요한네스 가이에르(Johannes Geyer), 헤르베르트 한(Herbert Hahn), 프리드리히 외엘슈레겔(Friedrich Oehlschlegel). 인간에 대한 보편적인 앎 강의 참석자: 개회식 참석자 외 마리 슈타이너(Marie Steiner), 엘리자벳 돌푸스-바우만(Elisabeth Dollfus-Baumann), 한나 랑(Hannah Lang), 루드비히 놀(Ludwig Noll), 미타 발러-필레(Mieta Waller-Pyle), 헤르만 하이슬러(Hermann Heisler). 손님: 안드레아스 쾨르너(Andreas Körner), 루이제 키이저(Luise Kieser), 발터 요한네스 슈타인(Walter Johannes Stein), 알렉산더 스트라코쉬(Alexander Strakosch), 칼 에밀 볼퍼(Karl Emil Wolfer). 인지학 협회 회원으로서 타 지역에서 유사한 기관을 설립코자 하는 사람들에 한하여 손님으로 강의에 참여할 수 있었다. 그 외에 '문화 평의회'에 속하는 교육학자들 앞으로 초대장

이 송부되었다. 칼 에밀 볼퍼와 안드레아스 쾨르너는 '프로파간다'를 위해서 초대되었다.

그 외에도 이다 울란드(Ida Uhland)와 마리 울란드(Marie Uhland)가 초대되었지만, 해당 교육청이 휴가를 허락하지 않아서 참석하지 못했다.

30, 4 **일종의 기도:** 이 부분의 문장은 속기로 기록되지 않았다. 강의 참석자인 카롤리네 폰 하이데브란트(1886~1938)와 헤르베르트 한(1890~1970)의 강의 노트는 슈타이너의 강의 내용을 기억으로 기록한 것이다. 두 기록에 이어서 역시 강의 참석자였던 발터 요한네스 슈타인의 일기장 내용을 여기에 인용하였다.

카롤리네 폰 하이데브란트의 기록

"다음과 같은 의식이 생기도록 우리의 사고를 형성해 봅시다. 우리 각자의 뒤에 천사가 서 있습니다. 우리의 머리에 천사가 두 손을 부드럽게 올려놓았습니다. 이 천사가 여러분들이 필요로 하는 힘을 줍니다. 여러분들의 머리 위에는 대천사들이 윤무를 그리면서 떠 있습니다. 한 사람이 다른 사람에게 줄 수 있는 것을 대천사들이 그 사람에게서 다른 사람에게로 가져다줍니다. 대천사들이 여러분의 영혼을 연결합니다. 이로써 여러분이 필요로 하는 용기(勇氣)가 생깁니다. (그 용기로 대천사들이 그릇을 만듭니다.) 아르카이(Archai)의 숭고한 존재들이 지혜의 빛을 내려 보냅니다. 아르카이의 존재들은 윤무 속에 갇혀 있지 않습니다. 그들은 태초에서 내려오면서 현시하고, 영원한 미지로 사라집니다. 그들은 단지 방울의 형태처럼 공간으로 드러납니다. (용기로 만들어진 그릇 속에 활동하는 시대정신이 방울로 시간의 빛을 떨어뜨립니다.)"

헤르베르트 한의 기록

"다섯 번째 문화 시대의 교육학을 중심으로 받아들이고, 교사진으로 활동하기를 원함으로써, 세 번째 서열(아르카이)의 존재들이 우리의 일과 연결할 준비를 하고 있다는 의식을 지닐 자격이 생깁니다.

교사진에 속할 회원 각자의 뒤에 천사가 서 있는 것을 봅니다. 천사의 비호에 맡겨진 그 지상 인간의 머리에 천사가 두 손을 얹고 있습니다.

이 태도와 몸짓으로 천사는 힘을 부여합니다. 그것은 완성해야 할 작업을, 필요한 상상적 형상으로 채워 주는 힘입니다. 창조적 형상을 만들면서, 상상적 형상을 힘차게 일깨우면서 모든 이의 뒤에 천사가 서 있습니다.

눈길을 들어보면 교사진이 될 사람들의 머리 위에 한 무리의 대천사가 떠 있습니다. 윤무를 그리며 대천사들은, 교사진의 각자가 자신의 천사와 정신적 조우를 한 결과로서 생긴 것을 그 윤무 속에서 다른 모든 사람들에게 반복해서 가져다줍니다. 대천사들은 모든 다른 이들의 힘으로 풍요하게 만든 것을 다시금 개인에게로 되돌려 가져다줍니다. 일종의 정신적 형성 활동과 같이 작용하는 이 윤무에서 공동의 추구로 연결된 이들의 머리 위로 하나의 그릇이 만들어집니다. 이 그릇은 아주 특별한 본질로 이루어져 있습니다. 그것은 용기로 만들어졌습니다. 동시에 원형을 그리면서 연결하는 대천사는 그들의 움직임 안에서, 그들이 형성하는 것 안에서 창조적으로 영감적인 힘이 흘러들게 합니다. 우리의 과업을 위해서 필요한 그 영감이 흘러나올 샘을 열어줍니다.

관조자의 눈길을 더 높이 들어보면, 아르카이의 경지에까지 이릅니다. 아르카이는 전체적으로 드러나지 않습니다. 그러나 아르카이들은 그들의 영역으로부터, 빛의 영역으로부터 이 용기의 그릇 안으로 한 방울이 떨어지도록 합니다. 이 새 학교의 설립과 설립자의 배후에 서 있는, 우리 시대의 선한 정신이 이 빛의 방울을 우리에게 선사하는 것이라고 느낄 수 있습니다. 빛의 선물 속에서 발하는 그것은 창조적인 직관력입니다. 새로운 교육학적 과업을 향한 발걸음에 필수적인 직관을 깨우고자 합니다.

그렇게 힘, 용기, 그리고 빛을 선사하면서 이 세 번째 서열은 오늘 실행되는 개교식에 동참하고 있습니다. 창조적 형상으로, 영감으로, 직관으로 고취하면서 그들은 우리의 지상적 활동과 연결합니다."

헤르베르트 한의 이전의 기록, 기록일자 미상

"여러분 모두의 뒤에 여러분의 천사가 서 있다고 상상해 보십시오. 천사는 힘을 주고자 합니다.

여러분 모두의 위에, 각자가 행한 일의 열매와 경험을 다른 모든 이들에게 나누어 주면서 윤무하는 대천사가 있습니다. 윤무하고 져 나르면서 대천사는 용기의 그릇을 만들어 냅니다.

높은 곳에서 아르카이의 하나인 시대의 선한 정신이 빛의 방울을 그 그릇으로 떨어뜨립니다. 그렇게 아르카이는 빛 한 방울을 선사합니다."

1919년 8월 21일자 발터 요한네스 슈타인의 일기 중 한 부분

"오전 9시에 루돌프 슈타이너 박사가 강의를 시작함.

힘 - 천사

용기 - 대천사

빛 - 아르카이

몰트 님께 …… 사상을 고쳐시킨 그것(선한 정신)을 생각하십시오. 신들이 우리의 활동에서 이루어질 것을 계속해서 일해 나갈 것입니다."

30, 18 **친애하는 몰트 님께:** 에밀 몰트(1876~1936), 발도르프-아스토리아-담배 공장 사장, 상공업 협회 고문관. 몰트는 자신의 공장에서 일하는 사람들을 위해서 노동자 교육 과정을 설립하였다. 이것이 결국은 그가 노동자들의 자식들을 위한 학교를 세워야겠다는 생각을 하는 계기를 마련해 주었다. 그는 이 '발도르프 학교'의 건립과 지도를 슈타이너에게 부탁했다. 몰트는 1919년 슈타이너의 삼지성 사상을 적극적으로 옹호한 사람들 중 하나였다. 1972년 슈투트가르트에서 출판된 에밀 몰트, 『삶을 서술하기 위한 초안』과 『루돌프 슈타이너 전집에 대한 기고』 103권(도르나흐 1989, 미하엘리)에 실린 그의 논설들을 참조하라.

31	**본문 보충**: 10째줄 "······본인은 오늘······"부터 17, 18째줄 "······서약하는 바입니다."까지 속기의 해석에 따라 보충됨.
34, 3	**인류의 이기주의**: 죽음에 대한 이기주의의 연관성과 개인적인 것의 세 가지 측면에 대하여 『정신 과학의 근원적 자극』(서지 번호 96)의 1907년 6월 12일자 강연을 참조하라.
36, 3	**태교**: 『정신적 서열들과 그들의 물체적 세계에서의 반영』(서지 번호 110)의 1921년 4월 21일자 강연 중, "질문에 대한 답을 위한 비망록"을 참조하라.
36, 6	**제가 그에 대해서 한 예를 들은 적이 있습니다.**: 『신비학 개요』(서지 번호 13)의 13과, "세계 발달과 인간"(170쪽 이하)을 참조하라.
37, 9	**이제 어린이가 물체적 차원에 태어나면**: 슈타이너의 『우주학, 종교 그리고 철학』(서지 번호 25)에서 특히 6과, "인간 발달 속에서 영적-정신적 현존으로부터 감각적-물체적 현존으로의 전이"를 참조하라.
37, 17	**이 세 가지 존재적 지체······**: 인간의 존재적 지체에 대해서 『신지학』(서지 번호 9)의 "인간의 본성", 『신비학 개요』(서지 번호 13)의 "인류의 본성"을 참조하라. 더 나아가서 『영혼 생활의 변환, 영혼 체험의 길』(서지 번호 58과 59) 역시 참조할 수 있다.
38, 9	**이제 영혼정신 혹은 정신영혼에 신체 혹은 육체가 접지되고, ······ 연결됩니다.**: 정신적-영적인 것에 대한 신체적-물체적 연관성은 『인간 인식과 수업 형성』(서지 번호 302)의 1921년 6월 13일과 15일자 강연들, 『인간 발달, 세계 영혼 그리고 세계 정신 제2부』(서지 번호 206)의 1921년 8월 14일자 강연, 『인간적 유기체 형성에서의 정신적 연관성』(서지 번호 218)의 1922년 11월 20일자 강연을 참조하라.
39, 12	**신체적 인간의 전반적인 삼지적 체계가 ······**: 존재 전체의 삼지성이 아니라, 자연적 유기체의 삼지성에 대해서 『영혼의 수수께끼에 관해』(서지 번호 21), 4과 여섯 번째 논술, "인간 존재의 신체적, 정신적 의존성"을 참조하라.
39, 21	**우리가 숨을 들이마심으로써 지속적으로 뇌수를 두뇌에 밀어 넣습니다.**: 『시대 역사적 고찰, 비진실성의 업 제2부』(서지 번호 174)의 1917년 1월

	15일자 강연, 『예술과 예술 인식』(서지 번호 271)의 1918년 6월 1일자 강연을 참조하라.
41, 18	어린이의 잠은 성인의 잠과는 다른 것 ……: 어린이의 잠에 대해서 『인간 발달, 세계 영혼 그리고 세계 정신 제2부』(서지 번호 206)의 1921년 8월 7일자 강연을 참조하라.
41, 20	인간이 깨어나서 잠들기까지 경험한 것: 『신비학 개요』(서지 번호 13)의 "잠과 죽음"을 참조하라.
42, 3	정신영혼: 이전의 발행자에 의해서 보충됨.
47, 5	헤르바르트의 교육학과 심리학: 요한 프리드리히 헤르바르트(Johann Friedrich Herbart, 1776~1841), 철학자, 교육학자. 괴팅겐에서 가르쳤으며, 중간에 잠시 베른에서 가정교사를 하였다. 과학적 교육학의 창시자로 알려져 있다. 그의 교육학은 실질적인 철학(윤리학), 심리학과 매우 밀접한 관계를 지니고 있다. 저서로는 『일반 교육학』(1806), 『심리학에 대한 기본』(1816), 『교육학 강의 개요』(1835)가 있다. 슈타이너는 자신의 저서 『철학의 수수께끼』(서지 번호 18)의 "반동적 세계관"에서 헤르바르트의 세계관에 대하여 언급하였다. 『영적인 영혼학과 세계 고찰』(서지 번호 52)의 1903년 12월 4일자 강연 역시 참조할 수 있다.
48, 14	흔히 표상이라고 부르는 것: 『자유의 철학』(서지 번호 4) (한국어 번역판: 밝은누리, 서울, 2007) 6과 "인간의 개인성"을 참조하라.
48, 15	표상, 감성, 그리고 의지 ……: 『오늘날의 과학에 대한 인지학의 보완』(서지 번호 73)의 1918년 10월 10일자 강연, 『세계 발달과 지구 발달과의 연관성에서 본 인간의 영혼 생활과 정신적 추구』(서지 번호 212)의 1922년 4월 29일과 30일자 강연을 참조하라.
48, 19	표상은 형상적인 특성을 지닙니다: 『인지학, 21년간의 총괄』(서지 번호 234)의 1924년 1월 19일자 강연을 참조하라.
49, 12	생각한다, 고로 나는 존재한다. Cogito, ergo sum: 이 명제는 철학자, 수학자, 천문학자, 물리학자였던 르네 데카르트(René Descartes, 1596~1650)가 제시했다. 데카르트는 장교로 다양한 직무를 행하였으며, 장

기간 네덜란드에 거주하였다. 크리스티네 여왕의 부름을 받고 스웨덴으로 이주하였으며, 그곳에서 사망했다. 그의 저서 『철학의 원리』(암스테르담 1644) 제1부의 1, 7, 11-14단락을 특히 참조하라. "생각한다, 고로 나는 존재한다."라는 유명한 명제에 이어서 7단락에서 데카르트는 다음과 같이 서술하였다. "그렇게 우리가 모든 것을 어쩐지 의심스러운 것으로 거부하고, 그렇게 하는 행위조차도 거짓으로 여김으로써, 우리는 신, 하늘, 심지어는 우리의 신체도 전혀 존재하지 않는다고 쉽게 가정한다. 우리가 손도, 발도 없으며, 신체가 전혀 없다고 여긴다. 그러나 그런 것을 생각하는 우리가 존재하지 않는다고는 가정할 수 없다. 생각하는 그것이, 생각하는 그 시점에 존재하지 않는다면 모순이 되기 때문이다. 그에 따라, "나는 생각한다, 고로 나는 존재한다. Ego cogito, ergo sum."라는 명제는 모든 합법적인 철학자들에게 제시되는 최초의, 그리고 가장 확실한 인식이다." 슈타이너는 "생각한다, 고로 나는 존재한다."에 대해서 『자유의 철학』(서지 번호 4) 3과 "세계 파악에 헌신하는 사고"에서 언급하였다. 『인간의 삶 속에 드러나는 영속과 발달에 대한 양극성』(서지 번호 184)의 1918년 10월 12일자 강연, 『정신 연구의 결과들』(서지 번호 62)의 1913년 4월 13일자 강연, 『인간의 수수께끼에 관해』(서지 번호 20)의 "독일 이상주의의 세계상", 『철학의 수수께끼』(서지 번호 18)의 "사고 발달에 대한 최근의 세계관" 중 데카르트에 대한 논설을 참조하라.

49, 21 **우리는 사고로 활동하고 있는 중에도 ……**: 여기에서 "사고로"는 이전의 발행자가 첫 번째 복사판을 참고로 부가하였다.

50 **그림**: 이전의 발행본들은 젤라틴 판 복사기로 제작한 복사판의 그림들을 참조하였다.(300, 301쪽을 참조하라.) 속기 기계로 받아쓴 것을 해석한 문장들의 검사에 의하면 슈타이너가 이 발행본에 인쇄된 그림을 토대로 해당되는 문제를 설명하였다는 점이 밝혀졌다. 이전의 발행본의 그림은 올바른 위치로 정정되었다.

51, 20 **이제 동일한 방식으로 의지에 관해서 질문을 해 봅시다.**: 48쪽 "표상은 형상적 특성을 ……"에 대한 참조를 비교하라. 그 외에 『자유의 철학』(서

지 번호 4) 9과 "자유의 이념", 월간지 〈루돌프 슈타이너의 교육학에 관해〉 1931년 4월판(5년차, 1권)에 게재된 1922년 1월 17일자 강연 "인지학과 영혼의 수수께끼", 동 월간지 1937년판(11년차, 7/8권)에 게재된 "인간의 학교"를 참조하라. 이 논설은 『인지학의 본질』(서지 번호 80)에 실려 있다.

53, 1 ······ **출생 이전의 삶에서 오는 형상으로 파악해야 할 표상이, 다른 쪽에는 미래를 위한 싹으로 파악해야 할 의지가 있다고 상상할 수 있습니다.**: 출생 이전과 죽음 이후의 삶에 관한 표상과 의지의 관계에 대해서 『정신 과학적 인식의 사회적 이해』(서지 번호 191)의 1919년 10월 18일 강연을 참조하라.

53, 7 **아르투르 쇼펜하우어**(Arthur Schopenhauer, 1788~1860): 괴팅겐과 베를린에서 자연 과학과 철학을 공부하였으며, 박사 학위 취득 후 예나, 바이마르, 드레스덴에 거주하였다. 베를린에서 교수 자격증을 취득하고자 했으나 실패한 그는 사회로부터 인정을 받지 못하고 소외되었다고 느꼈다. 1833년 프랑크푸르트로 이사하였으며, 비참하고 고독한 삶을 보냈다. 1840년대 이후에야 그에 대한 관심이 점차 더해갔으며, 1870년대에 마침내 "시대의 철학자"로 알려졌다. 정신적 영적인 것의 씨앗으로서의 의지에 관해서 그의 주요 저서인 『의지와 표상으로서의 세계』(1819년) 제4권 "의지로서의 세계, 의지의 시인(是認)과 부인(否認)"을 참조하라. 슈타이너가 『아르투르 쇼펜하우어 전집』(코타 출판사 발행본)을 위한 서문으로 쓴 전기를 참조하라. 『전기들과 전기적인 스케치 1894~1905』(서지 번호 33), 『철학의 수수께끼』(서지 번호 18)의 "반동적 세계관", 『세계 정신성과 인간의 신체적인 것 사이의 교량』(서지 번호 202)의 1920년 12월 4일자 강연을 참조하라.

53, 21 **여러분이 『신지학』을 통해서 이미 알고계시는 것**: 『신지학』(서지 번호 9) 9과 "세 가지 세계, 1. 영혼의 세계", 『정신 세계의 문지방』(서지 번호 17)의 "인간 영혼의 사랑 능력과 자아-느낌에 관해서, 그리고 자연 요소적 세계에 대한 그들의 관계"를 참조하라.

55	그림: 속기 기록과 복사판의 스케치에 근거함. 다음의 그림이 이전의 발행본에 실렸다.

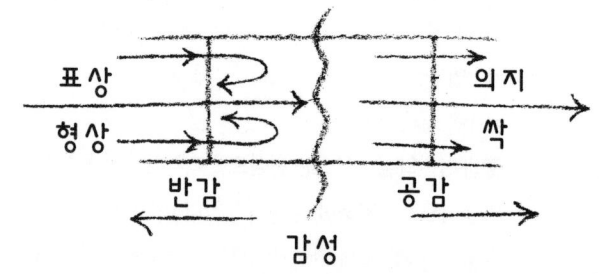

56, 9	그 힘이 여러분의 반감을 만나는 것입니다.: 속기 기록에 근거함. 강의 참석자들의 필사본에 따라 차후에 보강된 복사판에는 "그것이 여러분의 반감 속에 살고 있습니다."로 되어 있다.
56, 12	기억은 우리 내부에 관장하고 있는 반감의 결과물일 뿐입니다.: 『철학과 인지학 : 논문집 1904~1923』(서지 번호 35)의 "초감각적 인식에 대한 과거의 비밀 유지와 오늘날의 공표"를 참조하라. 이 논문은 단행본으로도 출판되었다.
56, 22	그러면 개념이 생성됩니다.: 『영혼의 수수께끼에 관해』(서지 번호 21)의 3과 "개념의 추상성에 대하여", 『자유의 철학』(서지 번호 4)의 4과 "지각으로서의 세계"를 참조하라.
57, 6	반감에 의해서 기억이 되듯이: "반감에 의해서"는 전 발행자가 보충하였다.
57, 13	감각적 관조를 제공하는: 첫 번째 복사판에 근거한다. 필사본에는 "관조적인 개념을 제공하는"으로 되어 있으며, 이런 문장이 다른 강의 참석자의 비망록에서도 발견되었다.
57, 17	예를 들어서 우리가 백묵을 희다고 느끼는 것은 공감과 환상을 넘어서서 상상이 되는 의지의 적용에서 생겨납니다.: 공감, 환상, 상상의 연관성에 대해서 『인지학, 심리 철학, 정령 철학』(서지 번호 115)의 1911년 12월 15일자 강연을 참조하라. 이 강연에서는 상상을 더 고차적인 인식 단계로 언급하고 있다.
58, 9	영적인 인간을 여러분에게 설명했습니다.: 53쪽의 "여러분이 『신지학』을

통해서 이미 알고 계시는 것"에 대한 참조를 보라.

61, 7   생리학이 감각 신경과 운동 신경에 대해서 알고 있다고 하는 것을 아무리 믿어 보려고해도,: 『직업의 업』(서지 번호 172)의 1916년 11월 6일자 강연을 참조하라. 슈타이너는 이 강연에서 소위 말하는 감각 신경과 운동 신경에 대해서 다음과 같이 설명하고 있다. "신경은 모두 단일적으로 조직되어 있습니다. 신경은 모두 하나의 기능만 지닙니다. 소위 말하는 운동 신경은 소위 말하는 감각 신경에 비해서 단지 한 가지 이유 때문에 구분됩니다. 감각 신경은 외부 세계를 지각하기 위해서 사용되는 반면에, 소위 말하는 운동 신경은 자신의 유기체를 지각하기 위한 것입니다." 『영혼의 수수께끼에 관해』(서지 번호 21) 4과의 여섯 번째 논설 "인간-존재의 신체적 정신적 의존성", 『정신 과학을 통한 교육학적-방법론적 예술의 갱신』(서지 번호 301)의 1920년 4월 21일자 강연, 『사회적, 교육적 문제의 정신 과학적 취급』(서지 번호 192)의 1919년 12월 7일과 12일자 강연을 참조하라. 헤르베르트 헨젤(Herbert Hensel), 한스 위르겐(Hans Jurgen) 공동 발행서『운동 신경과 감각 신경의 문제에 관하여 : 루돌프 슈타이너의 저서 발췌문』(마르부르크 1979)를 참조하라. 이 공동 발행서는, 볼프강 샤드(Wolfgang Schad)가 발행한『인간의 감각 유기 조직과 사회적 문제』(슈투트가르트 1992)의 제2부(문서 부록)에 새로이 실렸다.

62, 5   말하자면 공감과 반감이 서로 뒤섞여서 활동하는 진원지가 세 부분에 있습니다.: 『비학적 생리학』(서지 번호 128)의 1911년 3월 20일과 21일자 강연을 참조하라.

62, 10   예를 들어서 하나의 신경은 척수의 후근 쪽으로 (들어)가며, 다른 신경은 척수의 전근으로부터 빠져 나갑니다.: 이전의 발행본에는 척수 대신 척골이라고 되어 있다. 그러나 이미 복사판에도 "척수"라는 단어가 쓰여 있다. 아마도 슈타이너는 구심적 신경이 들어오는 척수의 후근에 대해서 언급한 것 같다. 반면 척수의 전근에서는 원심적 신경이 나아간다. 속기 기록 해석본의 문장은 다음과 같다. "또 다른 균열이 척수 속에 존재합니다. 예를 들어서 하나의 신경이 전근 쪽으로 가는 반면, 다른 신

	경은 그 전근으로부터 나아갑니다."
62, 20	**우리는 공감과 반감으로 신체에 개입하게 됩니다.**: 이 문장에서 "신체에"는 전 발행자가 보충하였다.
63, 8	**우리는 외적으로 드러나는 인간으로서 …… 뚜렷하게 나누어져 있습니다.**: 39쪽의 "신체적 인간의 전반적인 삼지적 체계가……"에 대한 참조를 보시오.
65, 9	**머릿속에 인간은 정말로 우주의 모형을 지니고 다닙니다**: 우주에 대한 신체 지체들의 관계에 대해서 『인지학적 기본 원칙』(서지 번호 26)의 32~37쪽, 『세계 정신성과 인간의 신체적인 것 사이의 교량』(서지 번호 202)의 1920년 11월 26일자 강연을 참조하라.
66, 14	**그러므로 여러분이 어린이에게 추상화된 것을 너무 많이 적용하면,**: 슈타이너는 여러 강연에서 이 주제를 언급하였다. 특히 『인간 인식에서 나온 교육과 수업』(서지 번호 302a)의 1923년 10월 16일자 강연을 참조하라.
66, 15	**탄산화 과정에, 혈액 안의 탄산 형성 과정에:** "탄산 형성"은 전 발행자가 보충하였다. 속기의 내용을 해석하는 방식에 따른 것으로 보인다. 혈액 "안의"는 필사본을 따랐다.
67, 11	**출생 이전의 초감각적 활동을 계속해서 실현한다는 점을:** 『인간의 내적인 본성, 그리고 죽음과 새로운 출생 사이의 삶』(서지 번호 153)의 1914년 4월 10일자 강연을 참조하라.
69, 7	**사회적 유기체의 정신적 지체에**: 사회적 유기체의 삼지성에 대해서 『사회 문제의 핵심』(서지 번호 23, 1919)을 참조하라.
70, 10	**서기 869년, 교회에 의해 결정된 교의적 진술의**: 서기 869년 콘스탄티노플에서 제8차 공의회가 대주교 포티우스(Photius)에 대항하기 위한 목적으로 개최되었다. 『Canones contra Photium』의 규범 11에 다음과 같이 서술되었다. "구약과 신약은 인간이 오직 하나의, 이해력 있고 이성적인 영혼을 지닌다고 가르친다. 신의 섭리로 말하는 아버지들과 스승들 모두 이 가르침을 신봉하는데, …… 몇몇은 자신이 두 개의 영혼을 가지고 있다는 가당찮은 교조를 주장하는 우둔함에 빠져 들었

다. 그들은 특정한 비학문적인 검증에 근거해서 그것이 지혜를 통한 것이라고 주장하면서, …… 자신의 이단을 스스로 인정했다." 슈타이너가 높이 평가한 가톨릭 철학자 오토 빌만(Otto Willmann)은 그의 세 권짜리 저서 『이상주의의 역사』(첫 번째 발행, 1894 브라운슈바이크) 8부, 54편, 『고대의 완성으로서의 기독교적 이상주의』(제2권, 111)에 다음과 같이 서술하고 있다. "그노시스 파는, 정령적 인간과 심리적 인간에 대한 바울주의적 구분에서, 정령적 인간을 완벽한 표현으로, 심리적 인간은 교회법에 사로잡힌 기독교인들의 대리자라고 설명함으로써, 바울주의를 오용하였다. 이 오용은 교회가 인성 삼분법의 거부를 명백히 결정하는 계기가 되었다." 슈타이너는 수많은 강연에서 이 공의회 결정의 의미를 반복해서 언급하였다. 『지구의 죽음과 세계의 삶 : 인지학적 삶의 자산, 현재와 미래를 위한 의식의 불가피성』(서지 번호 181)의 1918년 2월 5일과 4월 2일자 강연, 『인간의 삶 속에 드러나는 영속과 발달에 대한 양극성』(서지 번호 184)의 1918년 9월 8일자 강연, 『천사 미하엘의 소명』(서지 번호 194)의 1919년 11월 21일자 강연을 참조하라. 그 외에 〈독일의 인지학적 작업들에 대한 소식지〉(1973년 부활절)에 실린 슈테판 레버(Stefan Leber)의 논설 "서기 869년의 공의회에 관해", 〈교육 예술〉(1964년 통권 10/11)에 실린 요한네스 가이에르(Johannes Geyer)의 논술 "공의회와 그것의 문화 역사적 결과, 정신의 '폐기'" 등을 참조하라. 쇠플러(H. H. Schöffler)가 발행한 『인간 형상을 위한 투쟁 : 서기 869년의 제8차 공의회와 그 결과』(도르나흐 괴테아눔 출판사 1986)에 이 주제에 대한 다양한 논설들이 실렸다.

71, 4 **율리우스 로베르트 마이어**(Julius Robert Mayer, 1814~1878): 의사, 자연 연구가. 1842년, 에너지 보존 법칙과 그 결과에 따른 기계적 운동과 열의 등가 원리를 세웠다. "열과 운동은 상호 간에 변화한다." 『열의 기계적 등가에 대한 주석』(1851년), "그러니까 힘은 파괴되지 않고, 변화가 가능하며, 계측할 수 없는 대상이다.", "낙하력의 본질이 운동이라는 명제에서 낙하력과 운동 사이에 존재하는 관계가 결정될 수

없듯이, 이 명제는 열에 대해서도 마찬가지로 전혀 정당성이 없다. 우리는 오히려 그 반대의 경우를 따라야 한다. 열이 될 수 있기 위해서는 운동이—그것이 단순한 것이든, 혹은 방사하는 열인 빛처럼 진동하는 것이든—운동이기를 멈추어야만 한다."(『무생물적 자연의 힘에 대한 주석』(1842)에서), 그 외에 알베르트 노이부르거(Albert Neuburger)가 발행한 『로베르트 마이어, 힘의 보존에 대하여 : 네 편의 논문』(라이프치히 발행 연도 미상)에서 "유기적 운동과 신진대사와의 관계"(1845)과 "힘의 양적, 질적 규정에 대하여"(1841)를 참조하라. 슈타이너의 『지구의 죽음과 세계의 삶 : 인지학적 삶의 자산, 현재와 미래를 위한 의식의 불가피성』(서지 번호 181)의 1918년 4월 16일자 강연을 참조하라.

73, 12 **우선 감각 속에서, 열두 감각을 완전히 포함해서 우리를 외부 세계와 관계시키는 것은……** : 178쪽 "인간은 모두 열두 감각을 지닙니다."에 대한 참조를 보라.

73, 17 **플라톤**(Plato, 기원전 428~348) : 『티마이오스』에 다음과 같이 서술하였다. "감각 기관 중에서 그들은 우선 빛으로 가득 찬 눈을, 다음과 같은 이유에서 여기에 고정시킨 눈을 형성했다. 불의 태우는 성질을 많이 얻지 않은 반면, 부드러운 빛의 생성으로부터 얻은 것을 그들은 날마다 고유한 신체가 되도록 했다. 우리 안에 존재하는 것, 혼합되지 않은 불과 유사한 것이 눈을 통과해서 솟아나도록 해서 매끄럽게 다지고 고형화해서 전체 동공이 생기도록 했다. 나머지 조야한 불들이 통과할 수 있도록, 오직 순수한 것만 특히 그 중심에 정화하면서 자리잡도록 하였다. 눈 속으로 흘러 들어오는 것을 낮의 밝음이 둘러싸면, 그 유사한 것에 솟아오르는 유사함이 합일하여서, 그 유사성에서 나오는 시력에 곧 바른 방향으로 하나의 전체가 형성된다. 이곳이 바로, 내면에서 솟아 나오는 것이 외부에서 그것으로 다가오는 것과 만나는 지점이다." 플라톤에 대해서 『신비로운 사실로서의 기독교와 고대의 신비들』(서지 번호 8)의 "신비주의자 플라톤", 『철학의 수수께끼』(서지 번호 18)의 "그리스 사상가의 세계관", 『철학, 역사 그리고 문학에

대하여』(서지 번호 51)의 1901년 겨울 베를린의 노동자 교육장에서 행한 강연 "그리스 세계관"을 참조하라.

74, 19 **그와 유사한 정신적인 것:** 첫 번째 복사판의 문장.

75, 5 **로체 식 철학의 국부적 표현에서:** 루돌프 헤르만 로체(Rudolf Hermann Lotze, 1817~1881), 생리학자, 철학자. 라이프치히, 괴팅겐, 베를린에서 활동. 외부 자연에 대한 기계적인 성질 해명을 위한 생기설을 반대했다. 그 스스로는 자신의 세계관을 "기술적인 이상주의"라고 불렀다. "국부적 표현"이라는 단어를 그의 저서『소우주, 자연 역사와 인류 역사에 대한 사상, 인류학적 시도』(라이프치히 발행 연도 미상)의 제1권과 제3권의 2과 "삶"의 347쪽, 349쪽, 358쪽에서 인용했다. "영혼은 공간을 표상은 하지만, 인상이 감각 기관에서 차지하는 그 상태에 존재하지는 않는다. 영혼이 모든 인상에 특정한 위치를 그 공간 속에 지정하도록 강요하는 근거는, …… 오히려 하나의 질적인 성질의 어떤 양식에만 찾을 수 있다. 그 질적인 성질은 인상이 몸체에 접촉하는 그 장소의 고유한 천성을 위해서 인상의 나머지 질적인 규정성을 더해서 획득한다. 단지 그런 차이들을 위해서만 의식은 접근이 가능하다. 그리고 그 차이들이 의식에게는, 국부적 표현이나 특징으로 사용된다. 그 차이들에 따라서 의식은 인상을 공간적인 형상으로 다시금 펼쳐 낸다……." 로체의 저서들 중에서『사물들의 연관성』(베를린 발행 연도 미상),『실질적 철학 개요』(라이프치히 1894),『신체적 삶의 일반 생리학』(1851)을 참조하라.『철학의 수수께끼』(서지 번호 18)의 "현대 이상주의 세계관"과『삶의 자산으로서의 정신 과학』(서지 번호 63)의 1914년 1월 15일자 강연을 참조하라.

75, 8 **우리의 감각 유기체가:** 전 발행자가 보충함. 필사본에는 "우리의 아래쪽의 유기체"라고 되어 있다.

76, 11 **출생 이전의 삶에서:** E. A. 칼 슈톡마이어에 의하면 이 부분이 "출생 이전의 삶이 종료된 후에"가 되어야만 한다. 1947년, 프라이부르크 발행본 256쪽을 참조하라.

77, 7 **감각으로부터 자유로운 그 순수한 사고, 아직도 의지가 그 안에 살아 있는 그**

	사고를: 『자유의 철학』(서지 번호 4) 9과 "자유의 이념"을 참조하라.
78, 4	지구가 칸트-라플라스 식의 성운 상태에 있었던 초반부터: 슈타이너는 이 부분에서 철학자이며 수학자였던 이마누엘 칸트의 "성운설"을 암시하고 있다. 그 가설에 따르면, 지구는 원초 성운에서 생성되었다고 한다. 칸트와는 완전히 별도로 프랑스 수학자이며 천문학자인 피에르 시몽 라플라스(Pierre Simon Laplace, 1749~1827)도 많은 점에서 차이를 보였지만 칸트와 유사한 가설을 발달시켰다. 칸트의 저서 『우주의 일반적 자연 역사와 이론, 혹은 뉴튼의 원리에 따라 다룬 천체의 인간적 근원과 상태에 대한 실험』(라이프치히 첫 발행 연도 미상, 1755), 라플라스의 저서 『Exposition du systéme du monde』(1796)와 『Traitè de Mécanique cèleste』(전 5권, 파리 1799~1825) (독일어판: 우주의 기계성, 베를린)를 참조하라.
79, 5	그렇게 인간은 초기의 발달 상태에서 동물의 세계와 함께 존재했으며,: 『신비학 개요』(서지 번호 13)에서 "세계 발달과 인간"을 참조하라.
79, 20	그것은, 화장을 하든 아니면 …… 계속적으로 작용하는 실재 과정이라는 점: 인간의 사체가 지구 발달을 위해서 지니는 의미에 대해서 『인간의 삶 속에 드러나는 영속과 발달에 대한 양극성』(서지 번호 184)의 1918년 9월 22일자 강연, 『세계 정신성과 인간의 신체적인 것 사이의 교량』(서지 번호 202)의 1920년 12월 18일자 강연, 『파우스트, 그 죽어 가는 인간』(서지 번호 272)의 1916년 9월 4일자 강연, 『예수에서 그리스도로』(서지 번호 131)의 강연들을 참조하라.
83, 8	신경은 무엇입니까?: 『정신 과학적 인식에 따른 의술 확대를 위한 기초』(서지 번호 27) 6과 "피와 신경"을 참조하라.
84, 2	한편으로는 뼈에, 다른 한편으로는: 전 발행자가 보충함.
84, 6	우리의 눈에 골격-신경 체계가 약간 돌출되어 들어옴으로써, …… 표상적 성격을 띠는 활동과 연결할 수 있는 가능성이 생깁니다: 신경과 피의 활동과 연관해서 동물의 눈과 인간의 눈에 존재하는 차이에 대해서 『신체, 영혼, 정신에 따른 인간 본성의 인식 : 과거의 지구 상태에 관하여』(서지 번호 347)의 1922년 9월 13일자 강연을 참조하라.

87, 17	**에두아르트 폰 하르트만**(Eduard von Hartmann, 1842~1906): 장교로 경력을 쌓다가, 1865년 무릎 부상으로 누워서 생활해야 하는 지경에 이르게 되어서 퇴역하였다. 그 후 철학을 공부했으며, 1867년 박사 학위를 취득하였다. 1869년, 『무의식의 철학 : 세계관의 시도』를 출판하였다. 이 책의 14과 "세계 과정의 목표와 의식의 의미"에서 "지구 역시 대단하게 구축된 설계로 폭파시키고자" 한다는 하르트만의 제안에 대해서, 슈타이너는『삶의 자산으로서의 정신 과학』(서지 번호 63)의 1914년 3월 26일자 강연과『인류의 역사와 문화 민족의 세계관』(서지 번호 353)의 1924년 5월 14일자 강연에서 언급하였다. 하르트만에 대한 슈타이너의 일반적인 언급은『철학의 수수께끼』(서지 번호 18)에서 "현대 이상주의적 세계관",『인지학의 방법적 기초』(서지 번호 30)에서 "에두아르트 폰 하르트만, 그의 학설과 그의 의미",『루시퍼-그노시스』(서지 번호 34)에 담긴 애도사 "에두아르트 폰 하르트만"에서 찾아볼 수 있다.
88, 6	**본인이 쓴 초기의 저서에:**『괴테의 자연 과학적 논문에 대한 입문서』(1884~1897)(서지 번호 1),『괴테 세계관의 인식론적 기본 노선』(서지 번호 2),『자유의 철학』(서지 번호 4).
88, 23	**여러분이 특히 제 저서『진리와 과학』에서 자유에 대한 마지막 과를:**『진리와 과학 : '자유의 철학' 서곡』(서지 번호 3) 8과 "실질적인 결과의 고찰"에서 슈타이너는 다음과 같이 서술하였다. "우리의 앎 속에 세계의 가장 내밀한 핵심이 살고 있음을 보았다. 우주를 지배하는 법칙적인 조화가 인간의 인식속에 드러난다." 이 책에서 "서문"과 마지막 과인 "실질적인 결과의 고찰"을 제외한 논문으로 슈타이너는 1891년 로스톡 대학교의 하인리히 폰 슈타인 박사로부터 박사 학위를 받았다. 그 논문을 슈타이너는 "진심 어린 경의를 표하며 에두아르트 폰 하르트만 박사님께 증정합니다."라는 헌사를 붙였다. 박사 학위 논문의 제목은 "특히 피히테의 학설을 참조한 인식론의 근본 문제, 자기 자신에 대한 철학적 의식의 이해를 위한 학문적 연구"라고 붙였다.『루돌프 슈타이너 박사학위 논문에 대한 연구』(전 5권, 1991, 도르나흐)를 참조하라.

93, 1	어제 제가 이 반공개 강좌에서 여러분들께 말씀드린 것을 기억하신다면: 『발도르프 학교와 그 정신』(서지 번호 297)(한국어 번역판: 밝은누리, 서울, 2006)의 1919년 8월 24일자 강의를 참조하라.
94, 14	신체는, …… 우선은 태어납니다: 『루시퍼-그노시스』(서지 번호 34)에서 "정신 과학의 관점에서 본 아동 교육", 『인간 본성의 건강한 발달 : 인지학적 교육학과 방법론에 대한 입문서』(서지 번호 303)의 1921년 12월 29일과 31일자, 1922년 1월 1일과 2일자 강연을 참조하라.
94, 16	『신지학 : 초감각적 세계 인식과 인간 규정 입문』(서지 번호 9) 특히 "인간의 본성"과 "정신의 환생과 숙명"을 참조하라.
95, 3	우리가 정신자아(Geistselbst)라고 부르는 것은: 37쪽 "이 세 가지 존재적 지체……"에 대한 참조를 보라.
97, 1	역시 사후에도 분명히 발달하는데,: 죽음과 새로운 출생 사이의 삶에 대하여 『신지학』(서지 번호 9)의 "세 가지 세계", 『신비학 개요』(서지 번호 13)의 "잠과 죽음", 『인간의 내적인 본성, 그리고 죽음과 새로운 출생 사이의 삶』(서지 번호 153), 『죽음과 새로운 출생 사이의 삶, 우주적 사실에 대한 관계 속에서』(서지 번호 141), 『삶의 변화로서의 죽음』(서지 번호 182)을 참조하라.
99, 3	그 경우에 본능이 충동으로 변합니다: 『자유의 철학』(서지 번호 4)에서 9과, "자유의 이념"을 참조하라. 어린이의 본능과 충동에 대해서 『루시퍼-그노시스』(서지 번호 34)에서 "정신 과학의 관점에서 본 아동 교육"을 참조하라.
99, 12	초감각적 에테르 체가 본능을 장악하고 그로 인해서 본능이 충동으로 변하기 때문입니다: 필사본에서 보충함.
100, 15	예를 들어서 헤르바르트 식의 심리학자들은: 예를 들어서 로베르트 침머만(Robert Zimmermann), 저서로는 『철학 입문서』(1852)가 있다. 47쪽에 대한 참조를 보라.
100, 16	분트 파의 경우에는 좀 더 의지 쪽으로: 빌헬름 분트(Wilhelm Wundt, 1832~1920), 철학자, 심리학자, 생험학자. 라이프치히에서 실험적 심리학을 위한 첫 연구소를 세웠다. 슈타이너는 분트의 철학이 콘스

탄티노플 공의회의 도그마의 영향을 받은 것이라고 자주 표현하였다. 콘스탄티노플 공의회는 인간이 단지 신체와 영혼으로만 이루어졌다고 결정하였다.(70쪽에 대한 참조를 보라.) 분트에 대해서『철학의 수수께끼』(서지 번호 18)의 "현대 이상주의적 세계관"과『인지학의 방법적 기초』(서지 번호 30)의 "현대의 영혼 연구"를 참조하라.

101, 1 그러나 일반적으로 우리는 인간의 경우에 …… 자아에 의해서 포착되는 것을 동기라고 표현하며,:『자유의 철학』(서지 번호 4)의 9과 "자유의 이념"을 참조하라.

103, 8 …… 느끼는 것에서 나머지 중의 어떤 것입니다: 1919년 8월 22일에 행한 두 번째 강의와 비교하라.

104, 3 분석적 심리학이라고 부르는 다수의 과학적 방향, 정신 분석이 이 제2의 인간에 대해서 오늘날 쓸모없는 것을 언급하고 있습니다: 심리 분석에 대해서『개인적인 정신 존재와 그것의 인간 영혼 안에서의 작용』(서지 번호 178)의 1917년 11월 10일과 11일자 강연,『지구의 죽음과 세계의 삶: 인지학적 삶의 자산, 현재와 미래를 위한 의식의 불가피성』(서지 번호 181)의 1918년 1월 22일자와 3월 12일자 강연을 참조하라.

104, 5 이 정신 분석은 일반적으로 설명할 때에 하나의 본보기에서 출발합니다: 마차 앞에서 달렸던 부인에 대한 "본보기"를 슈타이너는 상당히 자주 인용하였다. 위의 참조에 열거한 강연들을 보라. C. G. 융(C. G. Jung, 1875~1961)이 자신의 저서『무의식적인 과정의 심리학』(취리히 1917)의 처음으로 이 예를 들었다. 이 저서는 융이 여러 번 수정하였으며, 1925년에『건강한 영혼 생활과 병든 영혼 생활 속의 무의식적인 것』이라는 제목으로 새로 발행하였다. 계속해서 수정을 한 후, 1942년에『무의식의 심리학에 관하여』로 발행하였다. 1917년에 출판된 책의 내용은 다음과 같다. "급작스런 충격으로 심한 히스테리를 앓던 젊은 부인의 경우를 알고 있다. 그 부인은 저녁 모임을 방문했고, 밤 열두 시경에 몇몇 지인의 동행을 받으며 집으로 가고 있었다. 그때 갑자기 뒤에서 마차가 빠른 속도로 돌진해 왔다. 다른 사람들은 길 양쪽으로 피했지만, 그 부인은 너무나 놀라서 길 한복판에서 마차의 앞을 질

주했다. 마부가 채찍질을 해대며 욕을 했지만, 그 부인은 아랑곳없이 다리 쪽으로 난 긴 길을 달려 내려갔다. 다리에 이르러서 힘이 다 빠진 부인은 말에 밟혀 죽지 않으려고 강물로 뛰어 들려 했으나, 지나가는 사람들이 부인을 말릴 수 있었다……."

106, 19 **헤르바르트:** 47쪽에 대한 참조를 보라.

108, 1 **그곳의 루나차르스키 식의 학교 개혁은 정말 가공할 만한 것입니다.:** 아나톨리 바실리에비치 루나차르스키(Anatolij Wassilijewitsch Lunatscharski, 1875~1933), 러시아 문학가, 정치가, 러시아 10월 혁명(1917~1929) 이후 민중 교육 인민 위원. 그 후 모스크바 예술 대학 총장. 그의 저서 『노동 계급의 문화 과제』(베를린-빌메르스도르프 1919)에 다음과 같이 서술하였다. "사실 그 자체로서 타불라 라사, 백지인 인간은 어린 시절부터 삶의 언어를 배웁니다. 주변 환경의 첫 인상이 어떤 식이었는지, 주변 사람들의 첫 영향은 어떠했는지, 멀고 가까운 친지들과는 어떤 경험을 했는지에 따라 그가 사는 사회 구조와 학교, 가족에 한 개인의 전체적인 영혼 내용이 의존합니다. 영혼은 사회적 삶에 존재하는 정신적 역선과 감각적 역선의 교차선입니다." 그리고 『민중 교육에 대하여』(베를린 1971)에서는 다음과 같이 서술하였다. "우리가 대표하는 변증법적 물질주의는 교육학을 정확한 교육학적 지식을 근거로 해서 이루도록 강요합니다. 어린이의 유기체를 해부학적 관점, 생리학적 관점, 사회학적-생물학적 관점에서 아주 정확하게 알아야만 합니다. 그런 것을 알아야지만, 여덟 살 먹은 어린이가 어떤 의식 재료를 가지고 학교에 오는지, 어떤 주변 환경에서 이 재료를 얻었는지 알 수 있기 때문입니다. …… 어린이의 발달에 있어서 위생학에 제대로 주의를 기울이지 않는다면, 제대로 구성된 육체 문화가 없이, 스포츠가 없이는 건강한 세대를 절대로 유지해 나갈 수가 없을 것입니다."

108, 8 **지구상에서:** 필사본을 따름. 첫 번째 복사판에는 "그들의 지배 영역에서"라고 되어 있다.

109, 5 **언젠가 기숙사를 갖춘 농촌의 어느 학교를 방문해서:** 1905년 여름, 슈타이너는 몇 주 동안 튀링겐에 머무는 동안, 헤르만 리이츠 박사(Dr.

	Hermann Lietz, 1868~1919)가 세운 하우빈다의 "독일 임간 학교"를 방문하였다. 리이츠 박사는 그 기숙사 학교를 "생동하는 인간 육성의 보고"로 만들고자 하였다. 그곳에서 학생들은 과학, 예술, 노작, 농업 등의 여러 분야에서 자치적으로 일하도록 하였다. 학생들과 교사들 간에는 동료적인 관계가 이루어져야 했으며, "대도시 문화의 지식적 기형"을 거부했다. 슈타이너는 이 학교의 방문에 대해서 1921년 6월 17일의 교사 회의에서도 언급하였다.『슈투트가르트 자유 발도르프 학교 교사들과의 대담』(서지 번호 300b)을 참조하라.
110, 9	**어제의 강의를 생각해 보시면:**『발도르프 학교와 그 정신』(서지 번호 297)의 1919년 8월 24일자 강의.
118, 12	**괴테의『색채학』을 …… 보면:** 퀴르쉬너의『독일 민족 문학』(1884~1897) 전집 중에서 슈타이너가 주석을 달고 발행한『괴테의 자연 과학적 논문에 대한 입문서』(전 5권)의 제3권(서지 번호 1c)(도르나흐 1975)을 참조하라.
118, 13	**그 중에서 생리학적-교수법적인 부분을:** 괴테의『색채학』은 전 5권이며, 제1권이『색채학, 교수법적 부분』이다. 슈타이너가 언급한 부분은 이 제1권의 첫 과에 해당하는 "생리학적 색채"를 의미한다.
118, 17	**역시 감각 활동 속에도…… 기인하며:** 필사본을 따름.
120, 18	**…… 실행하는 소수의 행위에서는 ……:** 독일어 원문에서 부정어 "nicht"가 전 발행자에 의해서 첨가되었다. 이 부정어가 없이는 "…… 실행하는 다수의 행위에서는 ……"으로 번역된다.
121, 7	**그로써 이 의지가 우리를 전체 인류로, 그리고 세계 과정으로 동화시킵니다:**『자유의 철학』(서지 번호 4) 9과 "자유의 이념"을 참조하라.
122, 7	**본능적 충동:** 필사본을 따름
124, 13	**프란츠 브렌타노**(Franz Brentano, 1838~1917): 클레멘스 브렌타노(Clemens Brentano)의 조카. 가톨릭 신학자, 뷔르츠부르크 대학교의 철학 교수. 1873년 교황의 무오류성을 이유로 교회에서 탈퇴하면서 교수직도 사직했다. 1874년 이래로 빈에서 교수로, 나중에는 개인교사로 활동했다. 슈타이너는 그의 저서『영혼의 수수께끼에 관해』(서

지 번호 21)를 애도의 의미에서 그에게 증정했다. 『현대의 문화적 위기 중심에서 보는 괴테아눔의 개념』(서지 번호 36)의 논설들을 참조하라. 브렌타노의 저서로는 『아리스토텔레스의 심리학』(마인츠 1867), 『경험적 관점에서 본 심리학』(제1권, 라이프치히 1874), 『윤리적 인식의 원천』(라이프치히 1889)이 있다. 『경험적 관점에서 본 심리학 : 심리적 현상의 분류』 제2권의 7과 "하나의 기본 계급 안에서의 판단과 정서 관계 통일의 불가능성"에서 브렌타노는 다음과 같이 서술한다. "진실과 거짓의 판단 영역이 있다. 제3의 것은 불가능하다는 유명한 법칙에 따라 존재와 비존재 사이에 아무것도 존재할 수 없듯이, 그 사이에는 중간에 해당하는 것이 아무것도 없다. 이에 반해서 사랑의 법칙을 위해서는 '좋고' · '나쁜 것' 뿐만 아니라 '낫고' · '덜 나은 것', '나쁘고' · '덜 나쁜 것' 역시 존재한다. 이것은 선호의 특이성, 정서 관계의 특이한 계급과 관련된다. 이는 본인이 『윤리적 인식의 원천』에서 이미 제시한 바와 같이 판단의 영역과 일치하지 않는다. …… 그렇게 하고 싶어도 인간은 함축적으로 나쁜 것을 함께 선택한다. 반면에 인간이 올바른 방식으로 판단을 하는 경우에는, 전체를 진실로 만들기 위해서 거짓이 절대로 들어서지 않도록 한다." 알로이스 회플러(Alois Höfler)는 그의 논문 『빈의 프란츠 브렌타노』에서 다음과 같이 서술했다. "이 …… 한 쌍의 개념, 심리적-생리적에서와 마찬가지로, 브렌타노의 표상과 판단을 구별한 것에 대해서 엄청난 논쟁이 벌어졌다. 브렌타노는 독일 철학이, 예를 들어서 '나무는 초록색이다.' 라는 판단에서 이미 '초록색 나무'에 존재하는 표상들의 단순한 결합만을 다루는 것이 아니라, 그 언어적 문장을 통해서 나무가 초록색임을 믿는다는 사실(그것에 의해서 설득당했음, 그것을 긍정함)을 표현하고 있다는 것에까지 뚫고 나아가도록 하는 데에 커다란 역할을 했다. 본인은 바로 이 점이 브렌타노가 이룬 가장 큰 업적이며, 아마도 유일한 업적이 아닐까 생각한다. 지그바르트, 분트 등 많은 다른 사람들은 브렌타노의 판단 이론을 적극적으로 반대했다."("내부에서 본 오스트리아", 〈남독일 월간지〉, 라이프치히와 뮌헨 1917년 5월).

124, 13 **크리스토프 폰 지그바르트**(Christoph von Sigwart, 1830~1904): 튀빙겐에서 신학과 철학을 공부했다. 1864년부터 1904년까지 그곳에서 교수로 재직했다. 신학적 세계관의 대표자다. 저서로는 『울리히 츠빙리 : 피쿠스 폰 미란둘라를 특히 고려한 그의 신학의 성격』(슈투트가르트 1855) 『신, 인간과 그의 행복에 대한, 새로이 발견된 스피노자의 논문』(고타 1866), 『논리학』(프라이부르크 1873~78).

127, 14 **리하르트 바그너**(Richard Wagner, 1813~1883): 작곡가, 시인, 음악 이론가. 『뉘른베르크의 명가수』의 초안은 1840년대에 쓰였다.(첫 발행: 마인츠 1862) 그러나 1868년에야 처음 공연되었다. 베크메사는 직업 가수 중에서도 '심판자'이며, 전래된 규칙이 제대로 지켜지는지에만 중점을 두었다. 그와는 반대로 발터 폰 스톨칭은 성악에서 단지 자신의 느낌과 열정만 따랐다. 한스 작스가 한 번 규칙에 대한 지적을 하자, 그는 자신의 노래에 가득 찬 느낌을 잃지 않으면서도 수월하게 그것을 따를 수 있었다. 반면 낯선 악보를 자신의 영혼으로 채울 수 없었던 베크메사는 관중의 조롱거리가 되고 만다. 바그너에 대한 슈타이너의 언급들에 대해서 『우리 시대의 초감각적인 것의 인식과 오늘날의 삶을 위한 그 의미』(서지 번호 55)의 1907년 3월 28일자 강연, 『그리스도의 신비』(서지 번호 97)의 1906년 6월 29일자 강연을 참조하라.

128, 3 **에두아르트 한슬리크**(Eduard Hanslick, 1825~1904): 음악 교사, 저술가, 빈 대학교 교수. 저서로는 『음악적인 미에 대하여』(라이프치히 1881)가 있다. 한슬리크는 이 책의 서문에서 다음과 같이 서술했다. "정열적인 반대자들은 나를 상대로 감성이라고 불리는 모든 것에 대한 완벽한 논쟁을 지어내었다. 반면에, 조금이라도 주의력이 있고 독단적이지 않은 독자라면, 내가 과학에 대한 감성의 그릇된 혼합만을 문제시한다는 점을 어렵지 않게 인식할 수 있을 텐데 말이다. 음악가들을 가르치기 위해서 소리 나는 아편의 꿈이나 진열해 내는 그런 미학적 몽상가만을 대상으로 본인은 투쟁하고 있는 것이다. 아름다움의 마지막 가치가 항상 감성의 직접적인 증거에 접촉한다는 사실에 전적으로 동의하는 바이다. 그러나 본인은, 아무리 감성에 호소를 해도 거

기에서는 단 하나의 법칙성도 이끌어 낼 수 없다는 점 역시 철저하게 옳다고 확신한다. 이 확신이 이 검증에서 단 하나의 문장을, 단 하나의 부정적인 주요 문장을 형성한다. 이 주요 문장은 무엇보다도, 음악은 '감성을 표현하기 위한 것'이라는, 일반적으로 널리 퍼진 의견에 반대한다. …… 그 부정적인 주요 문장에 응답을 하면서 긍정적인 문장이 존재한다. 한 조각의 소리가 지니는 아름다움은 특별히 음악적인 것, 즉 음의 연결 속에 살고 있는 것이다. 그 음의 연결은 외적으로 낯선 음악적 사고 영역과 아무런 관계가 없다. …… 그 이래로 우리는 리하르트 바그너의 '트리스탄', '니벨룽겐의 반지'와 '끝없는 멜로디'에 대한 그의 가르침을 소유한다. 그것들은 원리로 향상된 무형태이며, 아편 중독의 오페라에 불과하다. 바이로이트에는 심지어 그 의식을 위한 신전이 세워졌다." 본문에서는 다음과 같이 서술했다. "음악적 미학에 대한 오늘날까지의 취급 방식은 아주 형편없는 오류에서 고전을 하고 있다. 음악적 미학은 음악에서 아름다운 것이 무엇인지를 다루기보다는, 느낌의 서술에 치중하고 있으며, 이 느낌이 우리를 완전히 장악하고 있다." …… "음악적 현상에서 부차적이고 불분명한 느낌의 작용에 갖다 붙이기보다는, 곡의 내면으로 파고 들어가서 그 인상의 특별한 힘을 그 곡 자체의 유기체적 법칙에서 해명하려고 하는 것이 정당하다." 한슬리크의 『음악적인 미에 대하여』를 슈타이너는 『음악적인 것의 본성』(서지 번호 283)의 1906년 12월 3일자 강연에서 언급하였다.

130, 8 『진리와 과학』, 그리고 『자유의 철학』에서: 88, 89쪽에 대한 참조를 보라.

131, 2 **칸트는 인간이 지각한 환경이 무엇인지 명확하게 알고 있지 않습니다:** 이마누엘 칸트(Immanuel Kant, 1742~1804), 쾨니히스베르크(오늘날 러시아의 칼리닌그라드) 출생의 철학자. 그의 저서들 중에서 특히 『순수 이성 비판』(1781/1786), 『실천 이성 비판』(1788), 『판단력 비판』(1790)을 참조하라. 『순수 이성 비판』의 "요소 학설 1부, 선험적 미학 8조"에서 다음과 같이 예를 들어서 서술했다. "우리는 이렇게 말하고자 한다. 우리의 모든 관조가 현상의 표상에 불과하다. 우리가 관조하

는 사물이, 우리가 바라보고 있는 그 자체가 아니다. 사물들의 관계 역시 우리에게 드러나는 것처럼 그렇게 그 자체로 이루어진 것이 아니다. 그리고 우리가 우리의 주체나 혹은 감각의 주체적 성격만이라도 지양하게 되면, 시간과 공간 속에 존재하는 객체의 모든 관계, 모든 특성이, 심지어는 시간과 공간 역시 사라져 버리고 말 것이다. 그러면 현상 그 자체로서는 아무것도 남아 있지 않으며, (그것이) 단지 우리 안에만 존재할 수 있을 것이다. (그것이) 우리의 감각의 감수성과는 완전히 별도로, 대상물 그 자체와 어떤 상태에 있는지 우리는 전혀 알 수 없다. 우리 식으로 지각하는 것 외에 우리는 전혀 알 수가 없다. 우리의 지각 양식은 우리에게 고유한 특성이며, 모든 인간들이 지니고 있다 하더라도, 모든 존재에게 동일하지는 않다. 현상의 술어(述語)는 객체 자체에 부여할 수 있다. 우리 감각과의 관계에서 보아 예를 들어서 붉은 색이나 향기를 장미에 부여할 수 있다. 그러나 상(象)은 절대로 술어로 대상물에 부여할 수 없다. 왜냐하면 상은 대상물에 오직 감각과의 관계에서, 아니면 주체와의 관계에서만 접근할 수 있는 것을, 객체 그 자체에 부여하기 때문이다. 먼 옛날의 사람들이 토성에 두 개의 손잡이를 부여했던 것이 그 예이다."『괴테 세계관의 인식론적 기본 노선』(서지 번호 2)의 36쪽 이하와 71쪽부터 75쪽까지, "칸트 인식론의 근본 문제", 『진리와 과학 : 자유의 철학' 서곡』(서지 번호 3)의 "칸트의 인식론", 『자유의 철학』(서지 번호 4)의 "지각으로서의 세계", 『철학의 수수께끼』(서지 번호 18)의 "칸트와 괴테의 시대", 『철학, 역사, 문학에 대하여』(서지 번호 51)의 "중세와 근대의 세계관", 『영혼 생활의 변환, 영혼 체험의 길, 제1부』(서지 번호 58)의 1909년 10월 14일자 강연을 참조하라.

139, 8 **일상적으로 꿈이 없는 잠:** 『우리의 죽은 이들』(서지 번호 261)의 1914년 5월 9일자와 10일자의 강연을 참조하라.

142, 9 **지구의 특정 지역에서, 예를 들자면 남부 이태리에서는:** 포주올리 지역의 솔파타라(Solfatara)를 언급함. 지름 770 미터의 분화구를 지닌 나폴리 만의 휴화산이다. 수많은 분기공(噴氣孔, fumaroli)을 통해서 올라

	오는 뜨거운 유황성의 증기가 불타는 종이나 횃불을 그 분기공에 들이대면 갑자기 증가하는 현상으로 유명하다.
145, 7	**의지에서 깨어 있는 상태에 이를 수 있다면,……:** 속기 기계로 받아쓴 것을 해석한 문장에 따르면 전후의 문맥으로 보아 제대로 맞지 않는다. 이런 연유에서 이전의 발행자들이 이 부분을 다르게 해석하였고, 항상 수정이 거듭되지 않을 수 없었다. E. A. 칼 슈톡마이어의 발행본(프라이부르크 1947)에는 이 부분이 완전히 삭제되었다. 1992년의 발행본은 마리 슈타이너가 발행한 첫 번째 발행본(도르나흐 1932)을 따랐다. 속기 기계로 받아 적은 문장은 다음과 같다. "의지로의 깨어남은, 인간이 의지적인 존재인 한에서 그것은 고통스러운 것이 된다. 이 고통은 인간이 의지 속에서 수면의 상태에 있기 때문에 마취되어서 단지 저층에 머무는 것뿐이다." 1920년의 필사본 복사판은 이 속기 문장에서 한 부분이 다르다. "의지로의 깨어남은, …… 인간을 위해서……" 이 필사본의 문장이 1980년도 발행본(도르나흐)의 근거가 되었다. "의지로의 깨어남은, 그가 의지적인 존재인 한, 인간을 위해서 고통스러운 것이 된다. 이 고통은 인간이 의지 속에서 수면의 상태에 있기 때문에 마취되어서 단지 저층에 머무는 것뿐이다."
145, 18	**『고차 세계의 인식으로 가는 길』**(서지 번호 10) (한국어 번역판 : 밝은누리, 서울, 2003) 1904/05년
154, 14	**인간의 전체적인 삶의 과정을 주시할 때에만, …… 올바른 개념을 얻게 됩니다.:** 『우리 시대의 초감각적인 것의 인식과 오늘날의 삶을 위한 그 의미』(서지 번호 55)의 1907년 2월 28일자 강연, 삶의 과정에 관계하는 '머리의 앎' 과 '가슴의 앎' 에 대해서 『신비의 진실과 성탄절의 자극』(서지 번호 180)의 1918년 1월 12일자 강연을 참조하라.
155, 10	**칸트 역시 죽음의 문턱에서는:** 칸트(1742~1804)의 노령기에 대해서 그의 오랜 비서인 라인홀트 베른하르트 야흐만(Reinhold Bernhard Jachmann)이 쓴 전기『친구에게 보내는 편지에 서술한 이마누엘 칸트』(쾨니히스베르크 1804)와 그의 후임자 에레고트 안드레아스 바지안스키(Ehregott Andreas Wasianski)의 『이마누엘 칸트의 마지막 날

들. 일상에서 본 그의 성격과 가정 생활에 대한 기고』(쾨니히스베르크 1804)를 참조하라.

156, 1 **칼 루드비히 미헬렛**(Karl Ludwig Michelet, 1801~1893): 베를린 대학교의 철학 교수. 헤겔학파에서 좌경, 자유주의적 사상의 대표로 알려졌다. 1832년부터 헤겔의 저서 발행에 참여했다. 자서전 『내 생애의 진실』(베를린 1884)를 참조하라. 저서로는 『인류학과 심리학』(베를린 1840), 『발달 과정에서 본 인류의 역사, 1775년 이래』(베를린 1855~60), 『정확한 과학으로서의 철학의 역사』(베를린 1876~1881)가 있다. 『구세대와 신세대의 공생 속의 정신적 영향력(교육학적 청년 강좌)』(서지 번호 217)의 1922년 10월 12일자 강연에서 슈타이너는 이 문장에 관계하는 에피소드를 하르트만으로부터 들었다고 하였다. 『철학의 수수께끼』(서지 번호 18)의 "정신을 위한 투쟁"을 참조하라.

156, 3 **에두아르트 첼러**(Eduard Zeller, 1814~1908): 철학 역사가, 베른과 마부르크의 신학과 교수. 그 후에 하이델베르크와 베를린에서 철학과 교수로 재직. 원래는 헤겔의 추종자였으나, 후에 그의 관점으로부터 벗어나서 이상주의를 '건강한' 실재주의로 대체하고자 노력하였다. 저서로는 『그리스 철학』(튀빙겐 1844~52), 『사도행전을 비판적으로 조사하다』(슈투트가르트 1854), 『그리스 철학 역사 개요』(라이프치히 1883), 슈타이너는 『철학의 수수께끼』(서지 번호 18)의 "칸트 식 표상 양식의 여운"에서 첼러에 대해서 언급하였다.

158, 13 **……면 우리가 느끼게 됩니다:** 문맥에 따라서 발행자가 정정함. 이전의 발행본에는 "……면 그가 느끼게 됩니다."로 되어 있다. 다음의 문장에서 "(우리가) 색채, …… 등을 느낍니다."를 참조하라. (괄호 속의 '우리가'는 번역의 문맥과 무관함)

159, 22 **모리츠 베네딕트**(Moriz Benedikt, 1835~1920): 의학자, 범죄 인류학자, 신경 병리학과 교수. 롬브로소(Lombroso)와 함께 범죄 인류학을 세웠다. 『순수한 경험 과학으로서의 인간 영혼학』(라이프치히 1895)의 2부 "영혼 생활의 원천과 근거"에서 베네딕트는 감각과 감성 간의 관계를 다루고 있다. 14절에서 그는 다음과 같이 서술하고 있다. "인상

으로부터 해체되어서 의식 안에서 기억의 형상으로 떠오르는 감각이 느낌으로 된다. 그러나 대부분의 느낌은 다중적으로 연결된 (연상된) 감각들에서 나온다. 여기에서 모든, 혹은 대부분이 이미 외부의 순간적인 자극으로부터 이미 독립적이고, 그래서 이미 단순한 느낌을 보여 주고 있다." 그 외의 저서로는 『도덕과 권리의 심리-물리학에 대하여』 (빈 1875), 『나의 인생에서』(빈 1906), 『마법의 지팡이와 진자추의 가르침』(빈과 라이프치히 1917). 베네딕트의 저서 『인간의 영혼학』에 대해서 슈타이너는 『현존재의 커다란 질문에 대한 정신 과학의 대답』 (서지 번호 60)의 1911년 1월 12일자 강연에서 언급하였다. 『정신 연구로 조명한 인간 역사』(서지 번호 61)의 1912년 3월 28일자 강연에서 슈타이너는 베네딕트의 범죄 인류학적 조사에 대해서 언급하였다.

160, 11 **라우렌츠 뮬너**(Laurenz Müllner, 1848~1911): 신학 대학의 철학과 교수, 1894/95년 빈 대학교 학장, 시인 마리 유제니 델레 그라치에 (Maria Eugenie delle Grazie)의 교사. 모리츠 베네딕트가 『순수한 경험 과학으로서의 인간 영혼학』(라이프치히 1895)에서 뮬너에게 바친 헌사를 참조하라. 『내 인생의 발자취』(서지 번호 28)와 『인간의 수수께끼에 관해』(서지 번호 20)의 슈타이너는 뮬너와의 개인적인 만남에 대해서 서술하였다.

163, 6 **한 번은 제가 잠시 헤어졌던 한 학교 친구를 만날 기회가 있었습니다**: 그 학교 친구가 누구인지는 밝혀지지 않았다.

163, 21 **프리츠 마우트너**(Fritz Mauthner, 1849~1923): 저술가, 언어 철학자. 철학자들의 논쟁이 그에게는 단어에 대한 논쟁으로 여겨졌기 때문에, 그 문제를 언어와 전문 용어에 대한 비판을 통해서 극복하려는 시도를 했다. 마우트너에 따르면, '변환적 사용'을 통해서 단어가 성장하는 경우에만 인식의 진보가 가능하다고 한다. 그의 저서 『언어의 비판에 대한 기고』(1901/02), 『언어』(1907)를 참조하라. 특히 『철학 사전 : 언어의 비판에 대한 새 기고』(1910/11) 제1권 예술(1910)에서 "정신"을 참조하라. 여기서 마우트너는 다음과 같이 서술하였다. "마침내 영(靈, spiritus)이 정신(Geist)으로 번역되었을 때, 동사는 입김을

쐬우다, 불어넣다뿐만 아니라 파도가 치다, 거품이 나다, 발효하며 끓어 오르다(garen, 이 단어에서 후일 가스(Gas)라는 단어가 나온다. 이 단어를 만들어 낸 판 헬몬트(van Helmont)는 단어를 만들어 낸 후에야 비로소 그것이 카오스를 연상시킨다는 것을 알게 되었다. 네덜란드 어의 발음으로는 가스와 카오스가 거의 비슷하기 때문이다. 어쨌든 가스라는 단어는 카오스가 아니라, 발효되어 끓어오른다는 의미의 garen 혹은 gascht에서 나왔다. 아델룽(Adelung)은 가스라는 단어를 적극적으로 반대했으며, 캄페(Campe)는 그 대신 공기정신(Luftgeist)이라는 단어를 제안했다.) 등의 의미 역시 함께 느껴졌다." 슈타이너의 『사회적, 교육적 문제의 정신 과학적 취급』(서지 번호 192)의 1919년 4월 23일자 강연을 참조하라. 마우트너의 저서 『서양에서의 무신론과 그 역사』(슈투트가르트와 베를린 1922)에 대한 강연이 『현대의 문화적 위기 중심에서 보는 괴테아눔의 개념』(서지 번호 36)에 "무신론에 대한 새로운 책"이라는 제목으로 실려 있다.

170, 17 **그렇게 여러분은 기억과 망각을…… 비교할 수 있습니다.**: 1922년 1월 17일자 강연 "인지학과 영혼의 수수께끼"를 참조하라. 격월지 〈루돌프 슈타이너의 교육학에 대하여〉 1931년 4월판, 5년차 1호와 〈인간의 학교〉 1937년 11년차 7/8호에 실렸다. 『인지학의 본질』(서지 번호 80)에도 출판되었다.

171, 6 **삼지성과 같은 것**: 삼지성에 대해서 『사회 문제의 핵심』(서지 번호 23), 『사회적 유기체의 삼지성과 시대 상황(1915~1921)에 대한 논문』(서지 번호 24), 『루돌프 슈타이너 전집에 대한 기고』에서 24/25, 27/28, 88, 106호를 참조하라.

178, 11 **인간은 모두 열두 감각을 지닙니다.**: 『영혼의 수수께끼에 관해』(서지 번호 21), 4과의 다섯 번째 논술 "의도적인 관계의 진정한 근거에 대하여"를 참조하라. 슈타이너의 감각론에 대해서 『인지학 : 1910년도의 단문들』(서지 번호 45), 『인지학, 심리 철학, 정령 철학』(서지 번호 115), 『세계 존재와 자아성』(서지 번호 169)의 1916년 6월 20일자 강연, 『인간의 수수께끼 : 인간 역사의 정신적 배후』(서지 번호 170)의

1916년 8월 12일자와 9월 2일자 강연, 『인간 발달에 대한 과학』(서지 번호 183)의 1918년 8월 25일자 강연, 『인간 발달, 세계 영혼 그리고 세계 정신 제2부』(서지 번호 206)의 1921년 6월 22일자 강연을 참조하라. 그 외에 『루돌프 슈타이너 전집에 대한 기고』에서 14, 34, 58/59호를 참조하라. 형상적 상상, 영감, 직관과의 관계에서 본 인간의 열두 감각에 대해서 『사회적 형성을 위한 근본 자극의 인식으로서의 정신 과학』(서지 번호 199)의 1920년 8월 8일자 강연을 참조하라. 아모스 코메니우스(Amos Comenius, 1592~1670)는 사후에서야 발행된 그의 저서 『가톨릭의 삼위 일체성 Triertium Catholicum』에서 열두 가지 감각을 세 그룹으로 나누어 설명하였다. 그의 감각론을 따르면, 외적인 감각(Sensus Externi)으로는 촉각(Tactus), 미각(Gustus), 후각(Olfactus), 청각(Auditus), 시각(Visus)을, 내적인 감각(Sensus Interni)으로는 집중감각(Attentionis), 형상감각(Imaginationis), 이성감각(Ratiocinii), 기억감각(Memoriae)을, 개인적 감각(Sensus intimi)으로는 정신 감각(Lux Mentis/Notitiae Communes), 의지 감각(Motus Voluntatis/Instinctus Com.), 생명 감각(Vis facultatum/Impetus seu Conscientia)*이 있다. 밀라다 블레카스타드(Milada Blekastad)의 『코메니우스. 장 아모스 코멘스키의 삶, 업적 그리고 숙명의 윤곽』(두 번째 발행본, 베를린과 뉴욕 1992)(첫 번째 발행본, 오슬로/프라하 1969)을 참조하라.

*역자 주: 여기에 한국어로 번역된 코메니우스의 열두 감각은 괄호 안의 라틴어를 일반적으로 번역하였기 때문에 코메니우스가 의미하는 것과 일치하지 않을 수도 있다.

178, 22 **어떤 사람들은 거기에 다른 감각 한두 개 정도를 더 첨가하기는 하지만:** 슈타이너가 자주 언급한 테오도르 치이헨(Theodor Ziehen)의 저서 『생리학적 심리학』(예나 1896) 15과에 "상태 감각"과 "운동 감각"에 대한 설명이 있다. 프레드릭 트레이시(Frederick Tracy)와 요제프 슈팀플(Joseph Stimpfl)은 "온 감각", "유기체 감각", "근육 감각(내적인 촉각)"에 대해서 『아동의 심리학』(라이프치히 1908)에서 언급하였다.

요셉 클레멘스 크라이비크(Josef Klemens Kreibig)는 그의 저서 『인간의 감각』(라이프치히와 베를린 1900)의 2과에서 일반적으로 알려진 감각에 "일반적인 상태 감각(생명 감각)", "정지 감각", "운동 감각"을 덧붙였다. "생명 감각"은 로베르트 침머만(Robert Zimmermann)도 『철학 입문서』(빈 1867)의 "경험적 심리학" §90에서 언급하였다.

180, 15 『자유의 철학』 개정판에서: 『자유의 철학』(서지 번호 4), 1918년도 개정판의 부록을 참조하라.

183, 8 그 오이리트미의 움직임에서: 『오이리트미 : 말하는 영혼의 현시』(서지 번호 277), 『오이리트미 : 보이는 노래』(서지 번호 278), 『볼 수 있는 언어로서의 오이리트미』(서지 번호 279)를 참조하라.

183, 13 감각적인 유형의 의식을 통해서 알고 있습니다: 첫 번째 복사판에 따라 수정하였다. 속기 기록에는 "그러나 우리는 단지 하나의 감각적인 유형의 의식을 지니는 것이 아니라"로 되어 있다. 문맥으로 보아서 이 문장은 속기의 오류이거나, 슈타이너가 그 다음에 말한 문장이 빠진 것으로 추정된다.

186, 12 바로 그것을 제가 이미 언급했던: 1919년 8월 23일자 강의를 참조하라.

189, 12 제가 어제 머리를 위해서 공 모양을, …… 선의 형태를 인용하였습니다: 『교육 예술 2, 방법론과 교수법』(서지 번호 294)의 1919년 8월 28일자 강의를 참조하라.

193, 12 우리가 논리적으로, 다시 말해서 …… 항상 세 단계가 존재합니다: 『인간 발달, 세계 영혼 그리고 세계 정신 제1부』(서지 번호 205)의 1921년 7월 3일과 8일자 강연을 참조하라.

193, 21 학계의 논리는 통례적으로 결론을 해체합니다: 아리스토텔레스의 논리학에 대한 기본 저서인 『오르가논(Organon)』의 여섯 번째 장인 "분석학"에서 이미 소위 말하는 세 가지의 "결론-상(象)"를 제시하였다. 이 세 가지는 다시금 각기 네 개의 형태(Modi)를 지닌다. 개념, 판단, 결론에 대한 아리스토텔레스 학설의 요약을 쿠르트 프리트라인(Curt Friedlein)이 쓴 『철학의 역사』(베를린 1984)나 요한네스 히르쉬베르거(Johannes Hirschberger)의 저서 『철학의 역사』(프라이부르크/바

젤/빈 1985)에서 찾아볼 수 있다.

195, 10 **인간은 죽는다.:** 헤르만 로체의 『논리학 개요와 백과사전』(라이프치히 1883), Th. 엘젠한스(Th. Elsenhans)의 『심리학과 논리학』에서 "결론"의 51절을 참조하라.

195, 23 **결론, 판단, 개념:** 표상, 판단과 결론 내리기에 대해서 『인간 인식과 수업 형성』(서지 번호 302)의 1921년 6월 13일자 강연을 참조하라.

196, 18 **기억에서:** 전 발행자가 보충함. 필사본에는 "전체에서"로 되어 있다.

198, 21 **헤르만 바르**(Hermann Bahr, 1863~1934): 오스트리아 출생의 시인, 문학가, 편집 고문, 연극 비평가. 그는 비상한 감수성과 대단한 연기력으로 유명했던 연극 전문가이다. 자연주의에서 시작한 그는 데카당, 신낭만주의, 인상주의를 거쳐서 표현주의에 이르는 문학적 발달의 모든 영역을, 항상 미래를 선취하는 태도로 거쳐 갔다. 슈타이너는 바르를 "아주 젊은 학생시절부터" 알고 있었으며, 그의 전 생애를 주의 깊게 지켜보았다. 『세계 존재와 자아성』(서지 번호 169)의 1916년 6월 6일자 강연, 『시대 역사적인 고찰』(서지 번호 173)의 1916년 12월 10일자 강연을 참조하라.

201, 14 **오징어, 생쥐, 인간을 병렬해서 상호 간에 연관시키는 식으로:** 『교육 예술 2, 방법론과 교수법』(서지 번호 294)의 1919년 8월 28일자 강의, 『교육 예술 3, 세미나 논의와 수업 시간표』(서지 번호 295)의 1919년 8월 29일자 세미나 논의를 참조하라.

201, 22 **유동적인 개념:** 전 발행자가 보충함. 필사본에는 "그런 개념"으로 되어 있다.

201, 23 **그런:** 첫 번째 발행본부터 전 발행자가 보충함. 필사본에는 다음 문장에 넣어진 "그런 것도 역시 있습니다."만 쓰여 있다.

202, 10 **어린이에게 우화를 이야기해 주고 그것들을 인간에 적용할 때에:** 『교육 예술 2, 방법론과 교수법』(서지 번호 294)의 1919년 8월 28일자 강의, 『교육 예술 3, 세미나 논의와 수업 시간표』(서지 번호 295)의 1919년 8월 29일자 강의를 참조하라.

204, 10 **제가 여러분에게 이 점을 고려하여 읽을거리 두 가지를 제시하였습니다.:** 『교

육 예술 3, 세미나 논의와 수업 시간표』(서지 번호 295)의 1919년 8월 27일자 강의를 참조하라.

204, 15 **아우구스트 하인리히 호프만 폰 팔러슬레벤**(August Heinrich Hoffman von Fallersleben, 1798~1874): 포르매르츠 출신의 독일 시인. 민중적인 노래("솔솔 부는 봄바람"으로 한국에도 알려져 있음)를 많이 작사하였으며, "독일 국가(國歌)"의 편찬자이다. 신학, 문헌학, 고고학 등을 공부한 뒤에 브레슬라우에서 독어와 독문학 교수로, 그리고 도서관장으로 재직했다. 그의 정치 활동('비정치적인 가곡') 때문에 잠시 망명 생활을 했다. 그가 쓴 제비꽃에 대한 동화를 슈타이너가 교사 연수에서 읽었으며, 그에 대해서『교육 예술 3, 세미나 논의와 수업 시간표』(서지 번호 295)의 1919년 8월 27일자 강의를 참조하라.

206, 13 **오늘날 소크라테스의 방법론에 따라서 어린이들에게 실물 교육을 하는 것**: 쿠르트 프리트라인은 그의 저서『철학의 역사』(베를린 1984)에서 다음과 같이 서술하였다. "대화를 통해서 인식을 발달시키는 방식이 소크라테스의 방법론이다. 소크라테스의 방법에서는 두 가지 잇따르는 사고의 단계를 구분할 수 있다. (두 부분으로 나누어진) 하나의 부정과 하나의 긍정이 그것이다. 우선 소크라테스는 자신의 의견을 내세우지 않고, 대화 상대자의 의견을 따른다. 무지한 척 하면서 상대방이 가르치도록 한다. 부정적인 사고 단계의 두 번째 부분에서 소크라테스는 반대 신문(反對訊問)을 통해서, 즉 대화 상대자가 이전에 인정한 주장에서 도출해 낸 결론을 통해서 모순에 빠지도록 하고, 결국은 '내가 아는 것이 없다는 점을 알았다.'라는 고백을 그 대화 상대자로부터 이끌어 낸다. 이 방법론의 첫 번째 부분을 '소크라테스의 아이러니'라고 한다. 그 다음에 비로소 소크라테스는 두 번째 부분인 긍정적인 사고 과정에서 자신의 가르침을 전개한다. 그러나 여기에서도 수업을 통해서 가르치기보다는, 적절한 질문을 함으로써 대화 상대자가 스스로, 소크라테스가 가르치고자 하는 그 인식에 이르도록 한다."

209, 7 **즉 인간이 그 존재적인 삼지성 속에 다양한 형태를 지닌다는 것을**:『교육 예술 2, 방법론과 교수법』(서지 번호 294)의 1919년 8월 28일자 강의,

	『인간 인식과 수업 형성』(서지 번호 302)의 1921년 6월 13일자 강연을 참조하라.
209, 8	······ **다시 한번 기억해 봅시다.**: 『교육 예술 2, 방법론과 교수법』(서지 번호 294)의 1919년 8월 28일자 강의를 참조하라.
211	**그림**: E. A. 칼 슈톡마이어의 스케치. 칼 슈톡마이어의 이 스케치를 근거로 해서 그림들과 본문을 더 정확하게 맞출 수가 있었다.
212, 5	**두개골을 정확하게 관찰해 보면 ······ 상악골과 하악골이 덧붙어 있다는 것을 발견하게 됩니다.**: 필사본을 따른 이전의 발행본들에는 "앞(vorderen) 뒤(hinteren) 악골들"이라고 되어 있다. 칼 슈톡마이어의 필사본에도 이 단어들이 기록된 것으로 보아 슈타이너가 실제로 이렇게 말한 것으로 추정된다. 그러나 다음 다음 문장에서 슈타이너는 분명하게 "상(oberen)악골과 하(unteren)악골"이라고 표현하였다. 그러나 칼 슈톡마이어는 이 부분을 위의 문장에 맞추어서 앞뒤의 악골이라고 기록하였다. 슈타이너가 이 단어들을 잘못 발음하여서 다음 다음 문장에서 스스로 정정을 한 것인지, 아니면 전 발행자들이 추정하듯이 "앞뒤의 악골들"이 태아 발달에 근거한 표현인지는 정확하게 알 수가 없다. 이 문제에 대한 전 발행자들의 설명은 다음과 같다. "태아 발달 상태의 관점에서 보면, 동물의 새호와 유사한 부분에서 나오는 하악골은 앞(아래)에서 뒤(위)로 형성되며, 상악골은 옆(뒤)에서 앞으로 형성되는 경향을 보인다."
213, 19	**괴테는 맨 처음에 소위 말해서 두개골의 척추골 이론에 주의를 기울였습니다.**: 『괴테의 자연 과학적 논문에 대한 입문서』(서지 번호 1)의 "동물의 형성에 관한 괴테 사상의 발단"과 『인간 영혼 안에서 영원한 것』(서지 번호 67)의 1918년 2월 21일자 강연을 참조하라.
214	**도형이 그려짐**: 속기 기록의 필사본에 실린 이 그림이 이전의 발행본(제1 ~ 제8판)에는 실리지 않았다.
214, 1	**괴테는 이미 베니스에서 숫양의 두개골에서 모든 머리뼈들이 변형된 척추골이라는 점을 관찰했습니다.**: 『일력(日歷) 연력(年歷)』(소피 판 제35권, 일력과 연력 제1부, 함부르크 발행본 제10권, 435쪽) 1790년에 다음

과 같이 쓰여 있다. "리도(Lido)의 목초지에서 ······ 너무나 자주 그래 왔듯이, 아름답게 금이 간 양의 두개골을 발견했다. 그 두개골은 내가 이미 알았던 진실을, 전체적인 두개골이 변형된 척추골에서 생성된 것이라는 진실을 다시금 확인해 주었다 ······" 퀴르쉬너의 『독일 민족 문학』 전집에 속하는 『괴테의 자연 과학적 논문에 대한 입문서』의 제1권, "인간과 동물에게 삽간골(揷間骨)을 인정하다."에서 슈타이너는 이 부분을 인용하고 있다. 괴테는 그에게 중요해 보이는 이 발견을 자신의 논문 "유일하게 정신으로 가득 찬 말씀을 통한 진흥"(『자연 과학적 논문』 제2권)에서 다시금 언급하였다. "······ 1791년, 베니스에 있는 유태인 교회 묘지의 한 목초지에서 부서진 숫양의 두개골을 손에 들고 보는 그 순간, 두개골을 척추골에서 도출해 낼 수 있다는 ······"

216, 9		그래서 ······ 이전의 강의에서 ······: 『교육 예술 2, 방법론과 교수법』(서지 번호 294)의 1919년 8월 28일자 강의를 참조하라.
	217	그림: 이전의 발행본에는 이 그림이 221쪽에 실렸다. 이 새 위치는 슈타이너의 강의의 문맥에 따른다. 칼 슈톡마이어의 그림 역시 이 부분(217쪽)에 있다.
220, 23		그렇게 외부를 향해서 춤추는 움직임이 내부를 향한 노래로, 음악적인 것으로 전환됩니다.: 『음악적인 것의 본성과 인간 내부의 음향 체험』(서지 번호 286)에서 특히 1923년 3월 7일자 강연을 참조하라.
221, 16		여기에 예술 간의 연관성이 존재합니다.: 『신비의 지혜로 조명한 예술』(서지 번호 275), 『세계적 사명에서 본 예술적인 것』(서지 번호 276), 『예술과 예술 인식』(서지 번호 271)을 참조하라.
223, 1		서기 869년의 공의회에서: 70쪽에 대한 참조를 보라.
223, 21		머리는 우선 고등 동물에서, 그리고 좀 더 거슬러 올라가면 하등 동물에서 유래합니다.: 『정신 과학과 의학』(서지 번호 312)의 1920년 3월 23일자 강연을 참조하라.
226, 11		다른 맥락에서 말씀드렸습니다.: 『교육 예술 2, 방법론과 교수법』(서지 번호 294)의 1919년 8월 29일자 강의를 참조하라.

238, 10	제가 이미 다른 관점에서 상술하였듯이: 『교육 예술 2, 방법론과 교수법』 (서지 번호 294)의 1919년 8월 21일자 강의를 참조하라.
241, 1	자라나는 어린이의 성장력을 방해해서: 이 문장에서 "······해서 ······ 여러분은 ······ "이 전 발행자에 의해서 부가되었다. 필사본에는 "어린이가 치솟도록 방해하여서······"로 되어 있다.
241, 22	제가 이미 말씀드린 바와 같이, 특히 9세와 12세와 연관된 삶의 기간 초반에: 『교육 예술 2, 방법론과 교수법』(서지 번호 294)의 1919년 8월 29일자 강의를 참조하라.
249, 2	그러면 머리는 그것을 조절하느라 편두통이나 ······ 호소해야만 합니다.: 편두통에 대해서 『정신 과학적 인식에 따른 의술 확대를 위한 기초』(서지 번호 27)의 19과, 『정신 과학과 의학』(서지 번호 312)의 1920년 4월 5일자 강연, 『인지학적 인간 인식과 의학』(서지 번호 319)의 1924년 6월 24일자 강연을 참조하라.
249, 6	가슴 체계는 전체 식물의 세계에 관계합니다.: 식물의 세계에 대한 인간의 관계에 관해서 『교육 예술 3, 세미나 논의와 수업 시간표』(서지 번호 295)의 1919년 8월 30일자와 9월 1일자 강의를 참조하라.
252, 14	다른 것을 계기로 이미 상술했듯이: 『교육 예술 3, 세미나 논의와 수업 시간표』(서지 번호 295)의 1919년 9월 2일자 강의를 참조하라.
253, 2	모든 개별적인 질병을 식물계에서 하나의 어떤 형태와 비교할 수 있을 때에: 『신비적인 읽기와 신비적인 듣기』(서지 번호 156)의 1914년 12월 13일자 강연을 참조하라.
253, 10	영양 섭취는 ······ 호흡과 아주 유사한 방식으로 고찰되어야만 합니다.: 호흡과 영양 섭취의 관계에 대해서 『테라피를 위한 정신 과학적 관점』(서지 번호 313)의 1921년 4월 16일자 강연을 참조하라.
256, 4	오늘날의 의학은 질병의 형태 같은 것이 있으면, ······ 병원체를 찾아내는 것에 커다란 가치를 둡니다: "병원체"에 대하여 『정신 과학과 의학』(서지 번호 312)의 1920년 3월 24일과 4월 7일자 강연을 참조하라.
259, 3	당뇨병: 『치료 예술의 확장을 위한 근거』(서지 번호 27)의 8과, 『정신 과학과 의학』(서지 번호 312)의 1920년 4월 4일자 강연, 『창조하고,

	형성하고, 형상을 만드는 세계 언어의 조화로서의 인간』(서지 번호 230)의 1923년 11월 10일자 강연,『신체, 영혼, 정신에 따른 인간 본성의 인식 : 과거의 지구 상태에 관하여』(서지 번호 347)의 1922년 8월 9일자 강연을 참조하라.
259, 12	**요산성 관절염**:『정신 과학적 인식에 따른 의술 확대를 위한 기초』(서지 번호 27)의 11과,『정신 과학을 근거로 한 생리학적 테라피, 테라피와 위생에 관해』(서지 번호 314)의 1920년 10월 9일자 강연,『신체, 영혼, 정신에 따른 인간 본성의 인식 : 과거의 지구 상태에 관하여』(서지 번호 347)의 1922년 8월 9일자 강연,『인간과 세계. 자연 속에서의 정신의 작용 : 벌의 본성』(서지 번호 351)의 1923년 12월 12일자 강연을 참조하라.
259, 17	**즉 인간이 내부에서 광물을 해체해야만 하고**:『정신 과학과 의학』(서지 번호 312)의 1920년 3월 24일과 4월 4일자 강연을 참조하라.
267, 14	**피는 물보다 진하다**: 괴테의『파우스트』1부, 연구실의 장면에 나오는 문장을 인용.『우리 시대의 초감각적인 것의 인식과 오늘날의 삶을 위한 그 의미』(서지 번호 55)의 1906년 10월 25일자 강연을 참조하라. 이 강연은 "피는 물보다 진하다"라는 표제의 단행본으로도 출판되었다.
269, 9	**우리가 신체적으로 일하는 동안 정신은 …… 물질이 활발하게 활동합니다.**:『인간 인식과 수업 형성』(서지 번호 302)의 1921년 6월 15일자 강연을 참조하라.
269, 10	**물질이 활발하게 활동합니다.**: "활발하게, rege"는 필사본을 새로이 검증한 결과다. 이전의 발행본에는 "굼뜨게, trage"로 되어 있다.
272, 16	**지나친 스포츠 활동**:『인간 본성의 건강한 발달 : 인지학적 교육학과 방법론에 대한 입문서』(서지 번호 303)의 1921년 12월 25일자 강연과 헤르만 포펠바움(Hermann Poppelbaum)의 저서『스포츠의 근본 : 정신적 영적 사실』(도르나흐 1930, 제2판 1973)을 참조하라.
272, 16	**다위니즘**: 찰스 다윈(Charles Darwin, 1809~1882), 영국 자연 과학자, 의학자, 지질학자, 식물학자. 다윈은 1859년 사고와 자연 과학적 표상의 새 시대를 연 논문『자연 도태를 통한 종의 기원에 대하여』를 발표

하였다. 외적인 영향, 유전능력, 다산을 통한 종(種)의 변화성에 근거한 다윈의 기원론 혹은 진화론은 '생존을 위한 투쟁'과 그 결과가 '자연 도태'를 규정한다는 '증거들'의 절정을 이룬다. 다윈은 위의 저서의 15과에서 다음과 같은 문장으로 끝을 맺는다. "신이 우리 주변의 모든 삶의 싹에 아주 적은, 혹은 단지 하나만의 형태를 불어넣었다는 것은 실로 놀라운 의견이 아닐 수 없다." 그런데 조금 뒤에 이 의견을 인간에게도 적용하면서 너무 간단하게 "인간은 원숭이에서 유래한다."고 서술하였다. 슈타이너는 『피에레르의 회화 사전』(제7판, 1888쪽 이하)을 위해서 "다윈"과 "다윈주의"에 대해서 두 가지 기고문에 다음과 같이 썼다. "그런데 여기에 덧붙여서 언급하건데, 다윈이나 헥켈, 혹은 다윈주의 학파에서 그 어느 최고의 권위자도 인간이 고릴라와 같은 가장 발달된 원숭이에서 유래한다고 말한 적이 없다. 인간과 그에 유사한 원숭이는, 단지 나란히 병행해서 가는, 공통적인 기원을 지닌 가지에서 가장 잘 발달된 줄기에 해당할 뿐이다." 『서간문 제1권, 1881~1890』(서지 번호 38)의 243쪽 이하를 참조하라. 다윈의 다른 중요한 저서로는 『인간의 유래와 성적인 자연 도태』(런던 1871)와 『인간과 동물에서의 정서적 표현』이 있다. 슈타이너는 다윈의 저서들이 19세기의 사고에 미치는 영향에 대해서 자주 언급하였다. 특히 『철학의 수수께끼』(서지 번호 18)의 "다윈주의와 세계관"을 참조하라. 『정신 연구로 조명한 인간 역사』(서지 번호 61)의 1912년 3월 28일자 강연 "다윈과 초감각적인 연구", 『인간 본성의 건강한 발달 : 인지학적 교육학과 방법론에 대한 입문서』(서지 번호 303)의 1921년 12월 25일자 강연을 참조하라.

275, 14 **육체적인 노동의 정신화**: 필사본과 복사판에는 없는 부분이다. 강의 참석자 중 한 사람의 필사본을 근거로 1932년의 첫 번째 발행본부터 첨가되었다.

282, 11 **문법적으로 언어를 발달시키도록**: 여기에서 "문법적으로"는 1932년의 첫 발행본에서 전 발행자가 보충함.

284, 22 **실제적인 방법론 부분에서 시도해 보았던 것처럼**: 『교육 예술 2, 방법론과

	교수법』(서지 번호 294)과 『교육 예술 3, 세미나 논의와 수업 시간표』(서지 번호 295)의 1919년 9월 1일자 강의와 세미나 논의를 참조하라.
288, 1	**프리드리히 빌헬름 요제프 셸링**(Friedrich Wilhelm Joseph Schelling, 1775~1854): 독일 이상주의 철학자. 그의 철학은 지식학에서 출발하였으며, 자연 철학과 정체성 철학을 거쳐서 마침내 종교 철학으로 발달하였다. 셸링은 열여섯 살에 이미 튀빙겐 신학교에 입학하였으며, 헤겔과 횔더린과 교분을 맺었다. 신학, 문헌학, 철학을 공부한 후에 수학과 자연 과학을 더 공부하였으며, 예나, 뷔르츠부르크, 에를랑겐, 뮌헨에서 교수로 재직했다. 저서로는 『철학 형태의 가능성에 대하여』(튀빙겐 1795), 『브루노, 혹은 사물의 자연적이고 신적인 체계에 대하여』(베를린 1802), 『철학과 종교』(튀빙겐 1804), 『사모트라케의 신들에 대하여』(1815), 『계시 철학』, 『학문적 연구 방법에 대한 강의』(슈투트가르트와 튀빙겐 1803)는 1802년 예나 대학에서 행한 강연 내용이다. 드 그루이터스(de Gruyters)의 『철학자 사전』(베를린 1950)에 의하면 이 강연들이 "셸링의 철학 전체를 일반적으로 이해할 수 있는 개요"라고 한다. 셸링에 대해서 슈타이너의 다음과 같은 저술들을 참조하라. 『철학의 수수께끼』(서지 번호 18)의 "세계관과 인간관의 고전", 『인간의 수수께끼에 관해』(서지 번호 20)의 "독일 이상주의의 세계상", 『루시퍼-그노시스』(서지 번호 34)의 "셸링을 기리며", 『정신적 인간의 길과 목표』(서지 번호 125)의 1910년 5월 26일자 강연을 참조하라.
290	**개교사**: 『발도르프 학교에서의 루돌프 슈타이너. 어린이, 학부모, 교사를 위한 개교사』(서지 번호 298)에 이 개교사의 전문이 실려 있다.

인명부

바르, 헤르만 Bahr, Hermann 198
베네딕트, 모리츠 Benedikt, Moriz 159
 『인간의 영혼학』 159
브렌타노, 프란츠 Brentano, Franz 124
괴테, 요한 볼프강 폰 Goethe, Johann Wolfgang von 118, 124, 148, 213
 『파우스트』 148
한슬리크, 에두아르트 Hanslick, Eduard 128
 『음악적 미에 대하여』 128
하르트만, 에두아르트 폰 Hartmann, Eduard von 87
헤르바르트, 요한 프리드리히 Herbart, Johann Friedrich 47, 100, 106
호프만 폰 팔러슬레벤, 아우구스트 Hoffmann von Fallersleben, August 204
존, 요한 아우구스트 John, Johann August 149
칸트, 이마누엘 Kant, Immanuel 78, 130, 155
켈러, 고트프리트 Keller, Gottfried 109
루나차르스키, 아나톨리 바실리예비치 Lunatscharski, Anatolij Wassiljewisch 108
마우트너, 프리츠 Mauthner, Fritz 163
 『언어의 비판에 대한 기고』 163

마이어, 율리우스 로베르트 Mayer, Julius Robert 71
미헬렛, 칼 루드비히 Michelet, Karl Ludwig 156
몰트, 에밀 Molt, Emil 30
뮬너, 라우렌츠 Mullner, Laurenz 160
플라톤 Plato 73
셸링, 프리드리히 빌헬름 Schelling, Friedrich Wilhelm 288
　『대학 연구의 방법론에 대한 강의』 288
쇼펜하우어, 아르투르 Schopenhauer, Arthur 53
지그바르트, 크리스토프 폰 Sigwart, Christoph von 124
슈타이너, 루돌프 Steiner, Rudolf
　『진리와 과학』(서지 번호 3) 89, 130
　『자유의 철학』(서지 번호 4) 130, 180
　『신지학』(서지 번호 9) 53, 92
　『고차 세계의 인식으로 가는 길』(서지 번호 10) 145, 146, 150
바그너, 리하르트 Wagner, Richard 127
　『뉘른베르크의 명가수』 127
첼러, 에두아르트 Zeller, Eduard 156

색인

ㄱ

가슴
- 초승달 모양 209, 225
- 가슴은 신체적-영적이다. 210
- 정신적으로 꿈꾸는 가슴 232
- 머리에서의 가슴 부분 278

가슴-몸통 체계
- 물질로 관철된 인간 264
- 지방 형성 264

가슴 인간 229, 231 이하, 240
- 가슴 인간의 삼지성 281 이하
- 가슴 인간에서의 머리와 사지 281 이하
- 가슴 인간과 사지 인간을 통해서 동물적인 것을 극복한다. 248

가슴 체계 209~227, 249 이하, 254 이하
- 가슴 체계를 통한 뒤집어진 식물계의 생성 254 이하
- 식물계와의 관계 252 이하

가위 눌림
- 가위 눌림의 생성 147

감각
- 감각과 영혼력의 유사성 159
- 감각과 연령의 관계 162 이하
- 의지적인 감성, 감성적 의지로서의 감각 160 이하
- 감각의 진정한 개념 163 이하
- 감각에 대한 오늘날의 감각 생리학의 몰이해 221
- 열두 감각 178~189
- 감각의 의지적 성격 73
- 감각의 인식 과정과 의지 과정 180
- 감각 기관을 통한 사물의 해체 187 이하
- 감각의 연관성 187 이하
- 머리에 의해서 반사된 외적인 운동 221

감각 기관
- 감각 기관의 활동에서 본 공감과 반감 118

감각론 178~189
- 오늘날의 학문에서의 감각론 178

감각 생리학
- 감각 생리학의 감각에 대한 이론 221

감각 영역
- 의지적인 감성, 감성적인 의지 160 이하
- 감각 영역 내부의 실재 과정 168 이하

감각영혼 37, 100

감각체 38, 99

감각 활동 124, 129
- 감각 활동과 영혼 활동 124 이하

감성 115, 124 이하
- 감성 속의 사고 요소와 의지 요소 123
- 감각 활동으로 섞여 든다. 124
- 사고와 감성의 상호 작용 124 이하
- 감성의 신체적 표현 126
- 영감으로 고취된 감성 149 이하
- 공감과 반감의 상호 작용 54
- 감성은 꿈꾸는 상태에 있다. 138, 145
- 연령에 따른 사고, 감성, 의지 156 이하, 162 이하
- 감성과 의지 93 이하, 110
- 무의식적 반복을 통한 감성 교육 110
- 판단 활동 124 이하

감성 감각 185

감각골 213

개념 66, 195 이하, 197 이하
- 추상적 개념의 영향 66 이하
- 개념의 생성 56 이하
- 개념은 잠자는 영혼으로까지 내려간다. 197
- 개념이 신체를 형성한다. 197 이하
- 개념은 수업에서 성장할 수 있어야 한다. 200
- 유동적인 개념과 영속적인 개념 201 이하

개인성 의식
- 반감의 결과 119

개인적인 정신
- 개인적인 정신에 근거하는 것의 극복 44

결론 내리기
- 결론이 개념 이전에 등장한다. 193
- 완전히 깨어 있는 삶에서 진행된다. 196

결심
- 정신 인간 안의 의지 106

결정력
- 광물과 인간 80

고루함
- 교사의 고루한 태도는 부도덕한 것이다. 286

골격 체계
- 골격 체계에 영향을 미치는 힘 256 이하

공감
- 공감과 사후의 실재 52 이하
- 의지-환상-상상 53 이하, 67
- 반감과 공감의 상호 작용 62
- 공감과 의지 활동 119
- 공감과 자아-감각 182
- 영적인 것은 공감과 반감을 통해서 파악한다. 189

과일
- 덜 익은 과일의 영향 254

관상골 215

광물계
- 광물계와 결정력 80

광물적인 것
- 사지 인간의 힘으로 광물을 해체 259
- 당뇨병과 요산성 관절염은 광물이 해체되지 않아서 생긴다. 259
- 정신 투과적 267

괴테의 『색채학』 118, 124

교사
- 조롱거리가 되는 교사 44 이하
- 어린이와의 관계 44 이하
- 교사에게 필수적인 것 69
- 초등부 교사와 고등부 교사의 동등성 69
- 교사와 학생 간의 영적인 관계 43 이하
- 교사의 삶의 조건으로서의 예술 205
- 자연 발달의 '동료'로서의 교사 240
- 어린이의 신체적 발달 상황을 검사한다. 242
- 한 교사가 모든 학년을 전담한다. 242
- 교사와 학생 간의 조화로운 공생 286
- 교사의 고루한 태도는 부도덕한 것이다. 286
- 교사를 위한 '지상 명령'인 상상력을 생생하게 유지하기 286
- 모든 것에 대해서 생생한 흥미를 지녀야 한다. 27

교육
- 생동하는 학문, 예술, 종교로서의 교육 292 이하
- 과학적 교육 292
- 직업 교육 296
- 태교 36
- 더 높은 차원의 존재의 활동을 계속 하는 것으로서 36 이하
- 감성을 의지로부터 떼어 냄 157
- 어린이를 조금 더 발달된 '새끼 동물' 정도로 여기는 의견이 교육에 미치는 영향 225
- 교육과 수업의 성격 232 이하
- 의지 교육과 정서 교육 233 이하
- 모유의 역할 236
- 교육과 어린이의 성장력 240
- 오늘날의 시대 교육 222

교육 과업
- 정신 과학을 통해서 살아 있는 297

교육 예술 297

교육의 과제
- 우리 시대의 과제 32
- 정신적인 의미에서의 교육의 과제 39
- 의지 교육과 정서 교육 233 이하

교육의 사회주의적 강령 109 이하

교육자의 의무 39

교육학
- 예술로서 226 이하
- 교육학의 좌우명 288 이하

교육학의 좌우명
- 상상력, 진실감, 책임감 289

교회
- 가톨릭교회와 진화론 223 이하

구루병
- 구루병의 원인 84

구형
- 인간은 세 개의 구형으로 이루어졌다. 217, 222 이하
- 머리의 구형 209, 217 이하, 222 이하

권위
- 두 번째 칠 년 주기의 교육 원리 192, 205

귀
- 귀의 활동은 감성 활동의 영향을 받는다. 127

균형 감각 184

그리스인
- 그리스 사람들이 훌륭한 조각가였던 이유 218

근육-혈액 체계 84, 87, 89
- 근육-혈액 체계의 수면 상태 164, 168 이하
- 근육-혈액 체계의 안에 세계 의지가 영향을 미친다. 212 이하

기도하는 정서
- 기도하는 정서가 축복의 능력으로 변화한다. 203

기억 56, 62, 66, 173, 176
- 깨어나는 것으로서의 기억 170, 173
- 기억의 과정 175 이하
- 증대된 반감 56
- 피와 신경의 상호 작용 62
- 흥미를 일깨움으로써 기억력을 강화 176
- 완성된 결론이 기억에 미치는 영향 196
- 과도한 기억력 요구가 성장력을 강화 241
- 공상적인 어린이와 기억력 형의 어린이 242

기하학
- 인간 내부의 기하학의 근거 84 이하
- 우주 안에서의 인간의 움직임 85 이하, 186
- 기하학 수업에서도 상상력에 호소함 284 이하

깨어 있음
- 깨어남과 기억 173
- 깨어남과 자아-지각 181 이하
- 사고하는 인식 속에 깨어 있음 134
- 깨어 있음, 꿈, 잠 154, 160 이하, 164 이하, 169, 189
- 신체적인 중간 영역에서 깨어남 164 이하

깨어남

색인 345

- 깨어남과 기억 170
꿈
- 감성 속의 꿈 138, 144
- 깨어 있음, 꿈, 잠 154, 160 이하, 164 이하, 169

ㄴ
노년
- 노인에 있어서의 감성과 사고의 관계 157, 162, 170
노년의 정신 155
노래
- 외부를 향한 춤의 내부로 향한 노래로의 전환 220
논리학 193
- 결론, 판단, 개념 193~198
- 사자의 예에서 본 결론, 판단, 개념 194, 200
눈
- 눈 안의 의지 활동과 인식 활동 117
- 눈 안의 혈액 활동과 신경 활동 118
- 인간의 눈과 동물의 눈의 차이 118 이하

ㄷ
단어
- 오늘날의 텅 빈 말 껍데기 171
- 머리가 되려는 단어의 경향 282
당뇨병
- 병적인 광물화 259
대지를 통한 전기 전도
- 모스 전보의 경우 226
도덕적 발달
- 금욕적 122
독성
- 건강과 질병과의 관계에서 본 식물 252 이하
동기
- 자아에 의해 포착된 의지 101, 107
동물
- 진화 과정에서 동물을 벗어 냄. 78 이하
- 동물과 인간 97 이하
- 동물의 신체 97 이하
- 주변 환경에 대한 동물의 공감 119
- 수업에서 동물 다루기 301
동물계

- 동물계의 정신화 259
동물의 세계
- 동물의 세계에 대한 흥미를 일깨운다. 176, 200 이하
- 인간의 머리에 대한 동물의 세계 223, 246
- 머리가 동물의 형상을 만들어 낸다. 247 이하
동물의 신체
- 본능의 형상 98
동물의 형상
- 머리가 동물의 형상을 만들어 낸다. 247 이하
- 머리가 생성한 동물 형상과 사고와의 관계 247 이하
- 지나친 동물 형상의 생성이 편두통의 원인이다. 249
두개골
- 고차적으로 변형된 척추골 214
두뇌
- 신체 속에서의 인식의 표현 62
둔감한 아이
- 둔감한 아이의 의지 깨우기 140

ㄹ
리듬
- 잠과 깨어 있음의 리듬 41 이하

ㅁ
마나스 95
마넨
- 마나스와의 관계 95
망각
- 잠이 드는 것 170, 173
머리
- 머리의 정지 상태 151, 219
- 머리의 구형 209, 215 이하, 222 이하
- 머리는 특히 신체다. 210, 223 이하, 229
- 머리의 뼈대 구조 213 이하
- 인간에게서 가장 오래된 부분 223
- 머리는 동물계에서 유래한다. 223 이하, 246 이하
- 머리 인간 229, 239
- 머리는 태어나면서부터 주로 신체다. 230
- 어린이의 머리는 신체적으로 깨어 있

으며, 영적으로 꿈꾸며 정신적으로 잠잔다. 230 이하, 234 이하
- 모방과의 관계 230
- 머리를 통한 초감각적인 동물 형상의 생성 247
- 바깥으로 부풀려서 형성된 머리 261 이하
- 머리의 삼지성 278, 287
- 머리의 가슴 형성과 사지 형성 278 이하
- 사지의 정신적인 머리 279 이하
머리를 깨우기
- 사지와 가슴을 통해서 깨우기 234 이하
머리 인간 229, 239, 261
머리 정신
- 깨어 있는 의지에서 잠자는 머리 정신으로 연결된 교량 찾기 234 이하, 239
머리 체계 65, 209~227, 246 이하
- 머리 체계와 우주의 반감 65 이하
- 인간의 머리는 동물의 세계를 거쳤다. 246 이하
면적 관계
- 상상의 적용을 통한 파악 285
명제
- 보편적인 정의를 내리는 것이 아니라 명제를 세워야 한다. 90
모방
- 첫 번째 칠 년 주기 192, 203, 230
모유
- 자연의 정령으로서 236 이하
- 사지 인간에 의해서 생성됨 236
- 잠자는 정신을 깨움 236, 243
몽상적인
- 몽상적인 아이 140
- 강한 감성이 몽상적인 어린이를 깨운다. 140
무의미한 활동과 의미 있는 활동
- '일'을 참조하라.
문법
- 영적인 골격 체계로서 282
물질주의
- 특정한 시대의 특정한 과제에 대한 의식이 없다. 33
물체적으로 죽은 것
- 정신 비투과적 267

미각 185

ㅂ
반감
- 반감과 출생 이전의 현존 54 이하
- 인식, 기억, 개념 56 이하
- 반감과 공감의 상호 작용 62 이하
- 표상에서의 반감 117 이하
- 반감과 개별적 인격 119
- 반감과 자아-지각 181
- 영적인 것은 반감과 공감을 통해서 파악됨 189

반경 모양
- 사지의 반경 모양 211 이하, 216, 225

반복
- 의지 양성을 위한 의식적 반복 111 이하
- 감성 양성을 위한 무의식적 반복 111 이하

발달
- 어린이의 신체적 발달 상황의 종합적 검사 241 이하

발도르프 학교 290
- 발도르프 학교의 과제 29 이하
- 문화 행위로서 23, 26
- 인지학적 세계관의 타당성을 보여 주는 실질적인 증거 23
- 공화주의적으로 관리함 25

변형
- 척추의 변형 213 이하

병원체
- 오늘날의 의학은 병원체 발견에 치중한다. 256

본능
- 신체 속의 의지 98, 106
- 도덕적 이상을 통한 본능의 극복 122
- 지적인 것은 노쇠한 의지다. 110
- 지성은 부패하려는 경향을 지닌다. 287

분트 파 100

뼈 83, 212~216
- 죽음을 가져오는 힘을 통한 뼈의 형성 82 이하
- 두개골과 세계의 지능 213
- 관상골과 갑각골 213 이하
- 척추골의 변형 213 이하
- 골격 체계-삶의 과정-외부 세계 256

이하

ㅅ
사고 116 이하, 123
- 음성 언어를 통한 매개 183 이하
- 머리에 의해서 생성되는 동물 형태에 대한 관계 247
- 순수한 사고 77
- 의지의 사고적 관철 120 이하
- 연령대에 따른 사고, 감성, 의지 156 이하, 162 이하
- 논리적으로 사고를 관철함 192 이하

사고 감각 182, 188

사고 방향
- 수업을 위한 교사의 사고 방향의 의미 43

사자
- 결론, 판단, 개념을 위한 예로서 194, 200

사지 211~227, 256 이하
- 사지의 반경 형태 211, 216, 224
- 두개골의 사지인 악골 212
- 근육과 혈관 속의 본질적인 것 212
- 몸통에 삽입된 사지 216
- 사지는 변화되고 뒤집어진 두개골이다. 215
- 사지는 신체적-영적-정신적이다. 216, 222, 229 이하, 232
- 우주의 움직임에 대한 사지의 관계 219
- 사지는 가장 인간적인 기관이다. 224
- 모유는 사지를 통해서 생성된다. 236
- 가장 정신적인 것으로서의 사지 264
- 사지는 외부에서 내부로 형성됨 262
- 머리에서의 사지 형성 277 이하
- 악골의 변형 279
- 사지의 정신적인 머리 279
- 사지를 통해서 정신적인 머리가 인간을 소모한다. 279 이하

사지의 움직임
- 기계적인 움직임 257

사지 인간 229, 232, 236, 239, 261, 264
- 어린이의 경우 사지 인간은 깨어 있으나 형태는 미완성의 상태임 232
- 모유를 생성한다. 236
- 사지 인간의 삼지성 278 이하, 287

사지 체계 63 이하, 256 이하, 258 이하
- 사지 체계의 중심점 216, 224
- 사지 체계가 광물을 해체한다. 258

사체
- 지구 발달에 대한 사체의 의미 80

사춘기 192, 206

사회생활
- 자연과 정신적인 삶 사이에 72

사회적 진보와 교육 108

삼지성
- 신체적 삼지성 63 이하
- 청소년기의 삼지성 203 이하
- 개별적인 신체의 삼지성 277 이하
- 머리 인간 278 이하
- 사지 인간 278 이하
- 가슴 인간 280 이하

상상
- 고조된 공감 57, 67
- 지나친 상상의 요구는 성장을 저해한다. 241
- 상상적인 어린이와 기억력 형의 어린이 242
- 12세 이후의 수업에서 상상력에 호소함 284
- 수학과 물리 수업에서 284 이하
- 상상력으로 수업 내용을 관철함 284
- 교사를 위한 지상 명령으로서의 상상력 286
- 19세기의 상상에 대한 견해 287 이하
- 교육학의 좌우명으로서 288

상호 작용
- 영혼 활동의 상호 작용 117, 123

생각한다, 고로 나는 존재한다. 49

생명 감각 184

생명정신 96

생식 기관
- 사지 체계와의 관계 65

성(性)
- 가슴 인간에서 조야하게 된 사지 천성 283

성격화하기
- 정의하기보다 성격화함 201

성분
- 인간 내부에서의 새로운 성분의 생성

색인 347

79, 89 이하
- 인간 내부에서의 광물적 성분의 영향 259
세계
- 행위의 총계 142
세계는 도덕적이다.
- 첫 번째 칠 년 주기에서의 무의식적인 가정 204
세계는 아름답다.
- 두 번째 칠 년 주기에서의 무의식적인 가정 205
세계는 진실이다.
- 세 번째 칠 년 주기에서의 무의식적인 가정 207
소망
- 정신자아 속의 의지로서 103
- 동기와 의도 속에 낮게 울리는 소망 103
수업
- 생동하는 학문, 예술, 종교로서 292
- 과학적인 수업의 시작 207
- 중등 과정의 수업 283 이하
- 인지학과 수업 운용 26
수업 내용
- 수업 내용을 상상으로 관철함 284 이하
수업 방법
- 볼셰비키 식 방법 108 이하
- 사회주의적 방법 108 이하
수학 수업
- 수학 수업 역시 상상력에 호소한다. 284 이하
스포츠
- 실질적 다이너미즘으로서 272
습관
- 습관에 영향을 미침 176
- 의지력과 기억력의 관계 176
시각 185
- 플라톤의 시각 과정에 대한 설명 73
- 동물과 인간의 시각 과정 74
- 색채 보기와 형태 보기 185 이하
시대, 오늘날
- 이 시대의 고통과 과제 27
시험의 폐지 274
식물계 79, 250∼253, 259
- 식물계와 호흡 249 이하, 254
- 반-식물계에 해당하는 호흡 254

- 식물계의 전환 252, 259
식물의 세계
- 가슴 인간과 식물의 세계 249 이하
- 질병의 형상으로서 251 이하
- 식물의 세계의 독성 252
신경
- 출생 이전의 것의 영향 58 이하
- 운동 신경과 감각 신경 58 이하
- 교감 신경 62
- 신경의 뼈가 되려는 경향 83
- 신경 내부의 깨어 있음 165 이하
- 정신적-영적인 것과 직접적인 관계가 없다. 166
- 정신적-영적인 것을 위한 빈 공간 167, 266
- 유기 조직으로부터 신경은 분리한다. 166 이하
- 그 자체로 붕괴되고 와해됨 266
- 사멸된 물질 266
- 골격-신경 체계 83 이하, 89
- 신체적으로 죽은, 정신 투과적 267
신성한 종교적 의무로서의 교육 과업 291
신체 35, 38 이하, 97 이하
- 기계적 장치 293
- 인간의 신체와 주변 환경의 상호 관계 245 이하
신체-영혼-정신
- 신체의 형태와 관련하여 217, 222 이하
신체적인 것
- 신체적인 것은 형태의 상태를 통해서 파악한다. 189
실물 교육
- 피상적인 실물 교육 206
- 실물 교육에서의 소크라테스 방법론 206
실재
- 실재에서의 사고와 관조의 융합 130
- 죽음의 순간 131
- 실재는 모순으로 이루어졌다. 178
심리 분석
- 우리 안의 '제2의 인간' 과 심리 분석 104
심리학
- 인지학적 심리학의 필수성 47
- 오늘날의 심리학의 견해 70, 129

- 심리학에서의 인간 본성의 이지성 70 이하
심장
- 펌프로서의 심장 293
쓰기
- 쓰기와 읽기는 문화 관습이다. 238
- 예술적인 것에서 쓰기와 읽기를 발달시킴 239
- 쓰기와 읽기를 배우는 능력은 영적인 이갈이다. 283

ㅇ
아스트랄 체 38, 99
악골
- 두개골의 사지 212
- 악골과 사지의 관계 279
어린이
- 어린이에게서의 감성과 의지의 관계 157, 162 이하
어린이의 성장
- 성장에 영향을 미치는 것 240 이하
- 성장의 방해 요소 240 이하
- 지나친 기억력의 요구가 성장을 촉진한다. 241 이하
- 지나친 상상력의 요구가 성장을 저해한다. 241 이하
언어
- 언어의 정령 234
- 머리가 되려는 후두의 시도 281 이하
언어 감각 183, 188
에너지
- 에너지 보존 법칙 71, 89
에테르 체 38, 98 이하
- 에테르 체 안에서의 의지: 충동 98 이하
연구
- 셸링의『대학 연구의 방법론에 대하여』288
연령대
- 감성적 의지로부터 감성적 사고로 157 이하
- 어린이의 신체성, 성인의 영적인것, 노년의 정신적인 것 154 이하
- 삶에서 초기의 20년 192
연소 과정
- 연소 과정과 영양 섭취 253 이하
- 연소 과정의 중간 부분으로서의 소화

253 이하
영감
- 감성적으로 꿈꾸는 146
영생의 문제 34
영양 섭취
- 서두와 말미가 없는 연소 과정 253 이하
영혼 습관
- 판단의 양식에 따라 양성된다. 197
영혼정신 38
영혼학
- 인지학적 영혼학의 필수성 47
영혼 활동
- 영혼 활동의 상호 작용 116 이하, 124 이하
- 정신적인 관점에서 133
- 삶의 연령에 따른 영혼 활동 154 이하, 162 이하
예술
- 생동하는 예술로서의 교육과 수업 292 이하
- 의지 양성을 위한 예술적 교육의 의미 113
- 교사의 예술에 대한 관계 205
- 음악적 예술과 조형 예술 간의 연관성 221
오성 혹은 감성영혼 37, 100
오성적인 것
- 자연 속에서 죽음의 과정을 파악 75
오이리트미 272, 275
- 체조와 오이리트미를 번갈아서 함 272
- 지적인 일을 오이리트미로 혈액 순환함 275
온 감각 183
요산성 관절염
- 병적인 광물화 259
욕망
- 감각체 안의 의지 99 이하
운동 감각 184 이하
움직임
- 세계의 움직임에 대한 사지의 관계 218
- 머리가 움직임을 평정한다. 219
- 내면에서 평정된 것으로서의 음악적인 것 220 이하

위생학
- 미래의 위생학의 과제 255 이하
유기적으로 살아 있는 것
- 정신 비투과적인 물질 267
유기적인 것
- 살아 있고 유기적인 것의 정신 비투과성 267
육체 신체
- 정신영혼과의 관계 38 이하
육체의 주변
- 감각과 육체의 주변 164
육체적인 일 "일"을 참조하라.
음악적인 것
- 내부에서 평정된 움직임 220 이하
의도
- 후회보다 나은 것으로서 103
- 생명정신 속의 의지로서 106
의식 상태 137 이하, 189
- 깨어 있는 인간의 의식 상태 153 이하
- 정신적 관점에서 본 인간 153, 161, 164 이하, 169 이하
- 깨어 있음, 꿈, 잠 191 이하
의식영혼 37, 100
의지 115, 122
- 심리학자들의 '골칫거리' 52
- 사후의 실재가 될 싹 53 이하, 72
- 자연에서 미래의 것을 의지를 통해서 파악한다. 75 이하
- 의지와 감성 93 이하, 110 이하
- 완전히 의식적인 반복을 통한 의지 양성 110 이하
- 의지와 공감 117 이하
- 의지와 기억 175
- 의지의 정신 차림 175
- 깨어 있는 의지와 잠자는 머리 정신 간의 교량 235 이하
- 중등 과정의 말에 독립적인 의지 욕구가 스며든다. 243
- 의지의 사고적인 관철 121
- 무의식 속에 사는 의지 135, 144 이하
- 잠자는 의지 149
- 연령대에 따른 사고, 감성, 의지 154 이하
의지 속에 남아 있는 것 94, 102 이하
의지 감각 184
의지의 감각 생활 74 이하

의지 형성과 감성 형성 93 이하, 110 이하
- 예술적인 활동 113
- 교육의 본질적인 것으로서 232 이하
의학
- 미래의 의학의 과제 255 이하
이갈이 230 이하
- 머리 발달과 형태 부여의 마무리로서 231
이기주의
- 인간적 이기주의에 호소함 34
이상
- 도덕적 이상을 통한 본능의 극복 122
이지성
- 오늘날의 심리학의 오류 70
이집트 인
- 우주에 대한 인간의 관계를 추상적으로 알고 있었다. 218
인간
- 자연에 대한 인간의 의미 77 이하
- 우리 안에 있는 '제2의 인간' 104
- 주변 환경으로부터 독립적인 인간 119
- '헤메고 다니는' 성향 174
- 인간에 대한 관념 201
- 인간을 발달된 '동물의 새끼'로 여기는 의식의 결과 225
- 대우주의 중심점으로서의 인간 226
- 광물의 해체, 식물의 전환, 동물의 정신화 259
- 정신적-영적인 것을 막는 댐 263
인간은 죽는다.
- 논리적 인식에 대한 예 195
인상
- 개념이 인상에 미치는 영향 198
- 오늘날의 사람들의 뚜렷하지 않은 인상 198 이하
인식 134, 145
- 인식은 형상적이다. 145, 149
- 결론, 판단, 개념은 인식 속에 존재한다. 193
인식 감각 188
일 268~275
- 육체적인 일과 정신적인 일 268 이하
- 육체적인 일이 정신적이다. 268 이하
- 정신적인 일은 육체적이다. 268, 273 이하

- 무의미한 일과 의미 있는 일의 결과 270 이하
- 오이리트미로 지적인 일을 활성화함 271 이하
- 흥미가 지적인 일을 '혈액 순환' 시킴 274 이하

읽기
- 읽기와 쓰기는 문화 관습 238
- 읽기와 쓰기를 배우는 능력은 영적인 이같이다. 282

입
- 머리의 사지, 머리의 하반신 278

ㅈ

자아
- 자아에 의해서 포착된 의지로서의 동기 101 이하
- 영혼력 안의 자아의 삶 143 이하
- 자아는 깨어 있는 상태에서 우주의 형상 속에서, 꿈꾸는 감성 속에서, 잠자는 의지 속에 산다. 143 이하
- 영감과 직관 속에서의 자아의 삶 145 이하
- 자신의 자아-지각 179
- 자아는 힘 속에 산다. 258

자아-감각
- 자아-감각과 시각 과정 74
- 자아-감각은 인식 감각이다. 180, 188

자아-지각
- 자아-지각에서의 공감과 반감과정 181

자연 과정
- 인간 내부의 자연 과정 251 이하

자연법칙
- 자연 속에서 죽어가는 것을 파악함 73, 293

자연 수업
- 자연 수업에서 동물을 다루는 법 201

자유
- 죽어가는 것과 살아 있는 것 사이에 76 이하
- 영적인 것은 인간의 자유에 속한다. 156

잠
- 어린이는 잠자는 것을 배워야 한다. 41
- 성인의 잠 41

- 잠과 깨어남의 리듬 41 이하
- 깨어 있음, 꿈, 잠 154, 161, 164이하, 189
- 의지에서의 잠 136 이하, 144, 147
- 내부와 주변에서의 인간의 의지 164 이하
- 잠과 망각 170, 173
- 잠과 자아-지각 182
- 의지 감각에서의 잠 184
- 방해받은 잠과 그 영향 173 이하
- 지나친 육체적인 일에 의한 수면증 269 이하
- 지나친 정신적인 일에 의한 불면 273 이하

잠듦
- 잠드는 것으로서 이해되는 망각 170

전기
- 대지를 통해서 전달되는 전기 226

정령
- 언어의 정령 234
- 자연의 정령 237

정신
- 정신과 영혼의 연결 37 이하
- '정신' 이라는 단어에 대해서 163 이하
- 정신은 의식 상태를 통해서 파악된다. 189

정신 과학
- 죽은 학문 대신 교육의 근거가 되는 정신 과학 297

정신 생활
- 정신 생활의 갱신으로서의 발도르프 학교 23

정신영혼
- 육체-신체와의 관계 38, 41

정신인간 96

정신자아 37, 95, 106

정신적-영적인 것
- 인간 내부의 흐름으로서 263
- 정신적 영적인 것을 막는 댐으로서의 인간 263
- 인간을 흡입하려는 정신적-영적인 것의 시도 263 이하
- 정신적-영적인 것을 위한 빈 공간으로서의 신경 167
- 정신적-영적인 것을 방해하는 지방 264 이하, 271

정신적인 일
- '일' 을 참조하라.

정의
- 정의 내리기보다 성격화함 201

정치
- 인간을 천편일률적으로 다룸 24

조각
- 고대 이집트와 그리스 조각에는 우주에 대한 인간의 관계에 대한 앎이 있다. 218

조롱거리가 됨 44 이하

조화시킴
- 호흡을 신경-감각 과정과 조화시킴 40

종교
- 생동하는 종교로서의 교육과 수업 292 이하
- 종교의 이기성 223

종교 교육
- 해당 종교 공동체가 행한다. 26, 298

종교적 의식
- 종교적 의식으로서의 교육 과업 291

주 기도문
- 의지 양성 111 이하

주변 환경
- 신체와 주변 환경의 상호 관계 245 이하

죽은 것
- 정서와 의지를 약화시킴 293 이하

죽음
- 지구의 사멸과 인간의 죽음 87

죽음과 생성
- 자연 속에서 77, 87

지구
- 지구의 운동 86

지방
- 가슴-몸통 체계에 의한 지방 형성 264
- 정신적-영적인 것의 방해 요소 264, 271

지성
- 의지를 통해서 깨운다. 239

지체 다섯 번째, 일곱 번째, 열 번째 강의
- 신체적 인간의 지체 177, 209 이하, 229 이하

직관
 - 직관과 잠자는 의지의 영역 147 이하
진실에 대한 감각
 - 교육학의 좌우명 289
질병
 - 가슴-몸통 체계에 기인하는 질병 251 이하
 - 질병의 형상으로서의 식물계 252 이하
 - 당뇨병과 요산성 관절염 259

ㅊ
책임감
 - 교육학의 좌우명 289
척추골
 - 척추골의 변형 213 이하
척추골 이론
 - 괴테의 척추골 이론 213
청각 183, 188
 - 청각에서의 감성 과정과 인식 과정 126 이하
체조
 - 신체에서 발췌한 움직임 272
 - 체조와 오이리트미를 번갈아서 실행함 272
초등부 교사에 대한 의식 69
초승달 모양
 - 가슴 인간 209 이하, 225
축제
 - 세계 질서의 축제로서의 발도르프 학교 건립 31
춤
 - 행성 운동의 모방 220
충동
 - 에테르 체 안의 의지로서 99, 107

ㅋ
칸트주의
 - 칸트주의와 실재 130 이하
코
 - 머리의 가슴 부분으로서 278
 - 변형된 폐로서 278
 - 코와 후두 281
 - 비음은 머리가 되려는 후두의 시도 281
콘스탄티노플 공의회(서기 869년)
 - 인간의 '세 가지 구형'과 관계하여 222 이하

ㅌ
탄산가스
 - 호흡과 동화 작용에서의 탄산가스 249 이하

ㅍ
파악
 - 한 가지를 다른 것과 연결하는 것이 파악이다. 154 이하, 163 이하
『파우스트』 2부
 - 저술 과정에서의 직관의 역할 149
판단 194 이하, 199
 - 완전한 의식 속에서의 판단 135
 - 사물을 조합하는 판단 기능 187
 - 영혼 습관을 양성한다. 196 이하
 - 꿈꾸는 영혼으로까지만 올라온다. 197, 199
판단력
 - 12세를 전후해서 발달한다. 284
판단 활동
 - 판단 활동에서의 감성의 역할 124 이하
 - 브렌타노와 지그바르트의 판단 활동에 대한 논쟁 124 이하
편두통
 - 머리를 통해서 동물적인 것이 너무 강하게 생성됨으로 해서 249
표상
 - 표상의 형상적 성격 48, 66, 72
 - 표상과 출생 이전의 삶 50
 - 표상과 반감 55, 117
피
 - 정신적으로 되려는 피 59 이하
 - 정신 비투과적인 물질로서의 피 267
피로
 - 일, 휴식, 피로 269
피타고라스의 정리
 - 피타고라스의 정리를 예로 든 상상력의 적용 285

ㅎ
학교 관리
 - 공화주의적인 관리 25
학문
 - 생동하는 학문으로서의 교육과 수업 292 이하

행성 운동
 - 행성 운동의 모방으로서의 춤 220
헤르바르트의 교육학 47
헤르바르트의 심리학 47, 100, 106
현존
 - 정신적인 것의 연속으로서의 신체적인 현존 51
 - 출생 이전의 현존 51 이하
혈액 순환-근육 체계
 - 근육-혈액 체계를 보라.
혈액-신경
 - 혈액과 신경의 접촉 지점 89, 126
 - 성분을 새로이 생성함 90
형상
 - 형상의 교육적 의미 66
형상적
 - 사고하는 인식 속에서 145 이하
호흡
 - 호흡과 신경-감각 과정 40 이하
 - 호흡과 신진대사 39
 - 호흡과 식물의 동화 과정 249 이하
 - 호흡과 양분 섭취 과정 253 이하
 - 반-식물계로서의 호흡 254 이하
호흡하기
 - 어린이는 호흡을 배워야만 한다. 40 이하
 - 삼지적 인간과 호흡의 관계 40 이하
환상
 - 고조된 환상 57, 66
후각 183, 185
후두
 - 후두와 언어 281
 - 후두는 가슴 인간의 위축된 머리다. 281
후회
 - 후회의 이기성 102
휴식
 - 일, 휴식, 피로 269
힘
 - 인간 내부에서의 힘의 생성 71 이하
 - 요소적인 힘 142
 - 삶의 힘 142

참고 문헌

여기에 제시된 루돌프 슈타이너의 저술들은 이 책에 설명된 것들을 좀 더 깊이 있게 연구하기 위한 자료들이다.

자유 발도르프 학교 개교에 즈음한 교사 연수

교육 예술 1. 교육학의 기초가 되는 인간에 대한 보편적인 앎
총 14강, 슈투트가르트 1919   서지 번호 293/포켓북 617

교육 예술 2. 방법론과 교수법
총 14강, 슈투트가르트 1919   서지 번호 294/포켓북 618

교육 예술 3. 세미나 논의와 수업 시간표   서지 번호 295/포켓북 639

루돌프 슈타이너의 비망록 : 1919~1921 슈투트가르트 교사 연수에 대하여, 『루돌프 슈타이너 전집에 대한 기고』 31호

슈투트가르트 자유 발도르프 학교 교사들을 위한 연수와 강의

정신 과학적인 언어 고찰. 교육자를 위한 조언
총 6강, 슈투트가르트 1919/1920   서지 번호 299

인간 인식과 수업 형성
총 8강, 슈투트가르트 1921   서지 번호 302

인간 인식으로부터의 교육과 수업 : 명상적으로 작업한 인간학 - 성숙기의 교육 문제. 수업의 예술적 형성에 대해 - 교사 직업과 보육자 직업의 내적인 투철함에 대한 조언
총 9강, 슈투트가르트 1920/22/23 　　　　　　　　　　서지 번호 302a

공개 연수와 강연

정신 과학을 통한 교육적-방법론적 예술의 갱신
총 14강, 바젤 1920 　　　　　　　　　　　　　서지 번호 301

인간 본성의 건강한 발달. 인지학적 교육학과 방법론에 대한 입문서
총 16강, 도르나흐 1921/22 　　　　　　　서지 번호 303/포켓북 648

교육 예술의 정신적-영적인 원동력
총 13강과 두 번의 개회사, 옥스퍼드 1922 　　　서지 번호 304/포켓북 604

정신 과학적 인간 인식의 관점에서 본 교육학적 실천: 어린이와 청소년 교육
총 8강, 도르나흐 1923 　　　　　　　　　　　서지 번호 306

오늘날의 정신 생활과 교육
총 14강, Ilkley/영국 1923 　　　　　　　　　서지 번호 307

인지학적 교육학과 그 조건
총 5강, 베른 1924 　　　　　　　　　　　　　서지 번호 309

인간 인식의 교육학적 가치와 교육학의 문화 가치
총 9강, 아른하임 1924 　　　　　　　　　　　서지 번호 310

인간 본성의 파악에서 나오는 교육 예술
총 7강, Torquay/영국 1924 　　　　　　　　　서지 번호 311

단행본

발도르프 학교의 교육학적인 근거와 목표 설정　　세 편의 논설 1919/1920

발도르프 학교와 그 정신 : 어떤 시각이 발도르프 학교 건립의 기초를 이루는가?
자유 발도르프 학교 건립에 즈음한 세 번의 강의, 슈투트가르트 1919

자유로운 정신 생활의 의미에서 교육 제도를 위한 새로운 지침
민중교육학에 대한 강의, 슈투트가르트 1919

시대에 맞는 아동기와 청소년기의 교육　　　　　　　총 2강, 런던 1922

인간 내부의 음향 체험. 음악 수업을 육성하기 위한 근거
총 2강, 슈투트가르트 1923

루돌프 슈타이너의 생애와 작품

 루돌프 슈타이너가 후세에 남긴 일생의 작품은, 그 내용과 규모에서 볼 때 문화계 안에서는 유례를 찾기 힘들 것이다. 그의 글들 —저작물들과 논문들— 은 생전에 그가 강연과 강좌를 통해 청중들에게, 늘 새로운 시각에서, '인지학으로 방향이 정해진 정신학' 이라고 표현하고 상론했던 것의 기초를 이룬다. 약 6천 회에 걸친 강연의 대부분은 필사본으로 보존되어 있다. 이와 아울러 예술 영역에서도 중대한 활동을 펼쳤는데, 그 정점은 도르나흐에서 첫 번째 괴테아눔(Goetheanum) 건물을 세운 것이다. 그래서 그의 손으로 이루어진 많은 수의 회화·조각·건축 작업과 설계 및 밑그림이 존재한다. 수많은 생활 영역의 쇄신을 위해 그가 제공한 자극은, 오늘날 점점 더 많은 주목을 받기 시작한다.

 1956년부터 '루돌프 슈타이너 유고(遺稿) 관리국'에 의해 『루돌프 슈타이너 전집』이 발간되고 있다. 『전집』은 약 340권 분량이 될 것이다. 저작물은 1부로, 강연문은 2부로 발행되는 한편, 3부에서는 예술 작품이 적절한 형태로 재생되고 있다.

전체 작품에 대한 체계적인 개관은 1961년에 발행된 문헌 목록('루돌프 슈타이너. 문학적·예술적 작품. 서지학적 개관')이 제공해 준다. 아래에서 사용되는 '서지 번호' 표시는 그 목록에 의거한 것이다. 출판된 책들의 현황에 관해서는 '루돌프 슈타이너 출판사'의 도서 목록이 알려 주고 있다.

연대순으로 작성한 약력(그리고 저작물에 대한 개관)

연 대	약력과 저작물에 대한 개관
1861	2월 27일에 루돌프 슈타이너는 오스트리아 남부 철도청 소속 공무원의 아들로서 크랄예벡(그 당시는 오스트리아·헝가리 제국에, 지금은 크로아티아에 속함)에서 태어났다. 그의 부모는 오스트리아 동북부의 주(州)인 니더외스터라이히 출신이다. 그는 오스트리아의 여러 지방에서 유년기와 청소년기를 보낸다.
1872	비너 노이슈타트 실업계 학교에 입학, 1879년 대학 입학 자격 시험을 볼 때까지 그 학교를 다닌다.
1879	빈 공과 대학에 입학. 수학과 자연 과학, 그리고 문학, 철학, 역사를 공부. 괴테에 관한 기초적 연구.
1882	최초의 저술 활동.
1882~1897	요제프 퀴르쉬너가 주도한 『독일 국민 문학』 전집에서 괴테의 자연 과학 저작물 5권(서지 번호 1a~e) 발간. 단행본으로 1925년 『괴테의 자연 과학적 논문에 대한 입문서』(서지 번호 1)라는 제목으로 출판된다.

1884~1890	빈의 한 가정에서 가정교사 생활.
1886	'소피 판' 괴테 작품집 발간에 공동 작업자로 초빙된다. 『실러를 각별히 고려하는 괴테 세계관의 인식론적 기본 노선들』(서지 번호 2).
1888	빈에서 〈독일 주간지〉 발간(거기에 실린 논문들은 서지 번호 31에 수록). 빈의 괴테 협회에서 '새로운 미학의 아버지로서의 괴테'라는 제목으로 강연(서지 번호 30에 수록).
1890~1897	바이마르 체류. 괴테·실러 문서실에서 공동 작업. 괴테의 자연 과학 저작물 발간.
1891	로스토크 대학에서 철학 박사 학위 취득. 1892년에 박사 학위 논문 증보판 출판. 제목은 『진리와 과학 : '자유의 철학' 서곡』(서지 번호 3).
1894	『자유의 철학 : 현대 세계관의 근본 특징. 자연 과학적 방법에 따른 영적인 관찰 결과』(서지 번호 4).
1895	『프리드리히 니체 : 시대에 맞선 투사』(서지 번호 5).
1897	『괴테의 세계관』(서지 번호 6). 베를린으로 이사. 오토 에리히 하르트레벤과 함께 〈문학 잡지〉와 〈극 전문지〉 발행(거기에 실린 논문들은 서지 번호 29~32에 수록). '자유 문학 협회', '자유 드라마 협회', '기오르다노 브루노 연맹', '미래인' 서클 등등에서 활동.
1899~1904	빌헬름 리프크네히트가 세운 베를린 '노동자 양성 학교'에서 교사 활동.
1900/01	『19세기의 세계관과 인생관』, 1914년에 이를 확장하여 『철학의 수수께끼』(서지 번호 18) 발표. 베를린 신지학 협회의 초대로 인지학을 강연하기 시작. 『근대 정신 생활의 출현에서의 신비학』(서지 번호 7).

1902~1912	인지학 수립. 베를린에서 정기적인 공개 강연 활동. 유럽 전체로 강연 여행. 마리 폰 지버스(1914년 결혼 이후 마리 슈타이너)가 지속적인 협력자가 된다.
1902	『신비로운 사실로서의 기독교와 고대의 신비들』(서지 번호 8).
1903	잡지 〈루시퍼〉(나중에 〈루시퍼-그노시스〉로 바뀜)를 창간하고 발행(거기에 실린 논문들은 서지 번호 34에 수록).
1904	『신지학 : 초감각적 세계 인식과 인간 규정 입문』(서지 번호 9).
1904/05	『고차 세계의 인식으로 가는 길』(서지 번호 10). 『아카샤 연대기에서』(서지 번호 11). 『고차적 인식의 단계들』(서지 번호 12).
1910	『신비학 개요』(서지 번호 13).
1901~1913	뮌헨에서 『네 편의 신비극』(서지 번호 14)이 초연된다.
1911	『인간과 인류의 정신적 지도』(서지 번호 15).
1912	『인지학적인 영혼의 달력 : 주훈(週訓)』(서지 번호 40. 단행본들로도 출판됨). 『인간의 자기 인식으로 가는 길』(서지 번호 16).
1913	신지학 협회와 결별하고 인지학 협회 창립. 『정신 세계의 문지방』(서지 번호 17).
1913~1923	목재로 된 이중 돔형 건축물 형태를 띤 첫 번째 괴테아눔을 스위스의 도르나흐에 세우다.
1914~1923	도르나흐와 베를린에 체류. 유럽 전역 순회 강연 및 강좌에서 루돌프 슈타이너는 예술, 교육학, 자연 과학, 사회 생활, 의학, 신학 등의 수많은 생활 영역에서 쇄신이 이루어지도록 자극한다. 1912년에 시작된 새로운 동작 예술 '오이리트미

	(Eurythmie)'를 계속 발전시키고 교육.
1914	『개요로서의 철학사에 나타난 철학의 수수께끼』(서지 번호 18).
1916~1918	『인간의 수수께끼에 관해』(서지 번호 20). 『영혼의 수수께끼에 관해』(서지 번호 21). 『'파우스트'와 '뱀과 백합의 동화'를 통해 드러나는 괴테의 정신적 양상』(서지 번호 22).
1919	루돌프 슈타이너는 특히 남부 독일 지역에서 논문과 강연을 통해 '사회 유기체의 삼지적 구조' 사상을 주장한다. 『현재와 미래의 생활에 꼭 필요한 일들에서 사회 문제의 핵심』(서지 번호 23), 『사회 유기체의 삼지성과 시대 상황(1915~1921)에 대한 논문』(서지 번호 24). 가을에는, 슈타이너가 죽을 때까지 이끌고 가는 '자유 발도르프 학교'가 슈투트가르트에 세워진다.
1920	제1차 인지학 대학 강좌를 시작하면서, 아직 완성되지 않은 괴테아눔에서 예술 행사와 강연 행사를 정기적으로 개최하다.
1921	주간지 〈괴테아눔〉 창간. 루돌프 슈타이너의 논문과 기고문이 정기적으로 실리다(서지 번호 36).
1922	『우주론, 종교 그리고 철학』(서지 번호 25). 섣달 그믐날, 방화로 괴테아눔 건물이 소실된다. 콘크리트로 짓기로 계획된 새 건물을 위해 루돌프 슈타이너는 간신히 1차 외부 모델을 만들 수 있었다.
1923	지속적인 강연 활동과 강연 여행. 1923년 성탄절에 루돌프 슈타이너의 주도 아래 '인지학 협회'가 '일반 인지학 협회'로 재창립된다.
1923~25	루돌프 슈타이너는 미완으로 남아 있던 자서전 『내 인생의 발자취』(서지 번호 28) 및 『인지학의 기본 원칙』(서지 번호

	26)을 집필한다. 그리고 이타 베그만 박사와 함께『정신 과학적 인식에 따른 의술 확대를 위한 기초』(서지 번호 27)를 집필한다.
1924	강연 활동의 증가. 더불어 수많은 전문 강좌 개설. 유럽으로 마지막 강연 여행. 9월 28일 회원들에게 마지막 강연. 병상 생활 시작.
1925.3.30.	루돌프 슈타이너는 도르나흐에 있는 괴테아눔 작업실에서 눈을 감는다.

루돌프 슈타이너 전집 목록
– 문학 · 예술 작품에 대한 서지학적 개관

1부: 저작물

1. 작품

R. 슈타이너가 머리말과 해설을 쓴, 괴테의 자연 과학적 논문에 대한 입문서 5권(서지 번호 1a~e). 입문서를 단행본으로 발간(서지 번호 1).

실러를 각별히 고려하는 괴테 세계관의 인식론적 기본 노선들(서지 번호 2)

진리와 과학: '자유의 철학' 서곡(서지 번호 3)

자유의 철학: 현대 세계관의 근본 특징. 자연 과학적 방법에 따른 영적인 관찰 결과(서지 번호 4)

프리드리히 니체: 시대에 맞선 투사(서지 번호 5)

괴테의 세계관(서지 번호 6)

근대 정신 생활의 출현에서의 신비학(서지 번호 7)

신비로운 사실로서의 기독교와 고대의 신비들(서지 번호 8)

신지학: 초감각적 세계 인식과 인간 규정 입문(서지 번호 9)

고차 세계의 인식으로 가는 길(서지 번호 10)

아카샤 연대기에서(서지 번호 11)

고차적 인식의 단계들(서지 번호 12)

신비학 개요(서지 번호 13)

네 편의 신비극: 전수의 문, 영혼의 시련, 문지방의 수호령, 영혼의 각성(서지 번호 14)

인간과 인류의 정신적 지도: 인류 발전에 관한 정신학적 고찰 결과(서지 번호 15)

인간의 자기 인식으로 가는 길: 여덟 차례의 명상에서(서지 번호 16)

정신 세계의 문지방: 잠언 형식으로 된 상론(詳論)(서지 번호 17)

개요로서의 철학사에 나타난 철학의 수수께끼(서지 번호 18)

인간의 수수께끼에 관해(서지 번호 20)

영혼의 수수께끼에 관해(서지 번호 21)

'파우스트'와 '뱀과 백합의 동화'를 통해 드러나는 괴테의 정신적 양상(서지 번호 22)

현재와 미래의 생활에 꼭 필요한 일들에서 사회 문제의 핵심(서지 번호 23)

사회적 유기체의 삼지성과 시대 상황(1915-1921)에 대한 논문(서지 번호 24)

우주론, 종교 그리고 철학(서지 번호 25)

인지학의 기본 원칙(서지 번호 26)

정신 과학적 인식에 따른 의술 확대를 위한 기초(서지 번호 27)

내 인생의 발자취(서지 번호 28)

2. 논문집

드라마투르기에 관한 논문집 1889~1900(서지 번호 29)

인지학의 방법적 기초: 철학에 관한 논문집. 자연 과학, 미학 그리고 심리학 1884~1901(서지 번호 30)

문화사 및 현대사에 관한 논문집 1887~1901(서지 번호 31)

전기적인 스케치 1894~1905(서지 번호 32)

문학에 관한 논문집 1886~1902(서지 번호 33)

루시퍼-그노시스: 잡지 〈루시퍼〉와 〈루시퍼-그노시스〉에 게재된 원고 중 인지학 관련 논문 초고 1903~1908(서지 번호 34)

철학과 인지학: 논문집 1904~1918(서지 번호 35)

현대의 문화적 위기 중심에서 보는 괴테아눔의 개념: 주간지 〈괴테아눔〉에 게재된 논문집 1921~1925(서지 번호 36)

3. 유고국의 출판물

편지, 어록, 각색 원고, 네 편의 신비극 초안 1910~1913, 인지학: 1910년에 나온 미완 원고, 스케치집과 미완 원고집, 수첩과 원고 초안 메모집(서지 번호 38~47)

2부: 강연문

1. 공개 강연

베를린 공개 강연 내용('건축에 대한 강연') 1903~1917/18(서지 번호 51~67)

공개 강연, 강연 내용 및 유럽 다른 지역 대학 강좌 1906~1924(서지 번호 68~84)

2. 인지학 협회 회원 대상 강연

일반 인지학 강연과 연속 강의 내용: 복음서 고찰, 그리스도론, 정신 세계의 인류학, 우주와 인간의 역사, 사회 문제의 정신적인 배경, 우주와의 관계 속에서 본 인간, 카르마 고찰(서지 번호 91~224)

인지학 운동 및 인지학 협회의 역사에 대한 강연과 원고(서지 번호 251~263)

3. 개별 생활 분야에 대한 강연과 강좌

예술에 관한 강연: 일반 예술, 오이리트미, 언어 조형과 연극적 예술, 음악, 회화, 예술사(서지 번호 271~292)

교육에 관한 강연(서지 번호 293~311)

의학에 관한 강연(서지 번호 312~319)

자연 과학에 관한 강연(서지 번호 320~327)

사회적인 인생과 사회 조직의 삼지화에 관한 강연(서지 번호 328~341)

괴테아눔 건축에서 노동자를 위한 강연(서지 번호 347~354)

3부: 예술 작품

예술 관련 유고에서 재생과 출판물

회화적이고 그래픽적인 초안에 의한 원형 재생물 및 예술적 지도 또는 단행본에 있는 스케치들

※ 이 전집 목록은 원서에 있는, 루돌프 슈타이너 전집 가운데 문화· 예술 작품에 대한 서지학적 개관 전문을 번역한 것이다.

개정판에 즈음하여

이 책에 담긴 열 네 번의 강의들은, 1919년 슈투트가르트의 첫 발도르프 학교 개교에 즈음하여 그곳에서 근무할 교사들을 위해 실시한 사범 대학 과정의 일련으로, 교육 예술 시리즈의 1권에 속한다. 이 책은 『교육 예술 2. 1학년에서 8학년까지의 발도르프 교육 방법론적 고찰』, 『교육 예술 3. 발도르프 학교 교사를 위한 세미나 논의와 교과 과정 강의』와 더불어 발도르프 학교 교사의 기본 장비라고 할 수 있다.

이 책의 전체적인 구조는 인간이 세 가지 세계, 즉 물체의 세계, 영혼의 세계, 정신의 세계에 속하는 존재라는 삼지적인 관점을 기초로 한다. 물체적 세계에서의 인간 삶이 영혼을 통해서 펼쳐지기 때문에 우선 영적인 관점으로부터의 고찰에서 시작한다. 두 번째 강의에서 다섯 번째 강의까지 슈타이너는 영혼의 원동력인 반감과 공감이 인간의 영혼 생활인 사고, 감성, 의지와 지니는 관계, 반감과 공감의 신체적 현시, 그리고 영적인 고찰에 따른 교육학적 관점 등을 설명한다. 여섯 번째에서 아홉 번째 강의까지는 의식 상태, 즉 잠, 꿈, 깨어 있음으로 드러나는 인간의 정신적인 면을 다룬다. 정신과 영혼 생활과의 관계, 정신과 신체의 관계, 슈타이너 특유의 열두 감각론, 논리적 사고 과정인 결론, 판단, 개념의 의미와 교육학적 실천 방법 등을 밝혀낸다. 열 번째 강의 이하에서는 형태의 상태로 신체를 고찰한다. 이 강의들에서는 영혼과 정신에 대한 신체의 관계, 세계와 신체의 관계, 인간 존재의 세계에 대한 의미, 수업과 신체의 관계 등을 신체의 형태에 비추어 설명한다.

지난 수백 년간의 물질적 사조로 인하여 오늘날의 인간이 영혼을 다하여 자신의 정체성을 더욱더 신체와 동일시하는 만큼, 슈타이너는 이 강의들을 통해서 인간의 영혼이 그것의 근원인 정신을 향하도록 더욱더 강조해서 촉구하였다. 인간이 세계로부터 소원(疏遠)하고 신체 속에 고립된 존재가 아니라, 영혼과 정신을 통해서 다중적으로 세계와 연결되어 있으며, 시간의 제한을 넘어서 출생 이전과 죽음 이후의 삶과 연결된 존재임을 다양한 시각으로부터 거듭해서 설명하고 있다. 때로는 격렬한 어조로, 논쟁적으로, 그러나 항상 인간과 교육에 대한 넘치는 사랑과 열정으로 진행되는 이 강의들의 근본 정서에서 존재의 한 부분을 잊어버린 현대인을 일깨우고자 하는 슈타이너의 지치지 않는 노력이 절실하게 느껴진다.

이 책을 읽으면서 독자들이 염두에 두어야 할 점이 두 가지가 있다. 그중에 하나는 이 책이 슈타이너가 직접 저술한 것이 아니라, 특정한 청중들을 위한 그의 강의들을 모은 것이라는 점이다. 슈타이너는 애초에 자신의 강연 내용이 책으로 출판되기를 원치 않았다고 한다. 수많은 일정으로 인해 출판될 내용을 교정할 겨를도 없었거니와, 강연이 이루어진 장소와 청중에 따라 그 내용이 즉석에서 달라지기도 했기 때문이다. 슈타이너는 당시의 학자들과는 달리 미리 준비한 원고를 읽어 내리지 않고 그 자리에서 청중들의 분위기에 따라 강연을 하는 것으로 잘 알려져 있었다. 스스로 말하기를, 모든 강연 내용은 자신 혼자만의 것이 아니라 사실 청중들과 함께 이루어 낸 것이라고 하였다. 여기에서 독자가 두 번째로 고려해야 할 점이 나온다. 이 강의에 참석한 청중들이 인지학의 문외한이 아니라, 인지학을 삶의 길로 택한 사람들이었기 때문에 슈타이너가 당시의 정신문화와 자연 과학적 사조에 대해서 학문적인 걸러냄이 없이 신랄한 비판을 서슴지 않았다는 점이다. 바로 이런 이유에서 인지학적으로 전반적인 관계를 알지 못하는 독자가 이 책의 내용을 접하게 되면 많은 부분에서 내적인 거부감을 느낄 수도 있다. 그러나 자연 과학적 물질주의와 인간 본성의 이지성이라는 종교적 관점으로 인해, 어떤 식으로 오늘날의 교육 문제와 사회 문제, 그리고 더 나아가서 인간의 자유에 대한 문제가 근거하는지를 의식할 수 있다면, 사실 슈타이너 스스로도 말했듯이 발도르프 학교의 교사가 될 사람들에게 그렇게 과격하게 표현하지 않을 수 없었다는 점 역시 이해할 수 있을 것이다.

    교육의 올바른 실천이 전적으로 교사에 달려 있기 때문에 슈타이너는 이 강의들에서 교사의 삶, 교사의 태도, 교사의 자질에 대해서 여러 방향으로 언급하였다. 교육을 예술로, 살아 있는 학문으로, 신성한 종교 의식으로 승화시키기 위해서 교사는 자신의 삶을 예술적으로 가꾸고, 수업을 생생한 상상력으로 관철해야 할 뿐만 아니라,

꾸준히 자아 교육을 하여서 자신의 행위가 아니라 존재 그 자체로 어린이 앞에 서야 한다고 가르친다. 이러한 교사에 대한 요구 사항은 교육이 직업 교육으로, 교사가 지식 전달자로 전락된 오늘날의 상황에서 실로 가슴 깊이 새기고 실천해야 할 덕목이 아닐 수 없다. 이런 의미에서 이 책이 한국에서 발도르프 교육을 위해서 활동하시는 분들과 진정한 인간 교육에 관심을 지닌 분들을 위한 길잡이가 되기를 역자는 진심으로 바란다.

이 책은 이미 한국에 일본어판 중역본이 출판되었다. 그럼에도 불구하고 역자가 이 책의 번역을 서두른 것은 중역본의 문장들이 슈타이너의 논법과 어조에서 상당히 멀어졌고, 적잖은 오역으로 인해 인지학적 인간학을 올바르게 이해할 수 없도록 하는 여지를 다분히 담고 있어서이다. 책의 제목 역시 한국에 널리 알려진 중역본의 제목을 따르지 않고 『교육학의 기초가 되는 인간에 대한 보편적인 앎』이라고 붙인 것은, 여기에 담긴 내용이 우리가 흔히 생각하는 종류의 인간에 대한 일반적인 지식을 모은 학문이 아니라, 물체적, 영적, 정신적 세계와 연관된 인간에 대한 범우주적인, 그야말로 보편적인 존재 방식을 알려 주고 있다고 여기기 때문이다. 중역본이 출판된 지 그리 오래 되지 않았고, 슈타이너의 다른 교육학 강의서들 중에서 아직 한국어로 번역되지 않은 것들이 많이 있음에도 불구하고 특히 이 책의 출판을 서둘러 주셨을 뿐만 아니라, 역자의 제안에 따라 이미 알려진 것과는 다른 제목을 붙이는 어려운 결정을 해 주신 도서출판 밝은누리 박준기 사장님의 문화인적 양심과 용기에 이 자리를 빌려 깊은 경의를 표하는 바이다.

역자는 번역을 하면서 당시의 강의 분위기에 될 수 있는 대로 가깝게 접근해 보고자 노력하였다. 문장마다 슈타이너가 어떤 몸짓으로, 어떤 눈빛으로, 어떤 어조로 그것을 말하였을지를 느껴 보고자 하였다. 그런 노력이 나름대로 잘 되었던 부분은 번역 역시 어렵지 않았다. 하지만 많은 부분에서 그 노력이 쉽게 이루어지지 않았음을 밝히며, 이런 의미에서 독자들에게 번역의 부족함에 대한 양해를 구한다.

함부르크에서
옮긴이